普通高等教育应用创新系列教材

统计学学习指导

（第三版）

主编　栾文英　张　伟

科学出版社

北　京

内 容 简 介

本书是配合《统计学（第三版）》（张东光主编，科学出版社 2024 年出版）编写的配套辅助教学材料，内容结构根据教材进行了相应的调整。本书的基本内容包括三个模块，第一章到第六章是描述统计学的基本理论和方法，第七章到第十章是推断统计学的基本理论方法及其在相关回归分析中的应用，第十一章介绍主要经济统计指标。各章给出的内容主要由五部分构成，学习目标、知识梳理、知识拓展、案例分析和知识点练习。在此基础上，本书给出两套模拟试题及各章知识点练习的答案和详解。

本书注重理论方法和应用的结合，对统计学的内容进了梳理和拓展，相对于第二版更新了部分习题和案例分析的内容，使读者能够更加全面、系统地掌握统计学的理论和方法。本书既可作为高等院校的经济学、管理学专业学生的统计学学习参考用书，也可作为实际工作者学习统计学课程的参考书。

图书在版编目（CIP）数据

统计学学习指导 / 栾文英，张伟主编. -- 3 版. -- 北京：科学出版社，2024. 8. -- (普通高等教育应用创新系列教材). -- ISBN 978-7-03-079256-3

Ⅰ. C8

中国国家版本馆 CIP 数据核字第 20242AA594 号

责任编辑：方小丽　范培培 / 责任校对：姜丽策
责任印制：张　伟 / 封面设计：有道设计

科 学 出 版 社　出版

北京东黄城根北街 16 号
邮政编码：100717
http://www.sciencep.com

三河市骏杰印刷有限公司印刷

科学出版社发行　各地新华书店经销

*

2016 年 8 月第 一 版　开本：787×1092　1/16
2020 年 8 月第 二 版　印张：14
2024 年 8 月第 三 版　字数：364 000
2024 年 8 月第五次印刷

定价：39.00 元
（如有印装质量问题，我社负责调换）

前　言

　　《统计学学习指导(第三版)》是配合教材《统计学(第三版)》(张东光主编,科学出版社 2024 年出版)编写的配套辅助教学材料,是 2020 年出版的《统计学学习指导(第二版)》(栾文英、张伟主编)的修订版,希望本书能为高等院校的统计学教学提供一些辅助作用。

　　本书坚持正确的政治方向,落实立德树人根本任务,密切结合我国改革开放的成就阐述问题,巩固读者对于知识的掌握,提升读者解决问题的能力,激发读者的创新能力。习近平同志在党的二十大报告中指出:"我们要坚持教育优先发展、科技自立自强、人才引领驱动,加快建设教育强国、科技强国、人才强国,坚持为党育人、为国育才,全面提高人才自主培养质量,着力造就拔尖创新人才,聚天下英才而用之。"这为本书指明了追求的目标和方向。

　　本书除了内容根据《统计学(第二版)》进行了相应的调整和充实之外,还更新了部分案例,选择了更加经典的、更具有说服力的案例;更新了部分知识点练习题。同时,根据统计学课程建设的要求,增加了课程思政的内容。

　　本书沿用了 2020 版《统计学学习指导(第二版)》的结构,主要包括学习目标、知识梳理、知识拓展、案例分析、知识点练习、知识点练习参考答案、模拟试题与参考答案和评分标准等几个组成部分。每部分的内容和特点主要表现在以下几个方面。

　　(1) 学习目标。学习目标的部分给出本章的学习要点,起到纲领性的作用,引导读者开展本章的学习,并明确指出本章的内容结构和学习要点。

　　(2) 知识梳理。知识梳理的部分系统梳理本章的知识脉络,使学习的内容更加条理和系统,从而使读者更加容易把握本章的内容。

　　(3) 知识拓展。知识拓展的内容主要是教材内容的补充。由于篇幅和结构的限制,有些统计学的内容不方便在教材中给出,而这些内容又是统计学知识的重要组成部分。因此本部分将补充我们认为必要的统计学知识,为有兴趣和余力的读者进行统计学内容的拓展,满足其对统计学学习的进一步要求。

　　(4) 案例分析。案例分析的部分是本书的亮点。统计学的应用是统计学学习的主要内容,也是统计学的学习目标。本书针对统计学的每一章内容都给出了案例分析。读者通过案例分析的内容,能够更加直观地体会到统计方法的应用,能够有效地提高读者采用相应的统计方法解决实际问题的综合能力。同时,读者也能够更好地掌握统计学的内容。

　　(5) 知识点练习。知识点练习的部分主要包括填空题、单选题、多选题、简答题和计算题。本书通过参考大量的相关资料,对其进行重新整理、凝练,采用更新的资料,围绕教材的内容提出更多、更新的题目,帮助读者进行系统的训练,使读者更加全面系统地掌握统计学的知识。

　　(6) 知识点练习参考答案。知识点练习参考答案的部分给出知识点练习的解题过程和答案(可通过扫描书中二维码进行查看),方便读者进行自我训练和检测。

(7) 模拟试题与参考答案和评分标准。本部分给出两套模拟试题，同时给出参考答案和评分标准(扫描书中二维码可查看)。方便读者在学完统计学课程之后，进行全面、系统的自我检查；在后续的考试中进行模拟训练，以更好地完成统计学的学习。根据统计学课程思政的要求，模拟试题中增加了课程思政的考核，即增加了与时俱进的材料分析题，使读者能够更好地学以致用，并提高读者的思政水平。

本书由山东财经大学统计学院的栾文英、张伟担任主编。编写分工如下：第一章，栾文英、刘建冰；第二章，栾文英；第三章，李慧丽、李艺唯；第四章，栾文英、张伟；第五章，任文东、张东光；第六章，朱玉敏、张东光；第七章和第八章，张伟、刘爱芹；第九章，翟艳敏、王晓红；第十章，张伟、王晓红；第十一章，薛梅林、李艺唯。

全书编写过程受到张东光教授的悉心指导。同时，本书在编写过程中参考、借鉴了大量有关文献资料，在此谨向有关作者表示诚挚的谢意。由于水平所限，书中难免有不足或者疏漏之处，恳请诸位同仁、读者批评指正。

编　者
2024 年 6 月

目　　录

第一章 总 论

一、学习目标

本章主要介绍统计学这门课程中的一些基本问题，目的是使学生对统计学中的一些基本理论、基本概念有一个正确的理解和认识。本章的主要内容包括统计与统计学、统计的基本要素、数据的类型。本章内容的学习将为今后各章学习奠定理论基础。

通过本章的学习，应达到如下学习目标：

(1) 了解统计学的应用领域。

(2) 明确统计学在数据分析过程中的地位与作用。

(3) 理解并掌握描述统计学与推断统计学的关系。

(4) 掌握统计学的基本要素。

(5) 掌握数据测量尺度的基本形式。

(6) 掌握数值型数据的表现形式。

(7) 了解大数据的有关概念。

(8) 课程思政：成就中国统计事业发展的经济学家和统计学家。

二、知识梳理

(一) 主要内容

本章从"统计"一词的含义入手，讨论了统计学的意义及作用，重点对统计学的基本要素(总体、个体与样本；变量与变量值；参数与统计量)进行了分析说明，系统介绍了统计数据的计量尺度及其分类，为后续章节的学习奠定基本理论基础。本章的主要内容有以下几个方面。

(1) 统计有三种含义，即统计工作、统计数据和统计学。统计工作即统计活动，是指收集、整理和分析统计数据并探索数据内在数量规律的活动过程。统计资料又称统计数据，是统计工作过程所取得的各种数字资料和各种其他资料的总称。统计学是研究如何收集、整理和分析客观现象数据，认识客观现象总体的数量特征和数量规律的方法论科学。

(2) 统计学有两种基本分类，一是从方法研究的功能看，统计学可分为描述统计学与推断统计学；二是从方法研究的重点看，统计学可分为理论统计学与应用统计学。

(3) 统计研究具有数量性、总体性和具体性三个典型特点。统计研究的方法有大量观察法、统计分组法、综合指标分析法、统计推断法、统计模型法。统计是在质与量的相互联系中研究事物的数量规律。

(4) 总体又称统计总体或母体，是指根据研究目的确定的所研究的全部个别事物的整体。在实际研究中所遇到的总体，一般有下列两种情况：一种是由自然物体所组成的总体，通常称为实物总体，实物总体中的个体是各具体事物；另一种是由变量值所组成的总体，通常称为数值总体，数值总体中的个体是各个具体数值。个体又称总体单位，是指构成总体的每个个别事物。总体中全部个体的数目称为总体容量，通常用 N 表示。如果总体中只包括有限个个体，即总体容量是一个有限数，则称为有限总体；如果总体中包括无数个个体，即总体容量为无穷大，则称为无限总体。总体根据其个体数量是否能够加总，分为简单现象总体和复杂现象总体，前者中的个体数量可以直接加总，后者中的个体数量不可以直接加总。

(5) 样本是指从总体中随机抽取并作为总体代表的部分个体所组成的子集。构成样本的个体数目称为样本容量，简称样本量，通常用 n 表示。

(6) 变量是统计学的基本概念，变量的概念有广义和狭义之分。广义变量是描述客观现象所具特征的概念，不管是现象的数量特征还是现象的属性特征的概念描述均可称为变量。变量的具体表现称为变量值，广义变量的变量值以数字或文字表示，而狭义变量的变量值仅用数字表示。

(7) 用来描述总体特征的概括性数字度量，称为参数。用来描述样本特征的概括性数字度量，称为统计量。

(8) 根据计量学的一般分类方法，按照对事物特征计量的精确程度，可将数据的计量尺度由低级到高级、由粗略到精确分为定类尺度、定序尺度、定距尺度和定比尺度四个层次。定类尺度又称类别尺度或列名尺度，是对事物按照品质特征进行平行分类的一种测度。定序尺度又称顺序尺度，是对事物之间等级或顺序的一种测度。定距尺度又称间隔尺度，是对事物类别或者次序之间的数量间距所进行的一种测度。定比尺度又称比率尺度，是对事物之间比值的一种测度。

(9) 根据测度数据计量尺度的不同，可以将统计数据分为分类数据、顺序数据和数值型数据。分类数据只能归于某一类别的非数字型数据，是由定类尺度计量所得的。顺序数据只能归于某一有序类别的非数字型数据，是由定序尺度计量所得的。数值型数据是由定距尺度和定比尺度计量所得的具体数值。

(10) 根据数据所说明现象特征的不同，可以将统计数据分为定性数据和定量数据。定性数据是说明现象属性特征表现的具体类别，通常用文字表示，其结果表现为类别。这类数据由定类尺度和定序尺度计量所得。定量数据是说明现象数量特征的，通常用数值来表示。这类数据由定距尺度和定比尺度计量所得。

(11) 根据数据所表现的时空特征不同，可以将其分为截面数据、时间序列数据以及面板数据。截面数据是指在相同时点上采集的数据，用于描述现象在某一时点的变化情况。时间序列数据是指在不同时间上采集到的数据的集合，用于描述现象随时间变化的情况。面板数据是指对不同时刻的截面个体作连续观测所得到的多维时间序列数据。

(12) 大数据是指无法在一定时间范围内用常规软件工具进行撷取、管理与处理的数据集合。其具有容量大、类型多、存取速度快、价值密度低等特征。

(13) 数值型数据从表现形式上一般分为绝对数、相对数和平均数。绝对数又称总量指标，是指反映客观现象总体规模或水平的统计指标。绝对数按其所反映的时间状况不同，可以分为时期数据和时点数据。相对数又称相对指标，是指由两个相互联系的变量数值对比而得出的比率。相对数主要有结构相对数、比例相对数、比较相对数、动态相对数、强度相对数和计划完成程度相对数等。平均数又称平均指标，是指用于反映同类现象某一变量值一般水平的统计指标。平均数既可以是同类现象某一数字变量值在同一时间的一般水平，称为静态平均数，也可以是同类现象某一数字变量值在不同时间的一般水平，称为动态平均数。

(二) 主要公式(表 1.1)

表 1.1 主要公式

知识点		公式
相对数	结构相对数	$结构相对数=\dfrac{总体中部分数值}{总体中全部数值}\times100\%$
	比例相对数	$比例相对数=\dfrac{总体中的某部分数值}{总体中的另一部分数值}$
	比较相对数	$比较相对数=\dfrac{另一个空间总体(或个体)的同一现象数值}{另一个总体(或个体)的同一变量值}$
	动态相对数	$发展速度=\dfrac{报告期数值}{基期数值}$ 或 $增长速度=\dfrac{报告期数值-基期数值}{基期数值}$
	强度相对数	$强度相对数=\dfrac{某一个总体的数值}{另一个有联系但性质不同总体的数值}$
	计划完成程度相对数	$计划完成程度相对数=\dfrac{实际完成数}{计划完成数}$

三、知 识 拓 展

(一) 统计学——当今最重要的科学技术之一

由于计算机的发展,统计学在一切有数据的地方有了它的用武之地。在当今信息时代,因为绝大多数信息都是经过量化由数字表达出来的,所以数据就是信息的载体。而统计学作为分析数据、提取信息的学科,必然会发挥越来越重要的作用。所以从 20 世纪 70～80 年代开始,统计学就逐步发展成为当今最重要的科学技术之一。

(1) 当代著名统计学家埃弗龙(Efron)曾经指出:"在 20 世纪,统计思想和方法已成为许多科学领域的理论支柱(包括农业、生物、医学、经济、教育等)。目前,它在更复杂的科学,诸如天文学、地质学、物理学等领域也发挥了日益重要的作用。在 21 世纪,人们将广泛认识到:统计学是科学思想的中心成分之一。"另一著名统计学家拉奥(Rao)也指出:"人类活动范围内的一切领域都要求统计的专业知识和技术。政府机关、工业部门和研究单位都雇用了大量的统计学家,大学也开始把统计作为一门独立的学科。"因此,统计学是一个前途无量的行业,年轻一代大有可为。

(2) 美国《科学》杂志曾选出"20 世纪对人类生活影响最大的 20 项科技成果",统计学入选其中(其他如塑料、抗生素、电视、计算机、激光、DNA、相对论等等,见《扬子晚报》,1995 年 11 月 20 日)。统计学是唯一入选的一个与数学有关的项目。虽然这只是一家杂志的报道,但也在一定程度上反映了这 20 项科技成果的价值。美国数学科学委员会的一份报告《数学科学、技术与经济竞争力》(称为 Glimm 报告)对于统计学的评价更能说明其意义与价值:"统计学已得到广泛应用,在这个意义上讲它处于数学各分支领先地位:统计学得到了物理和工程界的信赖;在生物和医学中已站住脚;在社会科学中是基础。统计学是用于分析数据的第一数学分支，也是新科技中涉及数学的第一分支，是对新科技进行量化的先驱手段。"

美国数学科学委员会的另一份报告(David 报告)还举了一个很能说明统计学重要作用的例子："新的贝叶斯(Bayes)统计方法应用于 MX 导弹试验，使导弹第一阶段试验由 36 次减少到 25 次；可靠性由 72% 提高到 93%；可节省直接费用 2.5 亿美元。"

在英美等国，统计是较为热门的职业之一。在信息社会，"数据的增加呈指数型，数据分析的增加呈二次式，而统计人才数量的增长是线性的"。所以统计人才必将越来越紧缺，"研讨会参加者反复指出，目前缺少学生，不能满足主要工业、政府实验室和机构的需求"；必须"加速下一代统计人才的补充"。因此，在当今信息时代，以数据分析为主要任务的统计学必然要发挥越来越大的作用，统计人才必将大有用武之地。

缪柏其曾经列举了统计学的六个主要的应用领域，分别为：生物科学、工程和工业统计、地理和环境科学、信息技术、物理科学以及社会和经济科学。这些方向正好对应于美国国家基金委资助的全部研究方向。因此，统计学有巨大的市场需求，几乎所有的行业都需要统计学家。诸如医院、药厂、调查公司、IT 行业、金融证券部门等等，因为它们都需要通过数据分析获取有用的信息。

法国科学院曾经向政府提交过一个报告，列举了 10 项应该重点发展的科学技术领域。其中 9 项为信息、能源等高科技项目，唯有一项统计学属于基础性学科，报告认为："法国统计学发展的滞后对法国经济、社会的发展产生了很不利的影响。"而日本的情况正好相反。日本战后经济发展非常快，以"统计质量管理"(即全面质量管理等)为中心的统计学方法的应用起了十分重要的作用，使得日本的汽车、电子等工业一度超过美国和欧洲。有资料指出，"统计质量管理"对于日本国家 GDP 的提高贡献了 5% 的份额(当然，近年来兴起的六西格玛管理将发挥更大的作用)。

以上事实以及本书有关各节的论述都说明，统计学确实是当今最重要的科学技术之一，正如著名统计学家 Rao 在《统计与真理》中所述："统计学是当代关键的技术，是通向和平新世界的关键技术。"

(二) 统计学的发展历程

统计学的产生主要源于 17 世纪中叶的国势学、政治算术和概率论，其发展时期大致经历了以下三个阶段。

1. 古典统计学时期

古典统计学时期约自 17 世纪中叶至 19 世纪初期，这段时期出现了三个学派。

(1) 国势学派。

国势学派用记述的方法研究一国的地理、人口、财政、军事、政治和法律制度等国家大事，其创始人是德国人康令(科宁，H. Corning，1606～1682)。至 1723 年，德国人 M. Schmertzel (1679～1747)在耶拿大学创设统计学讲座。随后，法国人阿亨瓦尔(G. Achenwall，1719～1772)在哥廷根大学开始正式讲授统计学；"统计学"(statistics)这一名词由阿亨瓦尔首次提出，并定义其为国家显著事项的学问，言下之意是通过这门科学，可了解国家治乱兴亡之迹。最初的"统计"只是文字记载。丹麦人 J. D. Ancherson(1700～1765)首创以表式分栏排列一国的土地、人口、宗教、军事、货币及度量衡等数字；这被称为"表式统计学派"，亦属国势学派。

(2) 政治算术学派。

政治算术学派以英国人为主。英国是资本主义发展较早的国家，也较早地利用数字对人口和经济等方面进行记载和推断。其创始人是格朗特(J. Graunt，1620～1674)和威廉·配第(William Petty，1623～1687)。前者于 1662 年出版了《关于死亡表的自然观察与政治观察》一书，他通过大量观察的方法，研究并发现了人口与社会现象中重要的数量规律性(如一切疾病和事故在全部死亡原因中占有稳定的百分比等)，并对伦敦市总人口做出了比较科学的估计。后者的《政治算术》(1676 年)用大量的数字对英国、法国、荷兰三国的经济实力进行比较，用数字、重量、尺度等定量的方法进行分析比较；其对国民收入估算的方法，不仅对经济学，而且对统计学的发展都具有重大意义。他们虽未创立"统计学"之名，但所用于探索社会和经济现象数量规律性的方法却具有"统计学"之实，因而公认配第是政府统计的创始人，格朗特是人口统计的创始人。稍后，英国人哈雷(Halley，1656～1742)编制了生命表(life table)。

(3) 概率论学派。

概率论学派最早起源于对赌博中掷骰子输赢问题的研究，其创始人包括法国的帕斯卡(B. Pascal，1623～1662)和费马(P. de Fermat，1601～1665)，他们以通信的方式讨论赌博时的概率问题，在数学家们对机会游戏研究的基础上，将赌博中出现的各种具体问题归纳为一般的概率原理，为后来概率论和统计学的发展奠定了重要的基础。惠更斯(C. Huygens，1629～1695)著有《骰子赌博理论》，棣莫弗(A. de Moivre，1667～1754)发现正态方程式。同一时期，瑞士数学家雅各布·伯努利(Jacob Bernoulli，1654～1705)提出二项分布理论。此后，1814 年法国人拉普拉斯(P. S. Laplace，1749～1827)出版了《概率分析论》一书，构筑了古典概率理论的完整体系，并用于自然和社会现象的研究；泊松(S. D. Poisson，1781～1840)提出泊松分布；德国人高斯(C. F. Gauss，1777～1855)提出最小平方法，他还从观察天象中发现了误差正态曲线。

2. 近代统计学时期

近代统计学时期，约自 19 世纪初期至 20 世纪初期。这一时期以比利时人凯特莱(Quételet，1796～1874)为起点，他在《社会物理》一书中提出了偶然误差的概念，并指出某一学科的统计方法也可以应用于其他学科。在统计研究方面，他先研究天文、气象方面的统计资料，后又用统计数字研究植物界和人类社会；他以概率论作为理论基础，用大量观察和综合平均的方法进行研究，从而把概率论、国势学和政治算术学派观察群体现象并进行数量分析的方法融合为一门统计学，奠定了近代统计学的基础。凯特莱于 1851 年在比利时首都布鲁塞尔召开第一届国际统计学会议，该会又于 1855 年在伦敦召开，改称为"国际统计学会"(International Statistical Institute)，这一名称一直沿用至今。

此外，克尼斯(K. G. A. Knies，1821～1898)和恩格尔(E. Engel，1821～1896)以大量观察法寻求社会现象规律，称为"社会统计学派"。英国人高尔顿(F. Galton，1822～1911)发现了百分位数，他还从研究遗传学和优生学中创立了回归分析的概念。卡尔·皮尔逊(K. Pearson，1857～1936)不仅完成了描述统计学的体系，还提出经验分布函数、相关分析、动差法、卡方检验和大样本理论，有人由此认为他是近代统计学的创始人。

3. 现代统计学时期

现代统计学时期自 20 世纪初至今，大工业的发展对产品质量检验问题提出了新的要求。1907 年，英国人戈塞特(W. S. Gosset，1876～1937)提出了小样本 T 统计量理论，使统计学进入了现代统计学(主要是推断统计学)的阶段。博雷尔(É. Borel，1871～1956)奠定了现代概率理论的基础。英国人费希尔(R. A. Fisher，1890～1962)提出 Z-分布、显著性水平、假设检验、自由度、实验设计和方差分析等方法和概念。在美国，G. W. Snedcor 将 Z-分布转换成 F-分布。A. Wald(沃尔德，又译瓦尔德，1902～1950)提出决策理论和序贯抽样法。诺伊曼(J. von Neumann)和莫根施特恩(O. Morgenstern)提出博弈论，使决策理论更加系统化。奈曼(Neyman)和戴明(Deming)提出抽样调查法，对质量控制及生产管理贡献很大。维纳(N. Wiener)的控制论和香农(C. E. Shannon)的信息论，使推断统计学的理论更加健全。美国的大学自 1950 年把统计学设为独立的学科，1955 年开始颁授统计学的高级学位。

从 20 世纪 50 年代起，统计理论、方法和应用进入了一个全面发展的新阶段。统计学受计算机科学、信息论、混沌理论等现代科学技术的影响，新的研究领域层出不穷，如多元统计分析、现代时间序列分析、随机过程、非参数统计、贝叶斯统计、线性统计模型等等。据美国学者估计，现代统计学是以指数式加速度发展的，新的研究分支不断增加，统计应用领域不断扩展，几乎所有科学研究都离不开统计方法。自然科学、工程技术、农学、医学、军事科学、社会科学都离不开数据，对数据的研究和分析必然要用到统计方法。统计理论在各学科领域的应用又进一步促进了统计方法研究的深入和发展。统计方法与数学、哲学一样成为所有学科的基础。

上述三个阶段的划分只是大致的，其实，统计学的发展是渐进的、错综的，并没有明确的时间界限。而且从发展趋势看，统计理论研究的分支仍会不断增加，统计学将越来越具有交叉学科的性质，统计学应用的范围将更加广泛。一些过去与数字毫无联系的学科，如政治学、历史学、法学等，也正在并将更多地应用统计方法进行研究和分析。目前阻碍统计方法推广应用的主要是定性资料，如国民经济行业、部门等分类资料，不同政治观点、思想准则等。如何对这些定性问题进行量化处理分析，是统计学家们正在研究的重大课题之一。探索性数据分析的应用前景也很广阔，这种方法重视数据的直观显示、原始数据中信息的提取及对特殊数据的识别和具体分析。贝叶斯统计理论研究将在统计推断、预测和决策等领域继续显示其强健的生命力，成为统计实践中有力的工具。

(三) 计算和运用相对数的原则

相对数种类较多，各有自己的意义和作用，在计算和应用上也有一些不同的要求和特点，但从总体上来说，计算也应用相对数，要坚持三个方面的原则。

1. 可比性原则

可比性是指相互对比的数据之间在经济内容、计算范围、计算方法和计量单位等方面保持一致和相互适应的状态。

2. 多种相对数相结合运用的原则

每一种相对数也都只是从某一方面说明问题。在分析研究复杂的现象时，应该将多种相对数结合起来使用，这样才能把从不同侧面反映的情况结合起来观察分析，从而更加深入、全面地分析问题和认识问题。

3. 相对数与绝对数、平均数结合运用的原则

无论是相对数还是绝对数和平均数，都有它自身的优势，也有其局限性。绝对数能够反映事物发展的总规模和总水平，却不易看清事物差别的程度；相对数反映现象之间的数量对比关系和差异程度，却又将现象的具体规模和水平抽象化了。因此，只有将相对数同绝对数、平均数结合起来使用，才能克服认识上的片面性，实现对客观事物全面、正确的认识。

四、案例分析

(一) 大数据时代，要懂点统计学

在终极的分析中，一切知识都是历史；在抽象的意义下，一切科学都是数学；在理性的基础上，所有的判断都是统计学。当我们提到统计学时，大多数人只会想到繁复到让人头痛的数字和图表，并且将自己归类为"数据盲"，很少有人会意识到统计学其实是一种简明的生活工具，你只需要一点数学基础知识就可以入门，它可以跟数学、计量经济学有机结合，甚至可以用于分析当下的经济动态。当然，统计学有时候还会让我们发现一些有趣的现象：孟加拉国黄油产量和标普 500 相关性高达 0.75；全球变暖与海盗数量减少存在相关性；3 月和 4 月出生的孩子更容易成为优秀棒球运动员……

大数据背景下，统计学的发展成为各个知识点的交融，我们可以说统计可以运用于各个领域：经济中计量经济学、医学统计、数据挖掘、生物统计、农业统计、公共卫生、零售等等。一句话，只要出现数据的行业，都需要统计学，随着大数据时代的到来，随着各行各业的发展，越来越多的行业都将开始需要数据分析这一个职业。[1]

正如美国知名政治评论家、大选"预言帝"内特·希尔沃所说，数据科学家只是"统计学家"一个性感的名字。又如哈佛大学终身教授刘军所言，大数据是"原油"而不是"汽油"，不能直接使用。大数据时代，统计学依然是数据分析的灵魂。

(二) 人物小传——瓦尔德

有人把统计学定义为数据处理的一门艺术，瓦尔德的事例就是明证。瓦尔德是第二次世界大战时期的统计学家，他发明的一些统计方法在战时被视为军事机密。当有人向瓦尔德咨询飞机上什么部位应该加强钢板时，他开始研究从战役中返航的军机上受敌军创伤的弹孔位置。资料积累一段时间后，几乎把机身各部位都填满了。于是瓦尔德提议，把剩下的少数几个没有弹孔的部位补强……因为这些部位被击中的飞机都没有返航。这是一个简单但近乎完美的实例，简单的统计方法一旦融入了统计学家的智慧，便显得生动而唯美。

(三) 一生一世的统计学

一个人的一生给地球留下了什么？又创造了什么？以下是人活一世的一组数据。

数据以英国人的生活方式为标准，兼顾了世界各地的人。这组数据可以给我们一个参照，也可以给我们很多思考。英国人平均寿命78.5岁，约24亿7500万秒……人一生吃掉的东西：4头牛，15头猪，21只羊，1200只鸡，13000枚鸡蛋(未出生的鸡)，5000多个苹果，10000多

---

① 李慧泉. 从零开始读懂统计学. 上海: 立信会计出版社, 2016.

个胡萝卜，3吨面包，630千克巧克力，2吨葡萄酒，11吨啤酒(全球随时都有4500个醉鬼)，18吨牛奶，75000杯茶，相当于装满一个浴缸的罐头豆子，一生总共吃下约50吨食物。当然，这是指世界各地人们的平均数。考虑到很多穷人没什么吃的，富人应该吃得更多……一生认识的人(有两年以上的交往)约1700人，长期社交圈约300人……每天说4300个字，一生大约说1.2亿个词，大多没什么意义……一生读报纸1.5吨；一生读500本书，考虑到有40%的人从来不看书，爱读书的人一生读书超过1000本。一个人一生读的书和报纸，至少需要24棵树。你种了几棵？一生2900多天在看电视(按24小时算)，差不多在电视机前不睡觉不说话坐了8年……一生做梦10万次，还不包括白日梦。

这些数据未必都准确，但信息很清晰。这里既有无法改变的，又有可以改变的；既有真实的生活，又有背后的贫富差距。

我们如何看待这些统计数据，其实就是如何看待我们自己，也是如何看待人类。是增加这些数据，还是减少这些数据，不光对我们自己，对人类都会产生影响，这就是统计科学的力量。①

五、知识点练习

(一) 填空题

1. 统计的含义包括_____、_____、_____。

2. 统计研究的特点是_____、_____、_____。

3. 统计学的分科从统计方法看，可以分为_____和_____，从统计方法研究和统计方法应用的角度来看，可以分为_____和_____。

4. 数据的计量尺度通常有_____、_____、_____、_____等四种类型。

5. 变量按其取值是否连续，可分为_____与_____。

6. 数值型数据从数据表现形式来看，可以分为_____、_____和_____。

7. 某市统计局准备在全市600万个家庭中抽取1000个家庭，推断该市所有居民家庭的年人均支出。这项研究的总体是_____，个体是_____，样本是_____，参数是_____，统计量是_____。

8. 某市场调查公司从某市高校大学生中抽取了1000人进行调查，其中40%的学生回答他们每月的消费支出超过1000元，90%的学生回答他们的主要经济来源来自家长。本项调查中，调查的总体是_____，个体是_____，样本是_____，消费支出的变量类型是_____，经济来源的变量类型是_____。

9. 只能归于某一平行类别的非数字型数据称为_____。

10. 只能归于某一有序类别的非数字型数据称为_____。

11. 按数字尺度测量的观测值称为_____。

12. 根据数据所表现的时空特征不同，可以将其分为_____与_____。在相同的或近似相同的时间点上收集到的数据称为_____，在不同的时间点上收集到的数据称

---

① 摘自《今日文摘》，2009年第1期。

为_____。

13. 用来描述总体特征的概括性数字度量称为_____，用来描述样本特征的概括性数字度量称为_____。

14. 绝对数的计量单位通常有_____、_____、_____三种类型。

15. 相对数是由两个相互联系的变量数值相除而得出的比率，它反映了研究对象内部各部分之间或现象之间的相互关系。相对数的类别主要有_____、_____、_____、_____、_____、_____等类型。

(二) 单选题

1. 下列不属于描述统计学的问题的是(　　)。
A. 根据样本信息对总体进行推断　　　B. 了解数据分布的特征
C. 分析感兴趣的总体特征　　　　　　D. 利用图、表或其他数据汇总工具分析数据

2. 下列叙述中，采用推断统计方法的是(　　)。
A. 用圆饼图表示某企业职工的学历构成
B. 从一个果园中采摘 36 个橘子，利用这 36 个橘子的平均重量，估计果园的总产量
C. 一个城市 1 月份的平均汽油价格
D. 反映大学生统计学成绩的条形图

3. 以下变量中属于分类变量的是(　　)。
A. 年龄　　　　　　B. 工资　　　　　　C. 汽车产量
D. 购买时的支付方式(现金、信用卡、支票、微信、支付宝等)

4. 以下变量是顺序变量的是(　　)。
A. 年龄　　　　　　B. 工资　　　　　　C. 汽车产量
D. 员工对企业福利的满意程度(满意、一般、不满意)

5. 以下变量是数值型变量的是(　　)。
A. 年龄　　　　　　B. 性别　　　　　　C. 企业类别
D. 员工对企业某项改革措施的态度(赞成、中立、反对)

6. 要考察全国居民的人均住房面积，则统计总体是(　　)。
A. 全国所有居民户　　B. 全国的住宅　　C. 各省市自治区　　D. 某一居民住户

7. 一项调查的目的是想确定年轻人愿意与其父母讨论的话题。调查结果显示，45% 的年轻人愿意与其父母讨论家庭财务状况，38% 的年轻人愿意与其父母讨论有关教育的话题，15% 的年轻人愿意与其父母讨论爱情问题。该项调查收集的数据是(　　)。
A. 分类数据　　　　B. 顺序数据　　　　C. 数值型数据　　　　D. 实验数据

8. 根据样本计算的用于推断总体的概括性度量值称作(　　)。
A. 参数　　　　　　B. 总体　　　　　　C. 样本　　　　　　D. 统计量

9. 为了估计某市居民的网上购物的比例，从该市 500 万个家庭中抽取了 500 户进行调查，其中有 60% 的家庭平均每月的网上购物的次数超过 1 次。这里的 60% 是(　　)。
A. 参数值　　　　　B. 统计量值　　　　C. 样本量　　　　　D. 变量

10. 某电子元件厂的质检部门认为，如果流水线上组装的手机出现故障的比例每天不超过 2%，则组装过程是令人满意的。为了检验某天生产的电子元件的质量，该厂质检部门从当天生产的电子元件中随机抽取了 100 件进行检查。质检部门检查的总体是(　　)。

A. 抽取的 100 件电子元件　　　　　　B. 3%的有故障的电子元件

C. 当天生产的全部电子元件　　　　　　D. 100 件电子元件的检测结果

11. 最近发表的一份报告称，"由 150 部新车组成的一个样本表明，外国新车的价格明显高于本国生产的新车"。这一结论属于( )。

A. 对样本的描述　　B. 对样本的推断　C. 对总体的描述　　D. 对总体的推断

12. 某企业 5 月份计划要求销售收入比上月增长 8%，实际比上月增长 12%，其超计划完成程度为( )。

A. 103.7%　　　　　B. 50%　　　　　　C. 150%　　　　　D. 3.7%

13. 某市现有人口 600 万人，有 100 家医院，病床合计为 30000 床，则该市每万人的病床数为 50，这个指标属于( )。

A. 结构相对数　　　B. 比较相对数　　C. 强度相对数　　　D. 比例相对数

14. 一名统计学专业的学生为了完成其统计作业，在《统计年鉴》中找到了 2022 年全国各省(市)城镇家庭的人均收入数据，这一数据属于( )。

A. 分类数据　　　　B. 顺序数据　　　C. 截面数据　　　　D. 时间序列数据

15. 我国有关部门要研究我国的人口政策，搜集到新中国成立 70 多年来我国每年的人口数据，这一数据属于( )。

A. 分类数据　　　　B. 顺序数据　　　C. 截面数据　　　　D. 时间序列数据

16. 某机床厂要统计该企业生产的自动机床的产品产量和产值，上述两个变量( )。

A. 均为离散变量　　　　　　　　　　B. 均为连续变量

C. 前者是连续变量，后者是离散变量　　D. 前者是离散变量，后者是连续变量

(三) 多选题

1. 以下变量中属于数值型变量的是( )。

A. 教师的聘任职务　　　B. 学生的专业　　　　C. 职工的工资级别

D. 企业的销售额　　　　E. 职工的工龄

2. 以下变量中属于离散变量的是( )。

A. 机床台数　　　　　　B. 学生人数　　　　　C. 耕地面积

D. 粮食产量　　　　　　E. 汽车产量

3. 下列指标中，属于绝对指标的是( )。

A. 工资总额　　　　　　B. 商业网点密度　　　C. 商品库存额

D. 人均 GDP　　　　　　E. 进出口额

4. 下列指标中，属于结构相对数的是( )。

A. 学历是大学及以上的职工所占的比例

B. 某省 GDP 今年比去年增长的百分比

C. 研究生在全校学生中所占的比例

D. 人均可支配收入

E. 第三产业增加值在 GDP 中所占的比重

5. 分子和分母可以互换的相对指标有( )。

A. 比例相对数　　　　　B. 结构相对数　　　　C. 比较相对数

D. 动态相对数　　　　　E. 强度相对数

6. 请指出下列资料的数据属于什么性质的相对指标。

A. 计划完成相对数　　　　B. 结构相对数　　　　C. 比较相对数

D. 动态相对数　　　　　　E. 强度相对数　　　　F. 比例相对数

(1) 某地区 2022 年人口密度为 400 人每平方千米。(　　　)

(2) 某市 2022 年 GDP 比 2021 年增长 4%。(　　　)

(3) 某市对本市居民进行的家计调查资料表明,该市居民用于食品的支出在总消费支出中占 32%。(　　　)

(4) 2021 年 A 省的人均 GDP 为 2800 美元, B 省的人均 GDP 为 4200 美元, 则 B 省是 A 省的 1.5 倍。(　　　)

(5) 某企业 2022 年计划完成产值 500 万元, 实际完成产值 600 万元, 则计划完成程度为 120%。(　　　)

(6) 某市性别比例, 男性比女性为 102∶100。(　　　)

7. 下列属于描述统计学问题的是(　　　)。

A. 根据样本信息对总体进行推断

B. 了解数据分布的特征

C. 分析感兴趣的总体特征

D. 利用图、表或者其他数据汇总工具分析数据

E. 计算研究对象总体的均值和方差

8. 某大学的一位研究人员希望估计该校大学本科生平均每月的生活费支出。为此,他调查了 200 名学生,发现他们平均每月的消费支出是 1300 元。以下说法正确的是(　　　)。

A. 研究总体是该大学所有的在校本科生

B. 研究参数是该大学的所有学生平均每月的生活费支出

C. 样本是调查的 200 名学生

D. 样本统计量是 200 名学生平均每月的消费支出

E. 样本统计量是 1300 元

9. 要了解某地区全部成年人口的就业情况,随机抽取了 1000 人进行调查,则以下说法正确的是(　　　)。

A. 该地区全部成年人是研究总体　　　　B. 抽取了 1000 个样本

C. 该地区成年人口就业率是参数　　　　D. "职业"是分类变量

E. 可以用 1000 人的就业率推断该地区的就业率

10. 以下数据中,是相对数的是(　　　)。

A. 某单位工资总额　　　　B. 某地区人口密度　　　　C. 产品合格率

D. 统计学平均成绩　　　　E. 某高校女生比例

(四) 简答题

1. 什么是描述统计学? 什么是推断统计学? 它们在统计学中的地位如何?

2. 请分析以下统计数据所采用的计量尺度属于何种计量尺度：二十四小时制时间、人口数、民族、信教人数、籍贯、进出口额、服务满意度、经济增长率、温度、受教育程度。

3. 举例说明统计总体、个体、样本。

(五) 计算题

1. 某企业 3 月份生产情况如下表所示。

车间	计划产量/台	实际产量/台
1	440	400
2	400	440
3	650	700

要求计算各车间和全厂产量计划完成情况。

2. 某集团公司三个下属企业的近两年来增加值完成情况统计资料如下表所示。

企业	上年完成的增加值/万元	本年				计划完成百分比/%	本年发展速度/%
		计划		实际			
		增加值/万元	比重/%	增加值/万元	比重/%		
1	1500	1600		1800			
2	1000	1200				100	
3	1800			1900		95	
合计							

要求计算并填写表格中的数字。

3. 某企业 2021 年某产品的单位成本是 120 元，2022 年计划降低 5%，而实际降低了 6%。

要求计算 2022 年单位成本的计划数和实际数，并计算 2022 年降低成本的计划完成相对指标。

第一章知识点练习参考答案

第二章　统计数据的搜集

一、学习目标

本章从统计数据的来源入手，讨论了统计数据收集的主要技术点，包括统计数据的来源、统计调查的组织方法、统计数据的搜集方法、调查工具的设计、统计数据质量评价、统计调查方案设计等内容。

通过本章的学习，应达到以下目标：

(1) 了解统计数据的来源渠道。

(2) 了解二手数据的主要来源、作用、特点和评估方法。

(3) 掌握常用统计调查组织方式的类型及特点。

(4) 掌握统计数据的搜集方法。

(5) 掌握统计数据误差的种类、产生的原因和特点。

(6) 了解统计数据质量评价的标准。

(7) 了解调查问卷的类型、基本结构和设计原则。

(8) 掌握问卷的设计流程和技巧。

(9) 掌握统计调查方案的内容。

(10) 课程思政：没有调查就没有发言权。

二、知识梳理

本章主要涉及以下内容。

(1) 统计数据的来源主要有两个方面：直接来源和间接来源。直接来源主要指的是一手资料，即从零开始搜集的资料，搜集的方法主要有询问调查、观察和实验。间接来源主要是指二手资料，即公开发表的资料，可以通过资料收集的方式获得有关数据。

(2) 统计调查的组织方式主要有普查、抽样调查、统计报表、重点调查、典型调查。

(3) 统计数据的搜集主要有三大类方法：询问调查法、观察法和实验法。询问调查法主要有面访调查、电话调查、网络调查、邮寄调查、座谈会、个别深访等。观察法主要有人员观察和机器观察。实验法主要有室内实验法和市场实验法。

(4) 统计数据的误差主要有两类：抽样误差和非抽样误差。

(5) 统计数据的质量应当从精度、准确性、关联性、及时性、一致性、最低成本几个方面评价。

(6) 调查工具主要有两类：统计调查表和统计调查问卷。统计调查表是指由统计调查的组织实施者根据统计调查的要求制发的用以对统计调查对象进行登记、搜集相关原始数据和资料，要求调查对象按照统一规定填报的表格，它是统计工作中搜集原始资料的基本工具。统计调查表一般包括表头、表体和表外附加三部分构成。统计调查问卷是指访问员根据调查目的要求，设计出一套由一系列问题、备选答案及说明等组成的向受访者搜集资料的工具。统计调查问卷一般包括开头、甄别、正文、结尾四个部分。问卷的设计要遵循功能性原则、可靠性原则、最大效率原则和可维护性原则。问卷的设计流程和技巧一般包括明确所获取的信息、确定问卷类型与调查方式、确定问卷中各问题的内容、决定各个问题的形式、问题的措辞使用、安排问题的顺序、确定问题的版面格式、对初稿的检测和修改。

(7) 统计调查方案的设计要秉承科学性、可行性、有效性的原则。具体内容包括明确调查目的、确定调查对象和调查单位、选择调查方式、选择调查方法、设计调查项目和调查表、规定调查时间、经费预算、制定调查计划、数据处理与分析、撰写调查报告。

三、知　识　拓　展

(一) 常用的数据搜集方法

随着人们对信息的要求越来越高，数据搜集的方法也越来越多样化。除了《统计学(第三版)》教材中出现的面访调查、电话调查、网络调查、邮寄调查、座谈会、个别深访、观察法和实验法的数据搜集方法之外，常见的数据搜集方法还有以下几种。

1. 德尔菲法

德尔菲法是美国兰德公司在 20 世纪 60 年代首创和使用的一种特殊的调查方法。它是指通过函询的方式，征求每位专家的意见，经过客观分析和多次征询反复，逐步形成统一的调查结论。德尔菲法是一种专家调查法，但它用背对背的判断代替了面对面的会议，在一定程度上克服了畏惧权威和不愿当众发表不同意见的弊病，使被调查者的专家能够充分地发表自己的意见，最后取得较为客观实际的调查结论。德尔菲是古希腊传说中的神域之地，城中有座阿波罗神殿可以预卜未来，因而借用其名。德尔菲法的实施有如下步骤。

(1) 拟定意见征询表。

意见征询表是专家回答问题的主要依据，也是进行德尔菲法调查的主要手段。调查机构根据委托方的要求，拟定需要调查了解的问题，制定调查意见征询表。拟定意见征询表要注意以下几点：第一，问题要简单明确，数量不宜太多；第二，问题的内容要尽量接近专家熟悉的领域，以便充分利用专家的意见；第三，意见征询表中还要提供一些供专家做出判断时所参考的比较齐全的背景材料。

(2) 选择征询专家。

专家的选择是否合适，直接关系到德尔菲法的成败。在选择专家时要注意以下几方面：第一，按照调查课题需要的专业范围，选择业务精通、见多识广、熟悉市场情况、具有分析能力和预见能力的专家；第二，专家人数的多少要视课题的大小和涉及面的宽窄而定，不宜过多或过少，一般为 8～20 人；第三，调查机构用通信方式与专家联系，专家之间不联系。

(3) 轮回反复征询专家意见。

第一轮，将意见征询表和现有的背景材料寄给专家，要求专家明确回答征询表中的问题，并在规定时间内将答案寄回，调查人员对各个问题的结论进行归纳和统计。第二轮，将第一轮汇总过的专家意见及新的调查要求寄回专家，要求专家在了解全局情况后提出自己的见解，在这个阶段，他们可以保留或者修改自己的意见，对于和总体结论差异较大的专家，应请他们充分陈述理由。这样，可再次将专家寄回的资料进行统计，并提出新的要求。如此经过几轮的反复征询，专家的意见逐步趋于一致。征询的轮次和征询的时间间隔不能一概而论，需视调查内容的复杂程度、专家意见的离散程度而定，通常征询轮次为3～5轮，征询的时间间隔为7～10天。

(4) 做出调查结论。

根据几次提供的全部资料和几轮反复修改的各方面意见，调查人员做出最后的调查结论。

德尔菲法有三个优点。第一，匿名性。每一轮的征询中，专家们都匿名地发表意见，这样，被征询的专家就不会因为慑于权威而不敢发言，也不需要为顾全面子而固执己见，从而使心理因素的影响降到最低，创造一种平等、自由的气氛，有助于专家们独立思考、充分发表意见。第二，反馈性。在德尔菲法调查的过程中，多次向专家反馈汇总的意见，能够帮助专家修正考虑欠周全的判断，有助于提高调查结论的全面性和可靠性。第三，具有调查结果定量处理的特性。德尔菲法可以根据需要从不同角度对调查结果进行定量化的统计分析处理，提高了调查的科学性。

德尔菲法有三个缺点。第一，调查结果主要凭专家判断，缺乏客观标准，因此这种方法主要适用于缺乏历史资料或者未来不确定因素较多的场合。第二，在得到调查组织者汇总的反馈资料后，有的专家由于水平不够可能做出趋近中位数或者算术平均数的结论。第三，由于德尔菲法调查反馈次数较多，持续时间较长，有的专家可能因为工作忙或其他原因而中途退出，影响调查的准确性。

为了克服上述缺点，可以采取以下措施。第一，向专家说明德尔菲法的原理，让他们了解这种方法的特点。第二，向专家提供尽可能详细的与调查项目有关的背景材料。第三，请专家对自己的判断结果给出最高值、一般值和最低值，并分别估计其概率，以保证整个判断的可靠性，减少轮回的次数。第四，在第二轮反馈后，只给出专家意见的极差值，而不反馈中位数或者算术平均数，以免发生简单求同的现象。

2. 头脑风暴法

头脑风暴法是由美国BBDO广告公司的奥斯本首创的数据收集方法。这是一种专家小组访谈法(座谈会)。一个小组由一位主持人和几位专家组成，在主持人的主持下，小组成员在正常融洽和不受任何限制的气氛中以会议的形式进行讨论、座谈，打破常规，积极思考，畅所欲言，充分发表看法。在群体决策中，由于群体成员心理作用的相互影响，易屈于权威或大多数人的意见，形成所谓的"群体思维"。群体思维削弱了成员独立思考的精神和创造力，损害了决策的质量。为了保证群体决策的创造性，提高决策质量，管理上发展了一系列改善群体决策的方法，头脑风暴法是较为典型的一个。

头脑风暴法一般设主持人一名，书记员1～2名，小组人员10～15名，最好由不同专业或不同岗位者组成，时间一般是20～60分钟。

头脑风暴法必须要遵循以下原则。第一，庭外判决原则(延迟评判原则)。对各种意见、方案的评判必须放到最后阶段，此前不能对别人的意见提出批评和评价。认真对待任何一种设想，不管其是否适当可行。只有这样，与会者才可能在充分放松的心境下，在别人设想的激励下，集中开拓自己的思路。第二，目标集中，以量求质的原则。意见越多，产生好意见的可能性越大，这是获得高质量创造性设想的条件。第三，自由畅想的原则。欢迎各抒己见，自由鸣放，创造一种自由、活跃的气氛，激发与会者提出各种荒诞的方法，使与会者思想放松，这是头脑风暴法的关键。第四，综合改善的原则。探索取长补短和改进办法，除提出自己的意见外，鼓励与会者对他人已经提出的设想进行补充、改进和综合，强调相互启发、相互补充和相互完善，这是头脑风暴法能否成功的关键。第五，求异创新的原则，这是头脑风暴法的宗旨。

头脑风暴法一般要经过几个阶段。第一阶段是准备阶段。头脑风暴的设计者和负责人应事先对所议问题进行一定的研究，弄清问题的实质，找到问题的关键，设定解决问题所要达到的目标。同时选定参加会议人员，然后将会议的时间、地点、所要解决的问题、可供参考的资料和设想、需要达到的目标等事宜，一并提前通知与会人员，让大家做好充分的准备。第二阶段是热身阶段。这个阶段的目的是创造一种自由、宽松、祥和的氛围，使大家得以放松，进入一种无拘无束的状态。主持人宣布开会后，先说明会议的规则，然后随便谈谈有趣的话题或问题，让大家的思维处于轻松和活跃的境界。如果所提的问题与会议主题有着某种联系，人们便会轻松自由地导入会议议题，效果自然更好。第三阶段是明确问题阶段。主持人扼要地介绍有待解决的问题。介绍时须简洁、明确，不可过分周全，否则，过多的信息会限制人的思维，干扰思维创新的想象力。第四阶段是重新表述问题阶段。经过一段讨论后，大家对问题已经有了较深程度的理解。这是为了使大家对问题的表述能够具有新角度、新思维，主持人或书记员要记录大家的发言，并对发言记录进行整理。通过整理和归纳，找出富有创意的见解，以及具有启发的表述，供下一步畅谈时参考。第五阶段是畅谈阶段。畅谈阶段是头脑风暴法的创意阶段。为了使大家能够畅所欲言，需要制定规则，不要私下交谈，以免分散注意力。与会者不妨碍他人发言，不去评论他人发言，每人只谈自己的想法。发表见解时要简单明了，一次发言只谈一种见解。主持人首先要向大家宣布这些规则，随后引导大家自由发言，自由想象，自由发挥，使彼此相互启发，相互补充，真正做到知无不言，言无不尽，畅所欲言，然后将会议发言记录进行整理。第六阶段是筛选阶段。会议结束后的一两天内，主持人应向与会者了解会后的新想法和新思路，以此补充会议记录。然后将大家的想法整理成若干方案。再根据头脑风暴法设计的一般标准，诸如可识别性、创新性、可实施性等进行筛选。经过多次反复比较和优中择优，最后确定 1～3 个最佳方案。这些最佳方案往往是多种创意优势的组合，是大家的集体智慧综合的结果。

头脑风暴法的正确运用，可以有效地发挥集体的智慧，这比一个人的设想更富有创意。同类的方法还有美国人卡尔·格雷高里创立的 7×7 法、日本人川田喜的 KJ 法、兰德公司创立的德尔菲法等。

3. 投影技法

投影技法是一种无结构、非直接的询问方式，可以激励被访者将他们所关心的话题的潜在动机、态度或情感反映出来，适合于对动机、原因及敏感性问题的调查。投影技法的目的是探究隐藏在表面反映下的真实心理，以获知真实的情感、意图和动机。它的基本原理来自对人们经常难以或者不能说出自己内心深处的感觉的认识，或者说，人们受心理防御机制的影响而感觉不到的那些情感。

常用的投影技法有联想技法、完成技法、漫画测试法、照片归类法、第三人称法等。

(1) 联想技法。

联想技法是在被调查者前面设置某一刺激物，然后了解其最初联想到的事物的方法。这类技法中最常用的是词语联想法，即向被调查者提供一些刺激词，让其说出或者写出所联想到的东西。通过其不同的回答，分析被调查者的态度。一般要求被调查者迅速做出回答，不让心理防御机制有时间发挥作用。如果被调查者不能在 3 秒钟内做出回答，那么可以断定他已经受到了情感因素的干扰。

词语联想法具体分为三种：自由联想法、控制联想法和引导联想法。

① 自由联想法。

自由联想法不限制联想的性质和范围，被调查者可充分发挥其想象力。例如，请您写出(或说出)由"酒"这个词所引发的联想。被调查者的回答可能是"醉""豪爽""暴力""愁闷"等，这从不同侧面反映了酒的特点，为市场定位和改进工艺提供了有关信息。

② 控制联想法。

控制联想法是把联想控制在一定的范围之内。例如，请您写出(或说出)由"电视"这个词所联想到的食品。由电视联想到的食品，可能是电视广告中出现的食品，可能是看电视时消费的食品，也可能两者都不是。若联想到的是电视广告中的食品，可用于电视广告效果的调查；若联想到的是看电视时消费的食品，可用于消费习惯的调查。研究者在分析结果时要加以区分。

③ 引导联想法。

引导联想法是在提出刺激词语的同时，也提供相关联想词语的一种方法。例如，请您就"自行车"一词按提示写出(或说出)所引发的相关联想。联想提示：代步、健身、娱乐、载物、运动、其他……引导联想法所给出的联想提示带有导向性。如本例提示，将联想往自行车功能方向引导，被调查者的思维也由此集中到这方面。

(2) 完成技法。

在完成技法中，给出一种不完全的刺激场景，要求被调查者来完成。常用的有句子完成法和故事完成法。

句子完成法是给出一些不完整的句子，让被调查者去完成。例如"拥有一套住房——"不同的人根据这一情景会想到不同的方面，有的人认为是提高了生活质量，有的人认为是保证了基本生活，有的人认为是增加了支出或有可能负债，有的人认为是有一种成就感……这些对房地产商来讲，无论是户型设计、质量改进、功能提高还是营销手段变化等都有参考价值。

故事完成法是提出一个能引起人们兴趣但未完成的故事，由被调查者来完成，从中看出其态度和情感。例如，某位消费者在一家商场花了很长时间才选中一组价格便宜、造型新颖的家具，在他即将下决心购买时，却遇到售货员的怠慢，这位消费者将做出何种反应？为什么？

(3) 漫画测试法。

典型的漫画测试法包括两个人物，一个人的画框中写有对话，而另一个则是空白的，要求被调查者完成空白的对话框。图画内容模糊、意义模棱两可并且没有任何解释，这样做是为了被调查者不会得到任何暗示某种规定答案的"线索"，能很随意地表现自己。被调查者的回答反映了其性格和态度，据此可以了解其内心的活动及潜在需求。

(4) 照片归类法。

照片归类法是由美国最大的广告代理商 BBDO 公司首创的。调查者提供一组展示从高级白领到大学生的不同类型人群的照片，要求被调查者将照片与他们认为的这个人应该使用的品牌连在一起，由此来反映被调查者对品牌的感受。对通用电气公司的照片归类调查发现，被调查者认为受这个品牌吸引的是保守而年长的商界人士。为了改变这一形象，通用电气公司进行了一次"为生活增添光彩"的宣传促销活动。

(5) 第三人称法。

第三人称法不是直接问一个人的感受，而是用"你的邻居""大多数人"或其他的第三人称来表述问题。例如，"这是一套待售住房，如果您的同事有意购买，那么当他去观看这套住房时，您认为他会如何表现？"研究者可以判断被调查者如何把他自己投影到这个第三者身上，从而揭示出被调查者真实想法。使用第三人称法是为了避免直接回答可能使被调查者感到尴尬甚至激怒被调查者。

投影技法的主要优点是有助于揭示被调查者真实的意见和情感，对那些秘密的、敏感的问题的了解尤为有效。投影技法的不足主要表现在以下几个方面：需要专门的、训练有素的调查员，而这种人员往往非常缺乏；通常费用较高；可能会存在严重的解释偏差；开放式的提问常会给分析和研究带来一定困难。

4. 留置问卷调查

留置问卷调查是介于邮寄调查和面访调查之间的一种方法，它综合了邮寄调查由于匿名而保密性强的优点，又综合了面访调查回收率高的优点。具体做法是，由调查员按面访的方式找到被调查者，说明调查目的和填写要求之后，将问卷留置于被调查者处，约定几天后再次登门取回填好的问卷。还有一种做法是通过某些单位或者组织，间接地向调查对象发送问卷，然后再通过他们集体收回，或者附上回邮信封，要求被调查者将填写好的问卷直接寄回。为了感谢合作，一般都要向被调查者赠送小礼品。

留置问卷调查的关键之一是保证匿名性。这一点连同回收问卷的方法要事先向调查对象交代清楚。一般做法有几种：①调查员可以手持问卷回收箱或者回收袋，让被访者亲自将填写完毕的问卷投入回收箱(袋)内；②在发放问卷的同时给一个空白信封，让被访者亲自将填写完毕的问卷装进空白信封，然后将封好的信封交还给调查员；③给一个贴好邮票的回邮信封，要求被访者将填写好的问卷直接寄回。

5. 媒体调查

媒体调查通常也叫作自愿样本，是指以媒体为载体进行的调查。调查者与被调查者不直接接触，被调查者主动参与调查。根据媒体的不同，有报纸调查、杂志调查、网络调查、电视调查、手机调查等。

报纸调查就是把调查问卷刊登在报纸上，通过报纸的发行将问卷送到读者手中，由读者回答后寄回的调查方法。由于报纸的覆盖面广，可能有很多人看到这份调查问卷，但认认真真回答问卷的人可能并不多，也就是说回收率和回答质量是应用这种调查方法的关键，如何提高回收率和回答质量是报纸调查需要研究和解决的问题。

杂志调查就是把调查问卷刊登在杂志上，通过杂志的发行将问卷送到读者手中，由读者回答后寄回的调查方法。杂志这种媒体针对性强，具有明显的读者选择性。这使得杂志的读者群具有一定的特征，若某项调查就是要了解具有这些特征的人的观点或者意见，则适合用杂志调查，否则用杂志调查法会使调查对象不具有代表性，产生系统性误差。

网络调查是借助 E-mail 或者网址进行调查，前者是将问卷作为一份选定的 E-mail 地址清单的附件发送出去，并要求回答；后者是将问卷链接在网址上，邀请访问者填写。

电视调查通常是对节目评选的调查。一些调查节目通常希望得到关于节目的更广泛的评价，如一些选秀节目、综艺节目等等。节目主办方可以在电视上公布参与评选的办法，可以是投寄选票，更多的是公布一个参与评选的链接或者二维码，鼓励观众参与投票。

手机调查通常是调查方往手机上发一些问卷的链接，邀请手机用户参与调查的一种数据收集方法。随着手机的普及和移动网络的发展，手机调查所能接触到的客户越来越广泛，获得的调查数据有望越来越丰富。

媒体调查的主要优势在于调查接触到的受众非常广泛，调查成本低，传播迅速。很多媒体调查的问卷往往与数据处理程序相连接，调查过程同时是数据录入和处理过程，不需要访问员的访问和数据员的数据录入，调查成本低、反馈快。但是由于是受访者自愿参与调查，调查的对象有一定的局限性。

6. 固定样本邮寄调查

固定样本邮寄调查又叫作邮寄盘努(mail panel)调查，指的是事先抽取一个地区性的或全国性的样本(一般是有代表性的样本)，样本中的家庭或者个人都已同意参加某方面研究的定期邮寄调查，然后由调查机构向这个固定样本中的成员定期地(例如每月一次、每周一次等)邮寄调查问卷，样本成员将问卷按照要求填写后及时寄回调查机构。当然调查机构会对邮寄盘努调查参与者从经济上或者其他方面给予一定的补偿或者鼓励。

邮寄盘努调查常用于电视收视率、广播收听率、报纸杂志阅读率的调查、家庭消费调查(家计调查)、其他商业调查等。为了防止样本老化，要定期地调整更新样本。例如，在条件允许的情况下，可以一个季度更新四分之一样本，一年内更新成全新的样本，这被称为样本轮换。有经验的调查机构会对样本中"新鲜"部分和"陈旧"部分所寄回的问卷与其他部分比较，以避免因对调查的不同的熟悉度而带来的数据上的偏差。不管如何调整或者更新样本，重要的是，所使用的盘努与所调查的目标在主要的指标(例如人口普查指标)上是基本一致的。通过样本轮换，一方面保证数据的连贯性，另一方面也能保证样本的代表性与时俱进。

邮寄调查受到邮寄系统的制约。随着网络技术的发展，传统的邮寄调查技术逐渐被电子邮寄系统和网络连接系统所替代。比如上述固定样本邮寄调查，当前可以采用电子邮寄问卷的方式实现，也可以采用网络链接的方式和受访者约定，在指定的时间通过网络链接或者登录系统的方式填答问卷，提交数据。这样使调查更加方便快捷，反应迅速，也免除了后期烦琐的数据录入和处理工作，使连续性调查工作得以在更广泛的范围内展开。

(二) 各种调查方法的比较

1. 调查方法的评价准则

一种调查方法的优劣并不是绝对的。在某种情况或条件下，一种调查方法可能是相对较好的，但在另一种情况或条件下，这种方法可能是不好的。因此，对调查方法的评价离不开研究的目的、环境、经费和时间的要求等。一般说来，可以从以下几个方面判断一种调查方法的优劣。

(1) 与所研究问题的性质是否相吻合。

如果所研究的问题是探索性的，那么定性研究的几种方法就是相对较好的；如果要估计市场的容量和需求，那么随机抽样调查可能就是比较好的；如果要研究的问题是检验因果关系，那么定量研究的实验法可能就是最好的。

(2) 对所研究的问题是否有较强的针对性。

例如，如果要顾及某市居民家庭消费的结构、品种、数量和变化趋势，最好的办法可能是家庭固定样本组的日记调查法；如果要了解企业对某大型自动化办公系统的购买意向，那么对主管领导的电话调查可能会是针对性较强的方法。

(3) 在满足研究要求的条件下是否最省费用。

如果入户面访调查和电话调查都能满足研究的要求，那么后者肯定费用较低，因此是相对较好的方法。

(4) 在满足研究要求的条件下是否最省时间。

如果面访调查和电话调查都能满足研究要求，那么后者肯定快速省时，因此是相对较好的方法。

(5) 在满足研究要求的条件下，是否最易于操作和控制。

如果深层访谈和小组座谈会都能满足研究要求，例如，需要了解现代青年对高科技通信产品的消费观念，那么在专用座谈会会议室的设施齐备而且拥有经验丰富的主持人的情况下，小组座谈会的方法可能更易于操作和控制；否则，在设计了详细的访谈提纲和分析模型的前提下，深层访谈可能就是更可行的办法。

(6) 在费用一定的情况下是否精度最高。

例如，在新产品属性测试的研究中，既可以采用直接询问的常规大样本的面访调查法，也可以采用观察法。相比之下，后者可能会得到更高的精度。

2. 调查方法的选择

对于特定的市场研究问题，调查方法的选择一般不是单一的。也就是说，要根据问题的性质、研究目的和要求、经费和时间的限制等方面因素，选择适当的调查方法的组合，来完成预定的市场研究项目。

(三) 市场调查行业的发展

1. 市场调查的产生和发展

市场调查行业是现代咨询业的重要组成部分。它是根据特定目的，采用科学的调查手段，运用现代工具和研究方法，为解决经济、社会等方面问题而进行的咨询活动，是第三产业中有效利用智力资源服务于客户的智力密集型产业。发达的市场调查行业是经济繁荣的必要条件，也是衡量一个社会文明进步的重要标志。

市场调查是伴随着近代商品生产而出现的，经济的发展是市场调查产生和发展的基础和动力。17 世纪出现的工业革命使西方的经济得到极大的发展，市场规模随之扩大。在市场经济条件下，生产与消费必须相互配合，产品必须符合顾客的要求。为此，商家只有了解消费者的需求、爱好、购买能力和购买习惯等，才能生产和销售适销对路的产品，市场调查的出现正是迎合了这一要求。经济的快速发展，加剧了厂家之间的竞争。厂家迫切需要了解市场行情的变化和竞争对手的情况，了解市场的需求，挖掘市场的潜力，降低生产成本，这些都需要科学的市场调查。

20 世纪初，国外一些大企业纷纷成立了市场调查机构，对市场进行系统的调查和研究，市场调查的观念和理论也随之出现。早在 1911 年，当时美国最大的柯蒂斯出版公司就设立了市场调查部门。到 20 年代，其他一些公司也先后设立了相似的市场调查机构。30 年代是市场调查发展的重要时期，美国市场营销协会宣告成立，并出版了《市场调研技术》等书籍，为市场调查这门学科的形成和发展奠定了重要基础。从第二次世界大战后，市场调查得到了迅速发展。1948 年全美有 200 多家专门从事市场调查的公司，准确地说，市场调查这门学科真正成立于 20 世纪 50 年代。进入 70 年代，随着科学技术的进步和发展，新的观念、技术、方法不断应用于市场调查，特别是计算机的出现及其在市场调查中的运用，使市场调查可以凭借信息网络系统来进行。

近 30 年来，全世界的市场调查行业已经发展成为一个年营业额达数千亿美元、年增长超过 10%的庞大行业，各类市场调查机构数十万家，从业人员已有数百万人，业务范围不断拓展，从经济领域扩展到政治、军事、法律、环境及全球性问题等诸多领域，出现了一批在国际上享有盛誉的综合调研机构。例如，美国的兰德公司、日本的野村研究所、英国的伦敦国际战略研究所、罗马俱乐部等。

2. 发达国家市场调查业的现状

由于发达国家的企业已经长期牢固地形成了"决策前先做调查"的观念，这些国家和地区对市场调查一直有很大的市场需求。再加上国外调查业已有几十年稳步发展的历史，因此从整体上来说，发达国家的调查业主要具有以下几个特点。

(1) 调查业兴旺发达。

发达国家的调查业主要表现为调查机构数量多、从业人员专业化程度高、营业额逐年稳步增长的特点。调查机构之多难以想象，例如，仅伦敦一个城市就有 60 多个大型的商业性的市场调查公司，中小型公司不计其数。调查公司类型各异，有提供全方位服务的机构，也有只提供有限服务的机构，例如，具体收集数据的调查实施服务、编码和数据录入服务、专门进行定量数据处理的数据分析服务等。许多从业人员都有从事调查业所需的专业知识、较强的专业素养和较丰富的从业经验。欧洲民意和市场研究会每年一次的对全球的调查业的调查研究表明，近年来欧洲、美国、日本等发达地区和国家对调查业的需求逐年稳步增长，平均每年增长 8%。

(2) 调查设备和技术已经发展到一个新水平，现代市场调查效果大大提高。

采用纸和笔的传统调查方式在发达国家的正规调查公司中已经很少见，代之以计算机辅助电话调查系统、计算机辅助面访系统以及其他电子手段的调查。采用先进的设备和手段，大大提高了市场调查的效率。例如，调查员利用轻便的小型便携式计算机面访，当天的数据可以及时地通过网络传递回公司的数据处理部门；利用计算机辅助电话调查系统及相应的问卷设计软件、数据处理和报告撰写专用软件，能在 24 小时内完成利用传统方法需要一个月左右做完的项目。

(3) 调查研究的行业活动、学术活动和出版活动活跃，使调查业的规范化和标准化得到较好的保证。

目前国际上有不少关于市场调查和民意调查的协会和学会，这些协会和学会定期或者不定期地组织学术交流和业务交流。市场调查技术方面的学术性杂志、应用性杂志和著作之多，是中国同行难以想象的。

3. 我国市场调查的兴起和现状

(1) 我国市场调查行业的产生和发展。

我国的市场调查行业产生于 20 世纪 80 年代，它是伴随着市场经济的确立而逐步成长起来的。1984 年，民办的北京社会与经济发展研究所在内部成立了社会调查中心，这是较早的有案可查的民办调查机构的开始。1986 年诞生了北京社会调查所(后改称为中国社会调查所、中国市场调查所)和北京社会调查事务所(后改称中国社会调查事务所)，最早将民意调查结果推向媒体。1987 年 7 月，广州市场研究公司正式注册成立，这是中国第一家有偿服务的以"公司"命名的专业调研机构。1991 年下半年，在北京、广州又诞生了暑假调研机构，但真正有较多调研机构成立的时间是在 1992～1993 年。

(2) 我国市场调查行业的现状。

按照执业主体的不同，我国的市场调查机构可以分为民营机构、政府机关主办机构、合资机构、学术研究及新闻单位创办机构等四种类型。民营机构又称民办机构，它是由个人独资或数个人合资创办的私营或股份制市场调查机构，这是市场调查机构的主力军，广泛分布在全国各地，如"零点""大正"等；政府机关主办机构主要指国务院各部、委、局及地方政府部门和国有企业创办的市场调查公司，如全国各级统计部门创办的各类信息咨询中心、调研中心等；合资机构主要指中外合资、中外合作等联合创办的市场调研机构；学术研究和新闻单位创办机构，则指一些高等院校、科研院所和广播、电视等媒体单位创办的调研机构，如一些大学创办的统计调查所、市场调查中心、调查咨询中心等。

上述四类调查机构中，民营机构占全国职业机构总数的 80%，政府机关主办机构占 14%，学术研究和新闻单位创办机构占 5%，合资机构占 1%。我国市场调查业的快速发育、成长，由其产生的时代背景和发展的市场条件所决定。随着我国经济体制的转轨，长期服务于计划经济体制下的统计信息系统，已经很难适应发生了很大变革的市场现状。它所提供的统计信息，除一部分用于满足国民经济宏观管理的客观需要外，已很难或很少为现代企业的经营决策所急需。与此同时，由传统的市场计划统计转变为市场统计，却必须经历一个漫长而艰难的过程，尚需从统计体制等方面进行大量的、复杂和卓有成效的改革。于是，实际工作中和基本处于"休眠"状态的我国市场调查业便如雨后春笋般涌现出来。市场调查行业的兴起，既满足了市场经济条件下国民经济宏观调控对各类综合信息的需要，又满足了企业对各类专业信息尤其是市场信息的广泛需求，也有效填补了我国信息产业发展中的一项空白，发挥了其应有的巨大功效。

(3) 我国市场调查行业存在的问题。

我国市场调查行业的快速发展，在给各界人士惊喜的同时，也引发了业内人士对其存在的问题的诸多思考。因为从当前整体情况来看，市场调查行业的经营状况并不十分景气，一些地区的调查机构甚至门可罗雀，惨淡经营。

企业参与市场竞争的深入和广泛性强调了市场调研的必要性和紧迫性。一方面，企业要想在日趋激烈的宏观经济环境下战胜竞争对手，就必须知己知彼，及时研究和开拓市场，准确地把握消费者的需求，及时生产出适销对路的产品，以提高经营效益。而要做到这一点，离开了精准的市场调研和准确的市场定位，是很难想象的。另一方面，市场的竞争压力赋予企业管理新的内容、方式和手段，这不仅体现在对科学管理的继承和完善上需要更新岗位设计和工作流程，更体现在对经营理念、经营战略、组织结构、组织行为、管理规范、管理方法技术以至公司文化整合上进行系统的调整。而要真正实现这些企业管理的方方面面，离开了精准的市场调研和管理咨询同样是难以想象的。据业内人士介绍，在美国有人统计：资产规模 1000 万美元以上的公司没有请过咨询公司进行咨询的，3～5 年内便会倒闭。而 1997 年松下电器公司出资 10 万美元专门调查其在中国上市的 9 种产品的市场占有率之举，也印证了市场调研对现代企业发展至关重要这一事实。

第一是观念问题。改革开放以来，中国企业家虽然经历了不少市场磨炼，也学习借鉴了西方不少先进技术和管理方法，但是新旧体制的剧烈转换，仍使得相当多的企业面对市场经济依然像断奶不久的孩子，未能尝遍"市场经济"的酸甜苦辣，也根本不知道市场调研对一个企业的发展究竟意味着什么。很大一部分企业认为市场调查是骗钱的行业，是玩弄数字的游戏，因而对它不屑一顾。一项对华东地区 252 家大中型企业的调查结果显示，有过调查作业的只有 60 家，占 24%；设立了市场调研部门的只有 23 家，占 9%；坚持日常调研作业的才3 家，仅占 1.19%。

第二是经费问题。在现代企业财会制度中，既没有专门开设"咨询费用"这一账户，也没有设立用于市场研究的经常性支出项目，致使一些想做市场调研的企业没有专项资金来源，有些企业只能挤占销售费用中的广告费。

第三是机构设置问题。据调查了解，虽然企业一般都设置了统计科室，有专职或兼职的统计人员从事日常统计工作，但他们的主要任务是完成上级部门布置的繁重的统计报表，加之时间、经费、人员素质和统计立项等方面的原因，绝大多数企业极少有统计人员直接去做专项调研，更没有设立正规的市场调研机构。有的即使设立了，也往往由于经费、人才等方面限制而很少开展工作。还有相当一部分企业习惯于凭经验、靠感觉进行企业管理，所缺少的正是依据市场调研取得可靠的定量决策数据。其直接后果便是盲目生产，产品积压，效益低下或亏损严重。这不能不说是国内一些企业的悲哀。

第四是市场调研内部的某些操作不规范问题。主要表现在以下几个方面，一是专业人才匮乏。市场调研业在我国是一个发展比较快的新兴行业，调研机构里具有一定高深专业知识的人员严重不足，导致一些抽样设计没有随机性，只有便利性；数据处理不规范，大多数分析报告水平不高，深度不够。二是急功近利，求广求全，不自量力。少数调研机构的目的不是帮助客户战胜竞争对手，同时也树立起自己的良好信誉，而是宣称什么业务都可以做，似乎其调研公司是"通才公司"，根本不认真考虑自身实力。另外，个别公司有"捞一把就走"的想法，存在短期行为，不注重建立自己的品牌形象。三是采取不正当手段压价与同行竞争，不遵循行业行为准则和操作规范，甚至在媒体上随意发布"排行榜"，制造虚假信息，误导公众。上述种种，也是很多企业面对市场调研望而却步的重要原因之一。我国的市场调查机构应该如何面对事实，寻找解决存在的问题的策略，尽早走出当前困境呢？

(4) 加快我国市场调查行业发展的策略建议。

作为现代咨询业的重要组成部分，今天的市场调查行业已经成为宏观调控和企业决策的重要信息源泉。经过多年的发展，我国的市场调查行业已经到了认真反思、寻求发展、探求对策、走向成熟的关键时期。

第一，强化培训，全面提高从业人员整体素质，尤其是文化素质。针对目前大部分调研机构内部高层次人才严重缺乏的现状，市场调查公司应投入一定的财力，一方面从社会上招贤纳士，另一方面与高等院校加强合作，分期分批地对现有从业人员进行系统的专业培训，努力培养一批具有战略眼光和洞察力，富有创新意识和开拓精神，有深厚的专业知识和综合知识，能胜任调研工作所需要的市场策划专家、调查专家、计算机专家和分析专家等，从提高自身素质入手，练好内功。这是市场调研能够立足于市场的前提条件，因为市场调研业投入的主要是各类调研专家，其发展关键不在于资本，而在于人才，获取调研市场的优势也只能是人才优势。

第二，树立"精品意识"，全身心地为客户服务。这对于新创办的调研机构尤为重要。由于我国众多的调研机构良莠不齐，为客户提供的调研成果的质量参差不齐，"精品"很少，从而影响了调研行业的整体声誉。如何提高调查研究的质量和水平，与自己的客户共同成长是我国市场调研机构在开拓市场方面亟待解决的问题。因为对市场调查行业而言，客户与公司的关系并非简单、短暂的交易活动关系，而应该是连续、长期、互利、互促的伙伴关系。为老客户提供有独特创意的产品和常年服务是每个调研企业在市场中成长与发展的基础。有资料显示，罗兰·贝格公司现有的业务收入有77%来自老客户。可见，有"回头客"应该成为每家调研公司努力追求的目标。调研企业只有全心全意地为新老客户服务，树立"精品"意识，才能够取得良好的经济效益和社会效益，也才能在与同行的激烈竞争中立于不败之地。

第三，加大宣传力度，积极主动开拓市场。在大多数企业"咨询"意识淡薄的情况下，调研机构应该一方面通过各种媒体宣传市场调研对企业发展无可替代的功效，宣传自己能够为客户提供的服务范围，自己的调研能力和工作流程等方面的情况；另一方面还应该分析和把握市场，主动上门去了解企业的需要，有重点地做一些动员宣传工作，阐明自己能够为企业做些什么、如何做以及将取得怎样的预期效果，引导和帮助企业对市场调研有一个明晰的概念，以尽可能多地为企业从事有关的市场调查和研究工作。当然，调研机构的宣传并不是要告诉人家多么高深的知识，关键在于对客户的潜在咨询需求要有独特的创意，而且这个创意应该非常可行，目的也非常明确，即帮助客户知己知彼，战胜竞争对手。这是市场调研机构与市场的重要结合点。

第四，正确处理近期与长远利益的关系，积极参加行业协会组织，建立与同行合作互利的长期关系。市场调研机构一定要树立远大的目标，与客户建立经常的业务往来，切忌急功近利的短期行为。同时，随着企业对市场不断拓展的需要与日俱增，一家调研机构往往对跨地区的调研项目力不从心，这就要以现代企业家的眼光和魄力，主动与同行业机构精诚合作，建立互助互利的伙伴关系，以便按时、保质、保量地完成客户委托的跨地区业务。而要实现这种密切合作关系，就必须依靠同行业协会组织穿针引线和规范运作。据报道，早在1998年9月，全国200多家市场调研机构的代表聚集北京，召开了首届中国市场调查业现状与发展研讨会。与会代表就行业发展现状、专业调查研究技术及客户需求特征等内容进行了交流，并对在会员高度自主基础上筹建调查行业协会事宜达成一致。全国多地已成立了全国性的咨询协会组织。咨询业协会是政府加强宏观管理，促进调研市场和咨询业健康发展的重要纽带，它将根据市场调研的现状，制定和发布行业管理规范和行为准则，引导行业健康发展。因此，市场调研机构应积极加入协会组织，在协会的统一组织、管理和引导帮助下，尽可能地开展市场调查行业同行之间的合作与交流，以至开展国际合作与交流，不断拓展市场新业务，让中国的市场调查行业逐步从国内走向世界。

综上所述，我国的市场调查行业，机遇与挑战并存，收益与风险同在。随着我国改革开放事业的不断深化，市场经济的日益发展和完善、企业间竞争的日趋激烈以及潜在调研客户的日益觉醒，我国的市场调查行业必将发展成为一个令世人刮目相看的"黄金产业"。

四、案　例　分　析

(一) 观察法应用案例：啤酒与纸尿裤

1. 观察法

观察法是指对调查对象的行动和意识，调查人员边观察边记录来收集信息的方法。观察法通常有两种不同的方法：一是人员观察，二是机器观察。人员观察是指训练有素的观察员或调查员到重要地点，利用感觉器官或设置一定的仪器，观测和记录人们的行为和举动。机器观察需要借助机器观察受访者的活动轨迹。比如，人们的钱包里会有各种 VIP 卡片。这种卡片将会完整记录客户的各种信息和活动轨迹。商家可以借助 VIP 的记录进行大量观察，以获取所需的信息。采用观察法，由于调查人员不是强行介入，受访者无须任何反应，因而常常能在被观测者不察觉的情况下获得信息资料。

2. 案例

在美国沃尔玛超市的货架上，纸尿裤和啤酒赫然摆在一起销售。一个是日用品，另一个是食品，这两者为什么会摆在一起呢？

沃尔玛超市的工作人员在统计产品的销售信息时发现，每逢周末，超市的啤酒和纸尿裤的销量都很大。超市的工作人员经过大量的观察发现，到店购买纸尿裤的经常是孩子的父亲。为了搞清楚原因，超市派出工作人员进行调查。通过观察和走访之后了解到，在有孩子的家庭中，太太更加注重在家里照顾孩子，而到超市购买日用品往往是先生的职责。先生们到店购买纸尿裤的同时，往往会同时带回他们所喜爱的啤酒。

于是，超市决定将纸尿裤和啤酒的货架摆在一起。果然，啤酒和纸尿裤的销售量双双激增，为商家带来了大量的利润。

(二) 实验法应用案例：美妙的可乐瓶

1. 实验法

实验法是在所设定的特殊实验场所、特殊状态下，对调查对象进行实验以取得资料的一种调查方法。根据场所不同，实验法可分为在室内进行的室内实验法和在市场或外部进行的市场实验法。室内实验法可用于广告认知的实验等。市场实验法可用于消费者需求调查等。

2. 案例 1：美妙的可乐瓶

可乐是家喻户晓的饮料。尽管有很多声音对其进行诟病，但是谁也不能否认它的存在，也不能否认其在人类历史上所起的作用。可乐最初并不是饮料，而是来自诊所的一种药品。这种棕色的液体装在类似药瓶的扁平的带有软木塞的瓶子里。后来可乐进入饮料市场，也因此对其外形有了更高的要求。普通的扁平的或者圆筒形的外形都过于普通，很难引起人们的注意。设计师们突发奇想，将其设计成凹凸有致的造型，仿佛是翩翩起舞的少女，也像是让商家兴奋的销售曲线。外形上更加方便抓握，更加美观，因此容易吸引更多的眼球。在大量地投放市场之前，商家进行市场实验。选择两组基本条件相当的商场。一组商场销售原来外形的可乐，另一组商场销售新外形包装的可乐。经过一段时间的销售之后，发现新的外形确实吸引了大量的眼球，促进了销售。可乐公司很是引以为傲。

3. 案例 2：实验组事前事后实验

这是一种最简单的实验法，一般只选择一组实验所要调查的课题，即实验单位或实验组，如商店、消费者、商品等。确定实验时期，观察引入这一实验因素前后实验组产生的变化情况。采用这种实验法，先要对正常的经营情况做详细的记录，然后再测试实验后的情况，进行事前事后比较，通过比较，了解实验因素影响作用的大小。

(1) 某矿泉水生产企业计划将矿泉水的包装改为符合人体工程学的新包装，为了解效果，选择一组食品商店作为实验单位，实验期为两个月，第 1 个月出售旧包装的矿泉水，记录总销售额为 5 万元；第 2 个月出售新包装的矿泉水，记录总销售额达到了 8 万元。这样，实验因素包装的作用就等于：

$$实验因素效果 = 8 - 5 = 3(万元) \quad 或 \quad 实验因素效果 = \frac{8}{5} \times 100\% = 160\%$$

也就是说，新包装的销售效果高于旧包装 60%，因此厂家决定改换为新包装。

对于实验组事前事后实验法来说，通过引入实验因素对市场状况的作用效果进行对比分析，避免了因为实验单位的不同而产生的实验误差。需要注意的是，由于事前、事后的记录相差一段较长的时间，在此期间各种外来的因素可能发生变化，从而影响了实验结果的准确性。

(2) 控制组与实验组对比实验。

事前事后实验法在时间上有一定的缺陷，要弥补这一不足，可以通过采用控制组与实验组对比实验的方法来达到。控制组与实验组对比实验法是指在选择一组实验对象做实验组的同时，再选择一组实验对象做控制组，在同一实验期内，努力使实验组和控制组同时处于类似的实验环境中，对实验组引入实验因素，而控制组不予变化，观察、记录两组不同的实验结果，以供经营决策的一种方法。必须强调的是，实验组与控制组在各方面都必须是相同的或极其类似的，否则会影响到实验的结果。

$$实验因素效果 = (X_2 - X_1) - (Y_2 - Y_1) \quad 或 \quad 实验因素效果 = \frac{X_2 - X_1}{X_1} - \frac{Y_2 - Y_1}{Y_1}$$

仍以前面案例来说明控制组与实验组对比实验法。该矿泉水生产企业在选择一组实验单位的同时，又选择了一组在规模、地段等方面与实验组很类似的食品商店作为控制组，在实验组第 2 个月改售新包装矿泉水时，控制组仍然出售旧包装的矿泉水。记录情况如表 2.1 所示。

表 2.1 实验组与控制组对比实验记录

组别	实验组	控制组
事前记录/万元	5(X_1)	5.1(Y_1)
事后记录/万元	8(X_2)	6(Y_2)

那么，实验因素效果 $= (X_2 - X_1) - (Y_2 - Y_1) = (8-5) - (6-5.1) = 2.1(万元)$

$$或实验因素效果 = \frac{X_2 - X_1}{X_1} - \frac{Y_2 - Y_1}{Y_1} = \frac{8-5}{5} - \frac{6-5.1}{5.1} = 42.4\%$$

也就是说，新包装的实验效果要比旧包装好 42.4%。比较控制组与实验组对比实验和实验组事前事后对比实验，可以发现，即使实验组所得到的数据完全一致，两种方法的结论也是不一样的。相对来说，实验组与控制组对比实验要更准确一些，因为它避免了因时间上的不同而产生的误差。这种方法中，如果选择的实验组与控制组是完全相同的两组单位，实验效果也可以用下式来计算：

$$实验因素效果 = X_2 - Y_2 \quad 或 \quad 实验因素效果 = \frac{X_2}{X_1} - \frac{Y_2}{Y_1}$$

上述实验法在实行时，由于实验单位的不同，也会产生一些误差。寻找各方面都相同或极其类似的实验单位在实际操作中也有很大的难度。为此可以将控制组和实验组在实验一次以后相互交换再试一次来抵消误差。除非是为了要求非常精确的实验结果，这种办法不大常用，因为它所耗费的时间太长。在这种时候，往往对实验方法进行一些变通，比如只用 1 个月时间在两组食品商店分别销售新、旧包装的矿泉水，第 2 个月再相互交换，观察记录两个月中两组商店销售量的变化是否相同，变化情况有多大。

除了以上两种最基本的实验法以外，还有事后分组法、固定样本实验法等方法。各种具体的操作方法均有其优缺点，应在实际工作中加以选择。无论采用哪种方法，在实验法中都必须掌握两个前提条件。第一，在采用实验组与控制组对比的方式时，两组的情况必须相同或类似。否则，外来因素的作用会影响实验效果的准确性。第二，要使实验结果有广泛的应用价值，就必须使实验期间、实验地点的各种市场条件与推广时间和推广区域的市场条件一致，否则，就没有推广的价值。

4. 案例 3：小儿麻痹症疫苗

小儿麻痹症是一种可怕的疾病，通常能使患者(大部分是儿童)瘫痪或死亡。在这种疾病流行多年以后，最终研制出了一种疫苗。科学家希望该疫苗能够预防这种可怕的疾病，但是没有人清楚这种疫苗是否真的能像人们期待的那样起作用。尽管实验室中动物实验的结果很使人兴奋，然而唯一检验这种疫苗是否起作用的方法还是人体实验。因为小儿麻痹症是一种较罕见的疾病，疫苗必须试用于一大批孩子的身上，所以研究者决定在 200000 个孩子身上做实验。此外，研究者还决定用另外相同数目的孩子作为对照组。对照组的孩子仅仅得到安慰剂———种看起来很像疫苗的替代品——以观察疫苗是否真的起作用。

当孩子们被注射了疫苗或者安慰剂以后，研究者开始在下一个"小儿麻痹症季节"中观察结果。在对照组中，有 138 个孩子得了此病。这个数字当然有一定的随机性，研究者并不能确定它意味着什么。如果另外一组的 200000 个孩子也被注射安慰剂，那么不一定会有同样多的孩子得此疾病。根据随机性的大小，可能有 130 或 140 或者其他数目的孩子患小儿麻痹症。

在注射了疫苗的那一组中，有 56 个孩子患了小儿麻痹症，这个数字当然也有随机性。一个重要的问题是，56 和 138 的差异是否超过了随机性所能解释的程度？如果是的话，那么研究者就能够有把握地说，疫苗起作用了。利用假设检验的方法我们可以看到，138 和 56 的差异超过了随机性本身所能解释的范围，因此宣布疫苗是成功的。从此以后，这种疫苗在许多国家根除了小儿麻痹症。全世界的健康组织所做的进一步的努力，将使不发达国家的孩子们，在不远的将来，也有可能不再遭受小儿麻痹症所带来的痛苦。从某种意义上说，统计推理为发展和检验疫苗的研究者提供了有力的支持。

五、知识点练习

(一)填空题

1. 数据的直接来源主要有_____、_____、_____。
2. 常用的统计调查组织方式主要有_____、_____、_____、_____、_____等。
3. 抽样调查的主要特点是_____、_____、_____、_____。
4. 为了了解全国铁路运输的基本情况，对几个重要的铁路枢纽站进行调查，这种调查方式是_____。
5. 为某种特定目的专门组织的一次性全面调查是_____。
6. 我国统计调查方法体系中，处于主体地位的是_____。
7. 在一项关于小学生视力问题的研究中，研究人员认为某地区某小学对于全区有比较好的代表性，于是调查该小学的学生的视力状况，这种调查方法是_____。
8. 某些产品在检验和测量时具有一定的破坏性，此时应该采用_____调查。
9. 某市统计局准备在全市 600 万个家庭中随机抽取 1000 个家庭，推断该市所有居民家庭的年人均支出。这种调查方法是_____。
10. 询问调查的数据收集方法通常有_____、_____、_____、_____、_____等。
11. 统计调查方案的设计原则是_____、_____、_____。
12. 问卷的基本结构包括_____、_____、_____、_____。
13. 问卷的设计原则是_____、_____、_____。
14. 问卷问题主要有_____、_____两种类型。
15. 统计调查中的误差主要有_____、_____两种类型。所有的调查中都会产生的误差是_____。只在概率抽样技术中产生的误差是_____。
16. 某居民小区为了了解住户对物业服务的看法，准备采取抽样调查的方式搜集数据。物业管理部门利用居民登记的名单进行抽样。但现在的小区中，原有的一些居民已经搬走而没有回答问题，这种调查产生的误差是_____。

(二) 单选题

1. 统计调查方案设计的首要问题是(   )。
A. 确定调查组织工作　　　　　　B. 确定调查任务和目的
C. 确定调查时间和地点　　　　　D. 确定调查经费
2. 统计调查是统计工作的(   )。
A. 基础环节　　B. 中间环节　　C. 最终环节　　D. 必要补充
3. 在对总体单位进行分析的基础上有意识地选择若干单位进行调查，这种调查方法是(   )。

A. 抽样调查　　　　　　B. 典型调查　　　　C. 重点调查　　　D. 普查

4. 重点调查的重点单位是指(　　)。

A. 变量值在总体中占有较大比例的单位　　　B. 具有典型意义或代表性的单位

C. 具有反映事物差异性的单位　　　　　　　D. 用于推算总体总量的单位

5. 抽样调查的主要目的是(　　)。

A. 对调查单位做深入研究　　　　　　　　　B. 用样本推断总体

C. 计算和控制抽样误差　　　　　　　　　　D. 广泛运用数学方法

6. 某市对全市 70%销售额的五大商业企业的经济效益进行调查，这种调查是(　　)。

A. 重点调查　　　　　　B. 典型调查　　　　C. 普查　　　　　D. 抽样调查

7. 二手数据的特点是(　　)。

A. 采集数据成本低，但搜集比较困难

B. 采集成本比较低，搜集比较容易

C. 数据缺乏可靠性

D. 不适合自己研究的需要

8. 重点调查和典型调查最显著的区别是(　　)。

A. 调查单位数目不同　　　　　　　　　　　B. 搜集资料的方法不同

C. 确定调查单位的标准不同　　　　　　　　D. 确定调查单位的目的不同

9. 一家公司的人力资源部需要研究公司雇员的饮食习惯，改善公司餐厅的现状。人力资源部将问卷发给就餐者，填写后再收上来。这种数据收集方法属于(　　)。

A. 自填式问卷调查　　B. 面访调查　　　　C. 实验法　　　　D. 观察法

10. 某城市为估计居民中乘坐公交车上下班的人数的比例，在收集数据时，最有可能采用的数据收集方法是(　　)。

A. 普查　　　　　　　　B. 二手资料调查　　C. 随机抽样　　　D. 实验法

11. 下列属于全面调查的是(　　)。

A. 对一批产品的质量进行抽测

B. 对工业设备进行普查

C. 抽选部分单位对已有资料进行复查

D. 调查钢铁企业中产量占较大比重的鞍钢、宝钢、首钢，以了解全国钢铁产量的情况

12. 为策划本次"双十一"购物节的活动，数据分析人员在后台搜集网购人员购买行为的有关信息，这种数据收集方法属于(　　)。

A. 面访　　　　　　　　B. 网上调查　　　　C. 观察法　　　　D. 实验法

13. 某公司想要改变产品包装，但又担心产品改变包装后的销售效果。于是该公司选择了两组商场，一组卖原来包装的商品，另一组卖新包装的商品，两周后进行对比。这种数据搜集方法属于(　　)。

A. 面访　　　　　　　　B. 网上调查　　　　C. 观察法　　　　D. 实验法

14. 国家自上而下布置表格，数据从基层单位逐级填报的调查方法是(　　)。

A. 抽样调查　　　　　　B. 统计报表　　　　C. 典型调查　　　D. 重点调查

15. 调查人员请有关领域的专家抽选有代表性的单元进行调查，这种方法属于(　　)。

A. 抽样调查　　　　　　B. 统计报表　　　　C. 典型调查　　　D. 重点调查

16. 调查某市居民日常消费中的支付方式，最适合的调查组织方式是(　　)。

A. 普查　　　　　　B. 重点调查　　　　C. 典型调查　　　D. 抽样调查

17. 为了了解居民对于小区环境的评价和要求，物业公司从该小区随机抽取了 50 户进行入户调查。这种数据收集的方法是(　　　)。

A. 观察法　　　　　B. 实验法　　　　　C. 面访　　　　　D. 邮寄调查

18. 下列调查属于重点调查的是(　　　)。

A. 对全国几个大石油企业进行调查，并借此了解全国石油生产的基本情况

B. 对商业企业的库存情况进行普查

C. 对一批产品进行抽查

D. 抽选一部分单位对已有的资料进行复查

19. 要了解济南市居民家庭收支状况，最适合的调查方式是(　　　)。

A. 普查　　　　　　B. 重点调查　　　　C. 典型调查　　　D. 抽样调查

20. 某市工业企业 2022 年生产经营成果报表规定在 2023 年 1 月 31 日之前呈报，则调查时限是(　　　)。

A. 一日　　　　　　B. 一个月　　　　　C. 一年　　　　　D. 一年零一个月

21. 调查问卷的核心内容是(　　　)。

A. 开头部分　　　　B. 甄别部分　　　　C. 主体部分　　　D. 背景部分

22. 在普查中不会出现的误差是(　　　)。

A. 抽样误差　　　　B. 非抽样误差　　　C. 回答误差　　　D. 计算误差

23. 因为访问员工作不认真，操作错误而产生的误差是(　　　)。

A. 抽样误差　　　　B. 非抽样误差　　　C. 设计误差　　　D. 实验误差

24. 下面误差中属于抽样误差的是(　　　)。

A. 随机误差　　　　B. 抽样框误差　　　C. 回答误差　　　D. 无回答误差

(三) 多选题

1. 下列哪些现象适合采用抽样调查(　　　)。
A. 企业经营管理中出现新的问题
B. 一批子弹的射程
C. 某市新增加的人口数
D. 某地区森林的木材积蓄量
E. 某市在校大学生平均每月的消费水平

2. 统计调查方法中，属于非全面调查的是(　　　)。
A. 普查　　　　　　B. 抽样调查　　　　C. 全面统计报表
D. 重点调查　　　　E. 典型调查

3. 人口普查是一种(　　　)。
A. 专门组织的调查　B. 一次性调查　　　C. 经常性调查
D. 全面调查　　　　E. 耗费大量人、财、物力的调查

4. 以下数据搜集方法中，属于标准化调查的是(　　　)。
A. 面访　　　　　　B. 个别深度访问　　C. 电话调查
D. 网络调查　　　　E. 座谈会

5. 通常采用自填式问卷的有(　　　)。

A. 电话调查　　　　B. 邮寄调查　　　　　C. 网上调查

D. 面访　　　　　　E. 留置调查

6. 二手数据的主要优点是(　　　)。

A. 调查成本比较低

B. 资料比较容易找到

C. 收集资料所用的时间较短

D. 可以突破时空的限制

E. 可以反映当前的实际情况

7. 以下陈述中正确的有(　　　)。

A. 抽样误差只存在于概率抽样调查中

B. 非抽样误差只存在于非概率抽样中

C. 无论是概率抽样还是非概率抽样都存在非抽样误差

D. 普查中也存在非抽样误差

E. 非概率抽样中也存在抽样误差

8. 关于抽样误差,以下陈述中正确的有(　　　)。

A. 抽样误差理论上是可以避免的

B. 增大样本量可以减少抽样误差

C. 抽样误差可以计算并控制

D. 加强工作人员的培训,提高工作人员的认真态度,可以减少抽样误差

E. 除了概率抽样之外,其他的调查方法也会产生抽样误差

9. 关于非抽样误差,以下陈述正确的是(　　　)。

A. 非抽样误差理论上是可以避免的

B. 增大样本量可以减少非抽样误差

C. 有些非抽样误差难以识别

D. 加强工作人员的培训可以降低某些非抽样误差的影响

E. 非抽样误差在各种调查中都会发生

(四) 简答题

1. 常用的统计调查的组织方式有哪些?

2. 常用的非全面调查的组织方式有哪些? 它们之间的主要区别是什么?

3. 二手数据一般从哪些方面进行评估?

4. 统计调查方案主要有哪些内容?

5. 原始数据的收集方法主要有哪些类型? 这些类型之间的区别是什么?

6. 抽样调查的主要优势是什么?

7. 你同意"相对于普查,抽样调查的准确性更高"这种论断吗? 为什么?

8. 问卷的主要作用是什么?

9. 统计数据质量的评价标准有哪些?

10. 统计调查中主要有哪两类误差? 这两类误差的特点是什么?

(五) 案例题

1. 为调查某城市居民家庭收支状况，请设计一个统计调查方案。
2. 为了解某高校大学生的上网情况，请设计一份调查问卷。

第二章知识点练习参考答案

第三章 数据的频数分布

一、学 习 目 标

本章承接第二章统计调查的知识内容，主要介绍统计数据的整理与初级分析、数据的图表显示方法。统计分组、频数分布和统计图表知识是本章的重要内容，特别是统计分组方法与频数分布表的编制，为后续统计分析工作提供了重要的数据基础。

通过本章的学习，应达到如下学习目标：

(1) 了解数据预处理的意义和要求。

(2) 明确统计分组、频数分布的概念及基本内容。

(3) 掌握定性数据、定量数据的频数分布表的编制。

(4) 理解并掌握各种统计图形的特点与适用范围。

(5) 熟悉各种统计表格、统计图形的计算机软件(主要是 Excel 软件)应用。

(6) 课程思政：改革开放四十年给我们带来了什么?

二、知 识 梳 理

本章从数据的预处理入手，讨论数据审核、筛选、排序等数据预处理内容；重点介绍统计分组和频数分布的意义、类型与方法，分别就定性数据和定量数据说明其频数分布表的编制原理与过程，介绍了常用统计图的形状、作用及绘制方法，包括条形图、饼图、环形图、直方图、折线图、雷达图、曲线图、散点图等；最后介绍了探索性数据分析技术中的茎叶图、箱线图分析原理与方法，为后续章节的学习奠定良好的数据基础。

本章涉及的主要内容如下。

(1) 数据的预处理是对通过各种方法获取的原始统计数据，进行统计整理之前所做的必要处理，主要包括数据审核、数据筛选和数据排序。数据审核主要包括准确性审核、全面性审核和及时性审核；数据筛选包括两方面的内容：一是将某些不符合要求的数据或有明显错误的数据予以剔除；二是将符合某种条件的数据筛选出来，而将不符合特定条件的数据予以剔除。数据排序是按一定顺序将数据排列，以便于研究者通过浏览数据发现一些明显的特征或趋势，找到解决问题的线索。

(2) 统计分组，就是根据统计研究的需要，将数据按照某种分组标准划分为不同的组，使组与组之间具有差异性，而同一组内保持相对的同质性。统计分组同时有两方面的含义：对客观现象总体而言是"分"，而对构成总体的每个个体而言是"合"。

统计分组的作用：①划分现象类型；②研究现象的内部结构；③分析现象之间的依存关系。

统计分组应遵循以下原则：①组内同质性和组间差异性原则；②"穷尽"性原则；③"互斥"性原则。

统计分组方法因研究的数据类型不同、选择分组标准的数量不同而有不同的方法，包括以下几种。①定性数据分组和定量数据分组，其中定量数据分组可分为单变量值分组和组距分组，而组距分组又可分为等距分组和不等距分组。组距分组时，需要明确四个问题：第一，确定组数；第二，确定组距；第三，确定组限；第四，统计频数。②简单分组和复合分组。

(3) 在统计分组后，可进一步统计各组变量值出现的次数，通常称为频数，把各个组以及相应的频数依一定的次序全部列示出来，就形成了频数分布，也称为次数分布。

频数分布有两个基本要素：一是现象总体的各组名称；二是各组的频数。有时，频数以相对数的形式，即各组频数占频数之和比重的形式表示，称为频率。频率具有两个性质：①任何频率都介于 0 和 1 之间；②各组频率之和等于 1。

频数分布是统计描述和统计分析的重要工具。经济现象的频数分布主要有三种类型：钟型分布、U 型分布和 J 型分布。钟型分布根据其分布形态可分为对称分布、左偏分布和右偏分布。J 型分布又可分为正 J 型分布和反 J 型分布。

(4) 频数分布一般用频数分布表表示。定性数据的频数分布，包括分类数据频数分布和顺序数据频数分布。对于分类数据，在列出所划分类别的同时，再统计出各类别对应的频数或频率并用表格的形式显示，就形成了分类数据的频数分布。顺序数据的频数分布表的编制与分类数据类似。对于顺序数据，除了可以统计频数和计算频率之外，还可以计算累计频数和累计频率。累计频数或累计频率是将各组的频数或频率逐级累加起来，有向上累计和向下累计两种方式。

(5) 适用于定性数据频数分布的统计图主要有条形图、饼图、环形图等。条形图是用宽度相同条形的高度或长度来表示数据多少的统计图。饼图是用圆及圆内扇形的面积来表示数据多少的统计图。环形图中间有一个"空洞"，总体或样本中的每一部分数据用环中的一段区域表示，环形图可以同时绘制多个总体或样本的数据系列，便于进行比较研究。

(6) 定量数据根据计量尺度可分为定距数据和定比数据，在编制定量数据频数分布表时，首先将定量数据进行分组，然后再统计各组的频数并计算出各组的频率，最后编制成频数分布表，包括基于单变量值分组的频数分布表和基于组距分组的频数分布表编制。基于组距分组的频数分布表编制的具体步骤为：①将原始数据排序，确定变量值的变动范围；②确定组数和组距；③确定组限和组限的表示方法；④根据所确定的组数、组距及组限表示方法，分别统计各组的频数，形成频数分布表。

(7) 用于显示定性数据频数分布的条形图、饼图、环形图等，也可用来显示定量数据的频数分布。此外，显示定量数据频数分布的图形还有直方图、折线图、曲线图、雷达图、茎叶图、箱线图等。

直方图是用于显示定量数据特别是组距分组频数分布的一种常用统计图，它使用矩形的宽度和高度来表示频数分布。折线图也称为频数多边形图。在直方图的基础上，把直方图中各矩形顶部的中点(即组中值)用直线连接起来，再把原来的直方图抹掉就得到折线图。当对数据所分的组数很多时，组距会越来越小，这时所绘制的折线图就会越来越光滑，逐渐形成一条平滑的曲线，这就是频数分布曲线，其图形叫作曲线图，曲线图是折线图的理论图。雷达图是基于一种形似导航雷达显示屏上的图形而构建的一种多变量数据的图形显示方法，又被称为蜘蛛网图、戴布拉图。雷达图由若干个同心圆组成，同心圆向外引若干条射线，它们之间等距，每一个圆代表一定的数值，由圆心向外数值增加，每条射线末端放一个被研究的变量。

(8) 探索性数据分析技术由简单算术和易画的图形组成，可以用于快速汇总并分析数据。

茎叶图和箱线图就是很常用的技术。

茎叶图，又称"枝叶图"，它是一种同时排列定量数据顺序并提供分布形态的深入信息的探索性数据分析技术。茎叶图由两部分组成：茎与叶。茎通常由每组数的高位数值形成，按组竖立在左边；叶通常由每组数的低位数值形成，按组横排在"茎"的右边。

箱线图是用来显示和分析未分组数据分布特征的图形，它是由一组数据的最大值、最小值、中位数、两个四分位数等 5 个数值绘制而成的统计图。

三、知 识 拓 展

统计资料的表现形式，除了通过教材中的各种统计图来表现外，还可以通过编制规范的统计表来展示数据。下面就统计表的相关知识进行介绍。

(一) 统计表的概念和结构

统计表是表现统计资料的一种形式。把经过大量调查得来的数字资料加以系统化，填列在表格内，就形成了统计表。统计表的优点在于能使大量的统计资料系统化、条理化，能简单明了地表述出统计资料的内容，而且便于比较分析和资料积累。

从构成要素看，统计表由总标题、横行标题、纵栏标题和指标数值四部分组成。总标题是表的名称，放在表的上端，简明扼要地说明全表的内容。横行标题或称横标目，写在表的左方，是总体各组或各单位的名称。纵栏标题或称纵标题写在表的上方，用于说明各组或各单位的指标名称。指标数值就是汇总得到的各组或各单位的指标取值。

从内容上看，统计表主要包括主词和宾词两个部分。主词是统计表所要说明的对象，也就是统计表所要反映的总体或总体的各个分组；宾词是说明总体的统计指标，包括指标名称和指标数值。一般情况下，主词排列在表的左方，即列于横行；宾词的指标名称列在纵栏标题的位置，如表 3.1 所示。

表 3.1　我国 2022 年国内生产总值(GDP)按产业分组表

项目	增加值	
	产值/亿元	比重/%
第一产业	88345.1	7.3
第二产业	483164.5	39.9
第三产业	38697.6	52.8
合计	1210207.2	100.0

资料来源：国家统计局官网——年度数据。

(二) 统计表的种类

1. 简单表

表的主词未经任何分组的统计表称为简单表。例如，主词由研究总体单位清单组成的一览表；主词由国家、地区等目录组成的区域表；主词按时间顺序组成的编年表等。如 2022 年某公司产品合格品数量表就是一个简单表，如表 3.2 所示。

表 3.2　2022 年某公司所属两企业产品合格品数量表

厂别	合格品数量/件
甲厂	3000
乙厂	4000
合计	7000

2. 分组表

表的主词按照某一标准进行分组的统计表称为分组表。教材第三节关于频数分布中的各例，都属于分组表，包括定性数据的频数分布与定量数据的频数分布，如表 3.3 所示。

表 3.3　某地区工业企业按经济类型分组的劳动生产率和经济效益指标

按经济类型分组	企业数/个	职工人数/人	人均总产值/百元	产品销售收入/万元	利润总额/万元
国有经济	4	11044	162.7	1442.00	21.30
集体经济	6	2883	114.5	994.69	29.51
其他经济	5	803	89.3	647.30	18.72
合计	15	14730	—	3083.99	69.53

3. 复合表

表的主词按照两个或两个以上分组标准进行复合分组的统计表，称为复合表，即应用复合分组形成的统计表，如表 3.4 所示。

表 3.4　某地区 2022 年工业总产值和职工人数

项目		产值/万元	职工人数/人
全民	大	9750	13600
	中	8500	45000
	小	4300	10050
集体	大	7300	7500
	中	5400	10400
	小	4600	4500

复合表能更深刻详细地反映客观现象，但使用复合表应恰如其分，并不是分组越细越好。复合表中多进行一次分组，组数将成倍增加，分组太细不利于研究现象的特征。

(三) 统计表的编制规则

(1) 设计统计表一定要根据需要填列的内容合理布局，使分组和指标的安排紧凑而富有表现力，一目了然。

(2) 统计表的总标题应简明、确切、概括地反映出表的基本内容，除此之外，还应该表明资料所属的时间和地点。

(3) 表中的主词各行和宾词各栏,一般应按先局部后整体的原则排列,即先列各个项目,后列总计。

(4) 如果统计表的栏数较多,可以在表或各栏应用(1),(2)……数字编号。

(5) 表中数字应填写整齐,对准位数。当数字为 0 或数字很小可忽略不计时,要写上 0;当缺乏某项资料时,用符号"…"表示;不应有数字时,用符号"—"表示,不能留空格。

(6) 统计表中必须注明统计数据的计量单位。当全表只有一种计量单位时,可以把它写在表头的右上方。如果表中需要分别注明不同的计量单位时,横行的计量单位可以专设一栏,纵栏的计量单位与纵栏标题写在一起即可。

(7) 统计表的格式一般是"开口"式的,即表的左右两端不画纵线。

(8) 必要时,统计表应加注说明或注解,主要是对表中某些指标的计算口径、方法、含义的解释,而且还要注明统计资料的来源,以便查考。说明或注解一般写在表的下端。

四、案 例 分 析

(一) 近年来我国国内生产总值的产业构成分析

根据我国 2003~2022 年国内生产总值按产业分组的数据(表 3.5),利用本章所学内容解决以下问题:

(1) 绘制 2003~2022 年国内生产总值的线图和条形图。

(2) 在同一张图上绘制 2003~2022 年三次产业增加值的散点图,比较它们的变动特征。

(3) 绘制 2022 年国内生产总值按产业分组的饼图,说明其构成特征。

(4) 绘制环形图比较 2022 年和 2003 年国内生产总值的产业构成。

表 3.5　我国 2003~2022 年国内生产总值及构成　　　(单位: 亿元)

年份	国内生产总值	第一产业增加值	第二产业增加值	第三产业增加值
2003	137422.0	16970.2	62695.8	57756.0
2004	161840.2	20904.3	74285.0	66650.9
2005	187318.9	21806.7	88082.2	77430.0
2006	219438.5	23317.0	104359.2	91762.2
2007	270092.3	27674.1	126630.5	115787.7
2008	319244.6	32464.1	149952.9	136827.5
2009	348517.7	33583.8	160168.8	154765.1
2010	412119.3	38430.8	191626.5	182061.9
2011	487940.2	44781.5	227035.1	216123.6
2012	538580.0	49084.6	244639.1	244856.2
2013	592963.2	53028.1	261951.6	277983.5
2014	643563.1	55626.3	277282.8	310654.0
2015	688858.2	57774.6	281338.9	349744.7
2016	746395.1	60139.2	295427.8	390828.1
2017	832035.9	62099.5	331580.5	438355.9
2018	919281.1	64745.2	364835.2	489700.8

年份	国内生产总值	第一产业增加值	第二产业增加值	第三产业增加值
2019	986515.2	70473.6	380670.6	535371.0
2020	1013567.0	78030.9	383562.4	551973.7
2021	1149237.0	83216.5	451544.1	614476.4
2022	1210207.2	88345.1	483164.5	638697.6

【案例分析】

(1) 2003～2022 年国内生产总值的线图如图 3.1 所示。

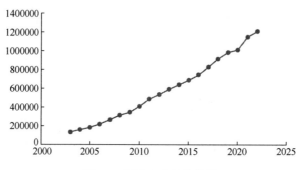

图 3.1　国内生产总值线图

2003～2022 年国内生产总值的条形图如图 3.2 所示。

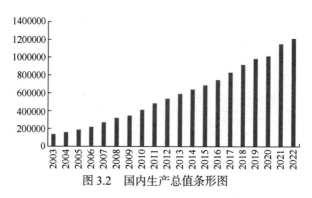

图 3.2　国内生产总值条形图

可以看出历年国内生产总值是总体上升的趋势。

(2) 2003～2022 年三次产业增加值的线图如图 3.3 所示。

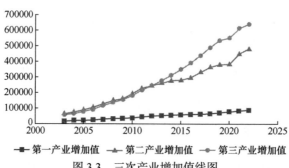

第一产业增加值　　第二产业增加值　　第三产业增加值

图 3.3　三次产业增加值线图

由图 3.3 可知，在 2011 年以前，我国三次产业构成中第二产业增加值最高，其次是第三产业，第一产业最低；从 2011 年开始，第三产业超过了第二产业，在三次产业中占据最高。

(3) 2022 年国内生产总值按产业分组的饼图如图 3.4 所示。

2022 年第三产业增加值最高，为 638697.6 亿元；其次是第二产业增加值，为 483164.5 亿元；第一产业增加值最低，为 88345.1 亿元。

(4) 2022 年和 2003 年国内生产总值的产业构成环形图如图 3.5 所示。

由环形图可知，内环由 2003 年三次产业构成，外环由 2022 年三次产业构成。我国三次产业构成由 2003 年的第二产业比重最高转变为 2022 年的第三产业比重最高。由产业结构相关理论可知，我国正从以工业化为主体向高服务化阶段转变。

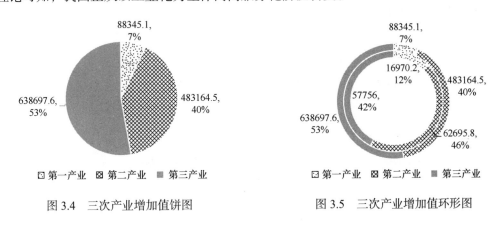

图 3.4　三次产业增加值饼图　　　　　　图 3.5　三次产业增加值环形图

(二) 居民家庭消费支出构成图形表示

根据我国华北地区 2021 年城镇居民家庭消费支出构成数据(表 3.6)，分析如下问题：

(1) 指出该组数据分成了几个组？计算各地区消费支出构成比重，即各组的比重。

(2) 利用雷达图比较说明华北各地区消费支出构成的特点。

表 3.6　华北地区 2021 年城镇居民家庭消费支出构成数据　　　　(单位：元)

地区	食品烟酒	衣着	居住	生活用品及服务	交通通信	教育文化娱乐	医疗保健	其他用品及服务
北京	9720	2235	18382	2745	4358	3665	4610	1061
天津	9708	2037	8315	2105	4736	3784	4021	1360
河北	6522	1695	6108	1483	3144	2441	2205	594
山西	5529	1666	4922	1391	2538	2834	2497	590
内蒙古	7326	2153	5643	1547	4063	3087	2618	758

【案例分析】

(1) 该组数据分成了 8 个组，分别为食品烟酒、衣着、居住、生活用品及服务、交通通信、教育文化娱乐、医疗保健和其他用品及服务。各地区消费支出比重如表 3.7 所示。

表 3.7　华北地区 2021 年城镇居民家庭消费支出构成比重

地区	食品烟酒	衣着	居住	生活用品及服务	交通通信	教育文化娱乐	医疗保健	其他用品及服务
北京	0.21	0.05	0.39	0.06	0.09	0.08	0.10	0.02
天津	0.27	0.06	0.23	0.06	0.13	0.10	0.11	0.04
河北	0.27	0.07	0.25	0.06	0.13	0.10	0.09	0.02
山西	0.25	0.08	0.22	0.06	0.12	0.13	0.11	0.03
内蒙古	0.27	0.08	0.21	0.06	0.15	0.11	0.10	0.03

注：因计算过程存在四舍五入，导致累加结果可能并不是刚好为 1，但近似为 1。

(2) 华北各地区消费支出构成雷达图如图 3.6 所示。

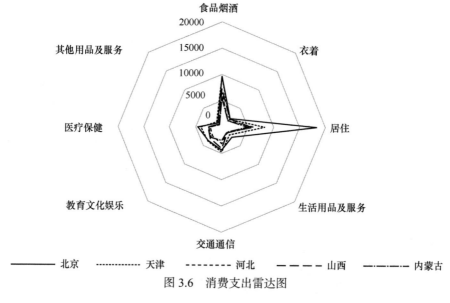

图 3.6　消费支出雷达图

　　由雷达图可以看出用于食品烟酒方面的支出山西最少，北京最多；用于衣着方面的支出各省份相差不大；用于居住方面的支出北京最高，山西最少；生活用品及服务方面支出山西最少，其他省份相差不大；交通通信方面，山西最少，其他省份接近；教育文化娱乐方面，河北最少，北京最多；医疗保健方面，北京和天津较高，其他省份接近；其他用品及服务方面也是北京和天津较高，其他省份接近。可见，在华北地区，消费能力最强的是北京，占据北京消费支出比重前两项的是居住和食品烟酒。

五、知识点练习

(一) 填空题

　　1. 数据的预处理主要包括_____、_____和_____。

　　2. _____是按一定标准将数据排列，以便于研究者通过浏览数据发现一些明显的特征或趋势，找到解决问题的线索。

　　3. 统计分组同时有两方面的含义：对客观现象总体而言是_____，而对构成总体的每个个体而言是_____。

4. 统计分组必须做到"_____"与"互斥"。

5. 定量数据的分组方法主要有_____和_____两种。

6. 组距分组统计频数,要遵循_____的原则。

7. _____是用两个或两个以上分组标准重叠起来进行的分组。

8. 将统计数据分组后,各组数据出现的次数被称为_____,把各个组以及相应的频数依一定的次序全部列出来,就形成了_____。

9. 经济现象的频数分布主要有三种类型,即_____、_____和_____。

10. 累计频数有两种累计方法,分别为_____和_____。

11. _____是用宽度相同的条形的高度或长短来表示数据多少的统计图。

12. _____是用矩形宽度和高度的乘积(即面积)来表示频数分布。

13. _____是用二维坐标描述两个数值型变量之间关系的一种图形。

14. 茎叶图由_____和_____两部分组成。

(二) 单选题

1. 下列对统计资料的处理,被看作是数据加工整理核心部分的是(   )。

A. 对资料进行审核 　　　　　　　B. 对资料进行统计分组

C. 对资料进行汇总 　　　　　　　D. 利用资料编制统计图表

2. 对数据进行审核难度最大的是(   )。

A. 全面性审核 　　B. 及时性审核 　　C. 准确性审核 　　D. 必要性审核

3. 统计分组就是按照一定的分组标准(   )。

A. 将总体区分为性质相同的若干部分 　　B. 将总体区分为性质不同的若干部分

C. 将个体区分为性质相同的若干部分 　　D. 将个体区分为性质不同的若干部分

4. 统计分组后,应使(   )。

A. 组内具有同质性,组间具有同质性 　　B. 组内具有差异性,组间具有差异性

C. 组内具有同质性,组间具有差异性 　　D. 组内具有差异性,组间具有同质性

5. 统计分组的关键问题是(   )。

A. 确定组距和组数 　　　　　　　B. 确定分组标准和划分各组界限

C. 确定全距和组数 　　　　　　　D. 确定组距和组中值

6. 可以将某些不符合要求的数据或有明显错误的数据予以剔除的预处理方法是(   )。

A. 数据排序 　　B. 数据筛选 　　C. 数据审核 　　D. 数据分组

7. 统计分组时,若某变量值刚好等于相邻两组上下限数值时(   )。

A. 将此数值归入上限所在组 　　　　B. 将此数值归入下限所在组

C. 归入这两组中任意一组均可 　　　D. 另立一组

8. 某企业职工按工资水平分为 4 组:500 元以下;500~600 元;600~700 元;700 元以上。第一组和第四组的组中值分别是(   )。

A. 450 元和 750 元 　　　　　　　B. 500 元和 700 元

C. 400 元和 800 元 　　　　　　　D. 500 元和 750 元

9. 某连续变量数列,其末组为 500 以上,其邻组的组中值为 480,则末组的组中值为(   )。

A. 520 　　　　B. 510 　　　　C. 540 　　　　D. 530

10. 按连续变量分组,第一组 55~65;第二组 65~75;第三组 75~85;第四组 85 以上。

则数据(　　)。

　　A. 65 在第一组　　　　B. 75 在第二组　　C. 75 在第三组　　　　D. 85 在第三组

11. 在全距一定的情况下，等距数列中的组距与组数的关系为(　　)。

　　A. 成正比　　　　　　　B. 成反比　　　　　C. 不成比例　　　　　D. 无法判断

12. 简单分组和复合分组的区别在于(　　)。

　　A. 选择分组标准的性质不同　　　　　B. 组数的多少不同

　　C. 选择分组标准多少的不同　　　　　D. 总体的复杂程度不同

13. 划分离散变量的组限时，相邻两组的组限(　　)。

　　A. 必须是间断的　　　　　　　　　　B. 必须是重叠的

　　C. 可以是间断的，也可以是重叠的　　D. 应当是相近的

14. 统计频数分布是依据(　　)编制的？

　　A. 定量数据　　　　　　　　　　　　B. 定性数据

　　C. 定量数据和定性数据　　　　　　　D. 未分组数据

15. 下列哪一种资料，适合编制单变量值数列(　　)。

　　A. 连续型变量且各变量值变动比较均匀

　　B. 离散型变量且各变量值变动比较均匀

　　C. 连续型变量且各变量值变动幅度较大

　　D. 离散型变量且各变量值变动幅度较大

16. 在频数分布中，频率是指(　　)。

　　A. 各组频数相互之比　　　　　　　　B. 各组次数相互之比

　　C. 各组次数与频数之比　　　　　　　D. 各组频数与总频数之比

17. 定量数据频数分布中，各组频率的总和应该(　　)。

　　A. 小于 1　　　　　　　B. 等于 1　　　　　C. 大于 1　　　　　D. 不等于 1

18. 某组向上累计频数表示(　　)。

　　A. 大于该组上限的频数有多少　　　　B. 大于该组下限的频数有多少

　　C. 小于该组上限的频数有多少　　　　D. 小于该组下限的频数有多少

19. 在频数分布中(　　)。

　　A. 某组频数越小，其反映变量值作用越大

　　B. 某组频数越大，其反映变量值作用越小

　　C. 某组频数越大，其反映变量值作用越大

　　D. 某组频率越小，其反映变量值作用越大

20. 一般情况下，按年龄分组的人口死亡率的分布表现为(　　)。

　　A. U 型分布　　　　　　B. 正 J 型分布　　C. 钟型分布　　　　　D. S 型分布

(三) 多选题

1. 数据的统计整理是(　　)。

　　A. 统计调查的继续　　　B. 统计设计的继续　　　C. 统计调查的基础

　　D. 统计分析的前提　　　E. 统计分析的基础

2. 数据审核的主要内容包括(　　)。

　　A. 全面性审核　　　　　B. 平衡性审核　　　　　C. 准确性审核

D. 灵活性审核　　　　　　　E. 及时性审核

3. 统计分组的作用包括(　　　)。

A. 说明总体单位的特征　　　B. 划分现象的类型　　　C. 研究总体规模总量

D. 研究现象的内部结构　　　E. 分析现象之间的依存关系

4. 统计分组(　　　)。

A. 对个体而言是"分"　　　B. 对总体而言是"合"　　　C. 对总体而言是"分"

D. 对个体而言是"合"　　　E. 无论对总体还是个体，都是"分"

5. 在组距分组中，组中值是(　　　)。

A. 上限和下限之间的中点数值　　　B. 用来代表各组标志值的一般水平

C. 在开放式分组中无法确定　　　D. 就是组平均数

E. 在开放式分组中，可以参照相邻组的组距来确定

6. 下列分组哪些是定性数据分组(　　　)。

A. 职工按文化程度分组　　　B. 固定资产按用途分组　　　C. 人口按民族分组

D. 工人按工龄分组　　　E. 企业按生产计划完成程度分组

7. 设有某班学生统计学考试成绩如下表所示，这属于(　　　)。

成绩/分	50~60	60~70	70~80	80~90	90~100	合计
人数/人	2	7	11	12	8	40

A. 频数分布　　　　　　　B. 组距分组　　　　　　　C. 等距分组

D. 异距分组　　　　　　　E. 定量数据分组

8. 下面哪些是定量数据频数分布(　　　)。

A. 大学生按所学专业分组形成的频数分布

B. 大学生按年龄分组形成的频数分布

C. 商店按商品销售额大小分组形成的频数分布

D. 工人按生产零件数分组形成的频数分布

E. 2022 年某企业各月职工劳动生产率依次排列形成的分布

9. 频数分布(　　　)。

A. 由总体按某标准所分的组和各组频数两个因素构成

B. 由组距、组数、组限和组中值构成

C. 包括定性数据频数分布和定量数据频数分布两种

D. 可以用图表形式表现

E. 可以表明总体结构和分布特征

10. 在频数分布中(　　　)。

A. 各组的频数之和等于 100　　　B. 各组频率大于 0

C. 频率越小，则该组的变量值对总体所起的作用越小

D. 总次数一定，则频数和频率成反比

E. 各组频率之和可能大于或小于 1

11. 频数分布的主要类型有(　　　)。

A. 钟型分布　　　　　　　B. S 型分布　　　　　　　C. X 型分布

D. J 型分布　　　　　　　E. U 型分布

(四) 简答题

1. 数据审核主要包括哪些内容？
2. 什么是统计分组？它有哪些重要作用？
3. 简要说明统计分组的原则有哪些？
4. 统计分组方法有几种？请简要说明。
5. 什么是频数分布？它的构成要素有哪些？
6. 什么是累计频数？计算累计频数的方法有哪些？
7. 直方图与条形图有什么不同？绘制直方图应注意哪些问题？
8. 茎叶图有哪些特点？

(五) 计算题

1. 某车间有 30 个工人看管机器数量(单位：台)的资料如下：

5　4　2　4　3　4　3　4　4　5　4　3　4　2　6
4　4　2　5　3　4　5　3　2　4　3　6　3　5　4

试根据以上资料编制频数分布表。

2. 某高校某班 40 名学生的统计学考试成绩资料如下：

66　89　88　84　86　87　75　73　72　68
75　82　97　58　81　54　79　76　95　76
71　60　90　65　76　72　76　85　89　92
64　57　83　81　78　77　72　61　70　81

学校规定：60 分以下为不及格；60～70 分为及格；70～80 分为中等；80～90 分为良好；90～100 分为优秀。要求：

(1) 将该班学生分为不及格、及格、中等、良好、优秀五组，编制频数分布表；
(2) 指出分组方法的类型，并分析本班学生考试情况。

3. 某行业管理局所属 40 个企业 2022 年的产品销售收入数据(单位：万元)如下：

152　124　129　116　100　103　92　95　127　104
105　119　114　115　97　103　118　142　135　125
117　108　105　110　107　137　120　136　117　108
97　88　123　115　119　138　112　146　113　126

要求：

(1) 根据上面的数据进行适当分组，编制频数分布表，并计算累计频数和累计频率；
(2) 按规定，销售收入在 125 万元以上为先进企业，115 万元～125 万元为良好企业，105 万元～115 万元为一般企业，105 万元以下为落后企业，按先进企业、良好企业、一般企业、落后企业进行分组。

4. 我国城市人口总数分组资料如下表所示：

我国城市人口总数分组表

人数分组/万人	频数/个	频率/%	累计频率/%
10 以下	(　　)	(　　)	(　　)
10～30	86	(　　)	44.10

续表

人数分组/万人	频数/个	频率/%	累计频率/%
30～50	（ ）	21.84	（ ）
50～100	（ ）	17.90	（ ）
100～200	（ ）	（ ）	94.32
200 以上	（ ）	（ ）	（ ）
合计	229	100.00	—

要求：填列表中空缺数字。

5. 根据第 3 题的某行业管理局所属 40 个企业 2022 年的产品销售收入数据，要求：

(1) 利用 Excel 软件，对数据进行排序；

(2) 利用 Excel 的频数分布函数对数据进行分组，建立频数分布数列(以组距为 10 进行等距分组)，整理成频数分布表，并绘制直方图。

6. 某单位 36 名职工的岗位津贴情况见下表：

某企业职工的基本情况

序号	性别	民族	年龄	津贴/元	序号	性别	民族	年龄	津贴/元
1	男	汉	18	500	19	女	汉	46	760
2	女	汉	45	630	20	男	汉	28	580
3	女	汉	50	900	21	男	汉	24	530
4	男	朝鲜	25	530	22	女	汉	46	630
5	女	汉	20	500	23	女	汉	28	580
6	女	汉	18	500	24	女	汉	32	530
7	女	回	26	580	25	男	满	24	530
8	女	汉	40	710	26	女	汉	21	500
9	男	汉	24	530	27	女	汉	18	500
10	女	汉	22	500	28	女	汉	20	500
11	女	朝鲜	36	630	29	女	汉	24	580
12	女	汉	35	530	30	男	满	40	710
13	女	汉	18	500	31	女	汉	36	630
14	男	汉	38	630	32	女	汉	24	530
15	女	汉	42	630	33	女	汉	30	580
16	女	汉	22	530	34	女	汉	35	580
17	女	汉	23	530	35	男	汉	29	580
18	女	满	36	630	36	男	汉	20	500

要求：

(1) 利用 Excel 软件，分别按性别和民族进行津贴额分类汇总；

(2) 利用 Excel 软件的数据透视表功能，按性别统计其不同民族的津贴额。

第三章知识点练习参考答案

第四章　数据分布特征的度量

一、学 习 目 标

描述统计一个很重要的内容是对数据分布特征进行概括性度量，即计算数据的特征值，以发现数据的基本数量规律。数据分布特征的度量主要从集中趋势的度量、离散程度的度量、分布形态的度量三个方面进行测度，每一方面包括的不同测度值的概念、计算方法与分析应用构成了本章的内容主体。

通过本章的学习，应达到以下目标：

(1) 了解数据分布特征主要应从集中趋势的度量、离散程度的度量、分布形态的度量三个方面进行测度。

(2) 理解反映数据集中趋势测度值的概念、计算方法与分析应用。

(3) 掌握反映数据离散程度测度值的概念、计算方法与分析应用。

(4) 掌握反映分布形态测度值的概念与分析应用。

(5) 课程思政：如何理解"被平均"现象？怎样正确使用各种不同的均值？

二、知 识 梳 理

(一) 主要内容

数据分布特征的度量是对所获得数据的集中趋势、离散程度和分布形态等方面的定量分析，通过计算其集中趋势、离散程度、分布形态等特征值，从而把握数据的一般水平、差异程度、偏斜程度以及尖峭与平坦程度等数量特征。这些特征值一方面是直接认识数据分布特征的测度值，另一方面也是进行统计推断的基础。集中趋势的特征值包括众数、分位数、算术均值、调和均值和几何均值，离散程度的特征值包括异众比率、全距、内距、方差与标准差、离散系数和标准分数等，本章重点对这些特征值的概念、计算方法与分析应用进行阐述。此外，数据分布形态特征也是构成数据分布特征的一个重要方面，本章也对偏态和峰度进行了讨论。算术均值与方差(或标准差)反映了数据最重要的两个性质，在整个统计学中处于核心地位，几乎所有的推断都是通过均值和方差展开的，因此算术均值与方差(或标准差)是本章的重点，它们是相互联系、对立统一的，既要注意两者的区别，也要注意两者的共性。具体来看，本章涉及的主要内容如下。

(1) 集中趋势的测度值主要有众数、分位数、算术均值、调和均值和几何均值。这些测度值主要反映一组数据的一般水平或者数据分布的中心值。

(2) 众数是指一组变量值中出现频数最多的变量值，用 M_o 表示。所有类型数据均可计算众数，确定众数需要将原始数据进行分组编制频数分布表，然后根据各组的频数或频率信息计算众数的具体数值。

(3) 分位数是将全部数据排序后,再等分为若干分位点,各等分位点上的数值称为分位数。能够排序的顺序数据和数值型数据均可计算分位数。中位数和四分位数是最具代表性的分位数。中位数是将变量值从小到大排序后,处于中间位置的变量值,用 M_e 表示。四分位数也称四分位点,是通过 3 个等分位点将全部数据等分为 4 个部分,其中每部分包含 25% 的数据量,因为中间的四分位数就是中位数,因此通常所说的四分位数为处于 25% 位置上的下四分位数和处于 75% 位置上的上四分位数。其他分位数主要有十分位数和百分位数,它们分别是用 9 个等分位点和 99 个等分位点将数据 10 等分和 100 等分后各分位点上的变量值。分位数的确定一般分为确定分位数的位置以及确定该位置所对应的变量值两个步骤。

(4) 算术均值是所有变量值之和与变量值个数的比值,是最主要也是应用最为广泛的数值集中趋势测度值,它只适用于数值型数据的计算,用 μ 表示。根据数值型数据的表现形式不同,算术均值的计算可分为绝对数算术均值的计算、相对数和平均数算术均值的计算。根据数据是否分组,绝对数算术均值的计算又包括简单算术均值和加权算术均值两种形式,加权算术均值的大小不仅受各组变量值 x_i 的影响,而且也受各组频数 f_i 或频率 $f_i/\sum f_i$ 的影响,当各组变量值出现的频数 f_i 或频率 $f_i/\sum f_i$ 完全相等时,权数的作用就消失了,此时加权算术均值等于简单算术均值,简单算术均值可视为加权算术均值的特殊形式。相对数与平均数直接相加没有现实意义,所以在对相对数求均值或根据各组均值求总均值时,应根据相对数或均值的经济含义,选择适当的分子或分母数据作为权数计算均值。算术均值的数学性质包括各变量值与算术均值的离差之和为零、各变量值与算术均值的离差平方和为最小两个,第一个性质表明算术均值是一组数据的重心,是将各数据的差异抽象后用来代表变量值的一般水平,第二个性质说明以离差平方来衡量各个变量值与数据分布中心的差异,算术均值作为数据集中趋势的代表值是最理想的。

(5) 调和均值是各变量值倒数的算术均值的倒数,它是算术均值的另一种表现形式,它只适用于数值型数据的计算,用 $\bar{x}_H$ 表示。调和均值也分为绝对数调和均值的计算、相对数和平均数调和均值的计算两种类型。根据所掌握数据的不同,调和均值包括加权调和均值和简单调和均值两种计算形式。调和均值与算术均值是一种变形关系,两者只是由于所掌握资料的不同采用了不同的计算形式。若所掌握的资料为各变量值 x_i 及均值计算公式中的分子数据 m_i,则应采用调和均值形式计算;若所掌握的资料为各变量值 x_i 及均值计算公式中的分母数据 f_i,则应采用算术均值形式计算。

(6) 几何均值是 N 个变量值乘积的 N 次方根,它只适用于数值型数据的计算,用 $\bar{x}_G$ 表示。根据掌握的资料是否分组,几何均值分为简单几何均值和加权几何均值。几何均值在实际应用中有很多限制,如被平均的变量值中有一个为零,则不能计算几何均值;如变量值为负数,开奇次方就会形成虚根,失去意义。几何均值适用于各个变量值存在连乘积关系的场合,实际应用中常用于平均速度的计算。

(7) 各集中趋势测度值既存在差异,又存在联系,在应用时应注意其适用性。众数、中位数和算术均值彼此间存在一定的数量关系,这种关系可用来反映变量值的分布形态:当频数分布为对称分布时,众数、中位数、算术均值三者完全相等,即 $M_o = M_e = \mu$;当频数分布呈右偏分布时,说明数据存在极大值,由于算术均值受极端值的影响,极大值拉动其向右靠近,三者的数量关系为 $M_o < M_e < \mu$;当频数分布呈左偏分布时,说明数据存在极小值,极小值拉动算术均值向左靠近,三者的数量关系为 $\mu < M_e < M_o$。在非对称钟型分布条件下,众数、中

位数和算术均值三者的差异程度取决于变量值分布的偏斜程度。偏斜程度越大，三者之间的差异越大；偏斜程度越小，三者之间的差异越小。数值型数据的分布接近正态分布或者分布偏斜程度较小时，用算术均值作为集中趋势的代表值较好；当变量值存在极端值或变量值偏斜程度较大时，用中位数作为集中趋势的代表值较好；当变量值存在明显的集中趋势且分布偏斜程度较大时，可用众数作为集中趋势的代表值；顺序数据一般用中位数作为集中趋势的代表值；分类数据的集中趋势的代表值只能选用众数。

(8) 数据差异程度的测度值称为离散程度测度值，是反映各变量值远离其中心值的程度，也称为变异指标。离散程度的测度值主要有异众比率、全距和内距、方差和标准差、离散系数和标准分数等。

(9) 异众比率是非众数值的频数占全部变量值总频数的比重，用来衡量众数对一组变量值的代表性程度。异众比率越大，说明非众数值的频数占总频数的比重越大，则众数的代表性就越差；反之，异众比率越小，则众数的代表性就越好。异众比率主要用于分类数据的离散程度测度。

(10) 全距又称极差，是一组变量值的最大值与最小值之差。全距能够说明一组变量值的最大变动范围。全距越大，数值变动范围越大，反之，全距越小，数值变动范围越小。内距是一组变量值的上四分位数与下四分位数之差，也称为四分位差。内距反映了中间 50% 数据的离散程度，在一定程度上说明了中位数对一组变量值的代表性程度。相对于全距，内距避免了极端值的影响，但两者均是由两个特殊位置的变量值决定的，没有反映全部数据的差异程度。

(11) 方差是各变量值与其算术均值离差平方的算术均值，标准差是方差的算术平方根。根据数据是否分组，方差和标准差的计算分为简单平均法和加权平均法两种形式。方差和标准差是根据全部变量值计算的，反映了每个变量值与其算术均值离差的平均水平，能够准确地反映出全部数据的离散程度，是最重要也是应用最广泛的数值型数据的离散程度测度值。标准差的计量单位与变量值的计量单位相同，含义更容易解释，意义更加明确。方差等于各变量值平方的算术均值减去各变量值算术均值的平方，用该性质进行计算可降低方差的计算量。

(12) 离散系数又称变异系数，是各变异指标与其算术均值的比值，是反映一组变量值相对离散程度的测度值。变异系数无量纲，可以用于比较不同数据组的离散程度和均值代表性的高低。最为常见的离散系数是标准差系数，它是标准差与算术均值的比值。

(13) 标准分数是将变量值与其算术均值的离差除以标准差后的测度值，也称作标准化值或 Z 值。标准分数只是将原始数据进行了线性变换，变换后的数据均值为 0、标准差为 1，变量值在该组数据中的相对位置并没有发生改变。

(14) 0-1 变量用来表示只有两个变量值的变量。一般用 π 表示取值为 1 的变量值频数占总频数的比重，用 $1-\pi$ 表示取值为 0 的变量值频数占总频数的比重。0-1 变量的算术均值等于取值为 1 的变量值频数占总频数的比重 π。0-1 变量的方差为取值为 1，0 两个变量值的比例 π 和 $1-\pi$ 的乘积。

(15) 除了集中趋势和离散程度两个数据分布特征之外，还需要从数据分布形态是否对称以及分布曲线扁平程度等方面全面把握数据分布的特征。偏态是指数据分布的不对称性，对数据分布不对称性的度量值称为偏态系数，当数据呈对称分布时偏态系数等于 0，当数据呈不对称分布时，如果数据存在极大值，则偏态系数大于 0，数据呈右偏分布，反之，偏态系数小于 0，数据呈左偏分布，偏态系数 SK 的绝对值越大，表示偏斜程度越大。峰度是指数据分布的尖峭或平坦程度，对数据分布峰态的度量值称为峰度系数。实践中，数据的峰度测度通常与标准正态分布进行比较，标准正态分布的峰度系数等于 0，如果数据分布的形态比标准正态分布更尖峭，峰度系数大于 0，称为尖峰分布，如果数据分布比标准正态分布更平坦，峰度系数小于 0，称为平峰分布。

(二) 主要公式(表 4.1)

表 4.1 主要公式

知识点		公式
位置均值	众数	下限公式：$M_o = L_{M_o} + \dfrac{f_{M_o} - f_{M_o-1}}{(f_{M_o} - f_{M_o-1}) + (f_{M_o} - f_{M_o+1})} \times d_{M_o} = L_{M_o} + \dfrac{\Delta_1}{\Delta_1 + \Delta_2} \times d_{M_o}$ 上限公式：$M_o = U_{M_o} - \dfrac{f_{M_o} - f_{M_o+1}}{(f_{M_o} - f_{M_o-1}) + (f_{M_o} - f_{M_o+1})} \times d_{M_o} = U_{M_o} - \dfrac{\Delta_2}{\Delta_1 + \Delta_2} \times d_{M_o}$
	中位数	下限公式：$M_e = L_{M_e} + \dfrac{\dfrac{\sum f}{2} - S_{M_e-1}}{f_{M_e}} \times d_{M_e}$ 上限公式：$M_e = U_{M_e} - \dfrac{\dfrac{\sum f}{2} - S_{M_e+1}}{f_{M_e}} \times d_{M_e}$
数值均值	算术均值	简单：$\mu = \dfrac{\sum x}{N}$；加权：$\mu = \dfrac{\sum xf}{\sum f} = \sum x \dfrac{f}{\sum f}$ 数学性质：$\sum(x-\mu) = 0$，$\sum(x-\mu)f = 0$ $\sum(x-\mu)^2 \leqslant \sum(x-C)^2$，$\sum(x-\mu)^2 f \leqslant \sum(x-C)^2 f$
	调和均值	简单：$\bar{x}_H = \dfrac{N}{\sum \dfrac{1}{x}}$；加权：$\bar{x}_H = \dfrac{\sum m}{\sum \dfrac{m}{x}}$ 调和均值与算术均值的关系：$\bar{x}_H = \dfrac{\sum m}{\sum \dfrac{m}{x}} = \dfrac{\sum xf}{\sum \dfrac{xf}{x}} = \dfrac{\sum xf}{\sum f} = \mu$
	几何均值	简单：$\bar{x}_G = \sqrt[N]{\prod x}$；加权：$\bar{x}_G = \sqrt[\sum f]{\prod x^f}$
众数、中位数与算术均值之间的关系		$|M_e - M_o| \approx 2|\mu - M_e|$，$M_o \approx 3M_e - 2\mu$，$M_e \approx \dfrac{M_o + 2\mu}{3}$，$\mu \approx \dfrac{3M_e - M_o}{2}$
离散程度测度值	异众比率	$V_r = \dfrac{\sum f - f_{M_o}}{\sum f} = 1 - \dfrac{f_{M_o}}{\sum f}$
	全距	未分组数据和单变量值分组数据：$R = \max(x_i) - \min(x_i)$ 组距式分组数据：$R \approx$ 最高组上限值－最低组下限值
	内距	$IQR = Q_U - Q_L$
	方差	简单：$\sigma^2 = \dfrac{\sum(x-\mu)^2}{N} = \dfrac{\sum x^2}{N} - \left(\dfrac{\sum x}{N}\right)^2$ 加权：$\sigma^2 = \dfrac{\sum(x-\mu)^2 f}{\sum f} = \dfrac{\sum x^2 f}{\sum f} - \left(\dfrac{\sum xf}{\sum f}\right)^2$

	知识点	公式
离散程度测度值	标准差	简单：$\sigma = \sqrt{\dfrac{\sum(x-\mu)^2}{N}} = \sqrt{\dfrac{\sum x^2}{N} - \left(\dfrac{\sum x}{N}\right)^2}$ 加权：$\sigma = \sqrt{\dfrac{\sum(x-\mu)^2 f}{\sum f}} = \sqrt{\dfrac{\sum x^2 f}{\sum f} - \left(\dfrac{\sum xf}{\sum f}\right)^2}$
	离散系数	$V_\sigma = \dfrac{\sigma}{\mu} \times 100\%$
	标准分数	$Z_i = \dfrac{x_i - \mu}{\sigma}$
0-1 变量	比例	$\pi = \dfrac{N_1}{N}$ ，$1-\pi = \dfrac{N_0}{N}$
	算术均值	$\mu_\pi = \dfrac{\sum xf}{\sum f} = \dfrac{1 \times N_1 + 0 \times N_0}{N} = \dfrac{N_1}{N} = \pi$
	方差与标准差	$\sigma_\pi^2 = \dfrac{\sum(x-\mu_\pi)^2 f}{\sum f} = \pi(1-\pi)$ ，$\sigma_\pi = \sqrt{\dfrac{\sum(x-\mu_\pi)^2 f}{\sum f}} = \sqrt{\pi(1-\pi)}$
分布形态度量	偏态系数	简单：$\text{SK} = \dfrac{\sum(x-\mu)^3}{\sigma^3 N}$；加权：$\text{SK} = \dfrac{\sum(x-\mu)^3 f}{\sigma^3 \sum f}$
	峰度系数	简单：$K = \dfrac{\sum(x-\mu)^4}{\sigma^4 N} - 3$；加权：$K = \dfrac{\sum(x-\mu)^4 f}{\sigma^4 \sum f} - 3$

三、知 识 拓 展

(一) 算术均值主要数学性质证明与其他数学性质

1. 各变量值与算术均值的离差之和为零：$\sum(x-\mu)=0, \sum(x-\mu)f=0$

证明 $\sum(x-\mu) = \sum x - n\mu = \sum x - n \cdot \dfrac{\sum x}{n} = 0$

$$\sum(x-\mu)f = \sum xf - \sum f\mu = \sum xf - \mu\sum f = \sum xf - \dfrac{\sum xf}{\sum f} \cdot \sum f = 0$$

2. 各变量值与算术均值的离差平方和为最小：$\sum(x-\mu)^2 \leqslant \sum(x-C)^2, \sum(x-\mu)^2 f \leqslant \sum(x-C)^2 f$

证明 设 C 为不等于算术均值 μ 的任意值，记 $\mu - C = c, c \neq 0$，

$$\sum(x-C)^2 = \sum[x-(\mu-c)]^2 = \sum[x-\mu+c]^2 = \sum[(x-\mu)^2 + 2c(x-\mu) + c^2]$$
$$= \sum(x-\mu)^2 + 2c\sum(x-\mu) + nc^2 = \sum(x-\mu)^2 + nc^2$$

因为 $c \neq 0$，所以 $nc^2 > 0$ 因此 $\sum(x-C)^2 \geqslant \sum(x-\mu)^2$，当 $C = \mu$ 时取等号。

$\sum(x-\mu)^2 f \leqslant \sum(x-C)^2 f$ 可做类似证明。

3. 算术均值的其他数学性质

(1) 数据观测值与算术均值的乘积等于各观测值的总和，即

$$\mu \times N = \sum x \quad 或 \quad \mu \times \sum f = \sum xf$$

(2) 每一个观测值加或减一个任意常数 A，则算术均值也增加或减少 A，即

$$\frac{\sum (x \pm A)}{N} = \mu \pm A$$

(3) 每一个观测值乘以或除以一个任意常数 A，则算术均值也乘以或除以 A，即

$$\frac{\sum xA}{N} = \mu A, \quad \frac{\sum (xA)f}{\sum f} = \mu A$$

或

$$\frac{\sum \frac{x}{A}}{N} = \frac{\mu}{A}, \quad \frac{\sum \frac{x}{A}f}{\sum f} = \frac{\mu}{A}$$

(二) 切尾均值

切尾均值是综合了算术均值和中位数两种计量优点的一种新的对集中趋势测度的计量。切尾均值现已广泛应用于电视大奖赛、体育比赛及需要由人们进行综合评价的竞赛项目，我们在电视中所熟悉的"去掉一个最高分，去掉一个最低分，最后得分是'×分'"就是利用切尾均值方法进行的评估。其计算公式为

$$\bar{x}_\alpha = \frac{x_{(n\alpha+1)} + x_{(n\alpha+2)} + \cdots + x_{(n-n\alpha)}}{n - 2n\alpha}$$

式中，n 表示观测值个数；α 表示切尾系数，$0 \leqslant \alpha < \frac{1}{2}$；$x_{(1)}, x_{(2)}, \cdots, x_{(n)}$ 是数据 $x_1, x_2, \cdots, x_n$ 经过排队后由小到大形成的顺序统计量值。

两端各切去几个数值，通过切尾系数 α 值确定。例如某次比赛共有 11 名评委，对某位歌手的给分分别是 9.22，9.25，9.20，9.30，9.65，9.30，9.27，9.20，9.28，9.25，9.24。经整理顺序统计量为 9.20，9.20，9.22，9.24，9.25，9.25，9.27，9.28，9.30，9.30，9.65。如去掉一个最高分，去掉一个最低分，取 $\alpha = 1/11$，则由切尾均值公式计算可得切尾均值为 9.26。这个平均得分避免了 9.65 这个极端高数的影响。

改变 α 的值可以改变数据集中趋势的测度值。当 $\alpha = 0$ 时，切尾均值等于算术均值；当 α 接近 1/2 时，切尾均值接近或等于中位数。

(三) 算术均值与强度相对指标的区别

算术均值与强度相对数都是两个变量值的比值，且强度相对数通常也带有"平均"的含义，但它们是两种不同的统计指标，主要区别如下。第一，分子变量值与分母变量值的关系不同。算术均值的分子变量值与分母变量值属于同一个总体，是同一总体的总体变量值之和与总体单位数的比值，而强度相对数则是来自两个不同总体但有联系的变量值之比。第二，算术均值的分子变量值随分母总体单位数的变动而变动，二者互相适应，而强度相对数的分子与分母之间不存在这样的关系。比如，人均粮食产量是全国粮食总产量与全国人口数之比，

反映粮食生产与人口的密切关系。但粮食总产量不直接依附全国人口数，所以以人均粮食产量属于强度相对指标。而职工平均工资，作为分子的工资总额包括多少个职工的工资，分母就应该是多少个职工。

(四) 平均差

平均差是各变量值与其算术均值离差绝对值的平均数，用 M_D 表示。根据掌握资料的不同，平均差有以下两种计算方法。

1. 简单平均法

对于未分组资料，采用简单平均法。其计算公式为

$$M_D = \frac{\sum |x - \mu|}{N}$$

2. 加权平均法

在资料分组的情况下，应采用加权平均式为

$$M_D = \frac{\sum |x - \mu| f}{\sum f}$$

平均差计算简便，意义明确，而且平均差是根据所有变量值计算的，因此它能够准确地、全面地反映一组数值的变异程度。但是，由于平均差是用绝对值进行运算的，它不适宜用代数形式处理，所以在实际应用上受到很大的限制，其应用场合不如标准差广泛。

(五) 偏态系数的计算

1. 由算术均值与众数之间的关系求偏态系数

任何一个频数分布的算术均值与众数之间的差异情况，与这个频数分布的形态有固定的关系。若频数分布是对称的，则算术均值等于众数；若频数分布为右偏，则算术均值大于众数；若频数分布为左偏，则算术均值小于众数。用其二者的差量除以标准差，即可求得偏态系数，计算公式为

$$SK = \frac{\mu - M_o}{\sigma}$$

当 $\mu = M_o$ 时，$SK = 0$，表明频数分布是对称的；当 $\mu > M_o$ 时，$SK > 0$，表明频数分布右偏，偏态系数越大，表明右偏程度越大；若 $\mu < M_o$，$SK < 0$，表明频数分布左偏，偏态系数越小，表明左偏程度越大。

2. 动差法

动差又称矩，原是物理学上用以表示力与力臂对重心关系的术语，这个关系和统计学中变量与权数对均值的关系在性质上很类似，所以统计学也用动差来说明频数分布的性质。

一般地说，取变量的 a 值为中点，所有变量值 x 与 a 之差的 K 次方的均值称为变量 x 关于 a 的 K 阶动差。用公式表示为

$$\frac{\sum (x-a)^K}{N}$$

当 $a = 0$ 时，即变量以原点为中心，上式称为 K 阶原点动差，用大写英文字母 M 表示，即

一阶原点动差：　　$M_1 = \dfrac{\sum x}{N}$ ，即算术均值；

二阶原点动差：　　$M_2 = \dfrac{\sum x^2}{N}$ ，即平方平均数；

三阶原点动差：　　$M_3 = \dfrac{\sum x^3}{N}$ ；等等。

当 $a = \mu$ 时，即变量以算术均值为中心，上式称为 K 阶中心动差，用小写英文字母 m 表示，即

一阶中心动差：　　$m_1 = \dfrac{\sum (x-\mu)}{N} = 0$ ；

二阶中心动差：　　$m_2 = \dfrac{\sum (x-\mu)^2}{N} = \sigma^2$ ；

三阶中心动差：　　$m_3 = \dfrac{\sum (x-\mu)^3}{N}$ ；等等。

需要注意的是，计算各阶原点动差和各阶中心动差，如果依据的资料是分组资料，则应用各组的频数或频率加权平均。由于中心动差计算起来比较繁杂，而计算原点动差相对比较简单，通常多从原点动差来推算中心动差。只要展开中心动差的各项，就容易求得其与原点动差的关系，即

$m_1 = M_1 - M_1 = 0$ ；

$m_2 = M_2 - M_1^2$ ；

$m_3 = M_3 - 3M_2M_1 + 2M_1^3$ ；

$m_4 = M_4 - 4M_3M_1 + 6M_2M_1^2 - 3M_1^4$ ；等等。

采用动差法计算偏态系数就是用变量的三阶中心动差 m_3 与 σ^3 进行对比，计算公式为

$$\mathrm{SK} = \frac{m_3}{\sigma^3} = \frac{\sum (x-\mu)^3}{N\sigma^3}$$

当分布对称时，变量的三阶中心动差 m_3 由于离差三次方后正负相互抵消而取得 0 值，则 $\mathrm{SK} = 0$ ；当分布不对称时，正负离差不能抵消，就形成正的或负的三阶中心动差 m_3 。当 m_3 为正值时，表示正偏离差值比负偏离差值要大，可以判断为正偏或右偏；反之，当 m_3 为负值时，表示负偏离差值比正偏离差值要大，可以判断为负偏或左偏。$|m_3|$ 越大，表示偏斜的程度就越大。由于三阶中心动差 m_3 含有计量单位，为消除计量单位的影响，就用 σ^3 去除 m_3 ，使其转化为相对数。同样地，SK 的绝对值越大，表示偏斜的程度就越大。

四、案 例 分 析

(一) 莎士比亚著作中的众数

几个世纪以来，学者们一直怀疑到底是不是莎士比亚写下了那么多记在他名下的精彩绝

伦的戏剧和诗句。产生怀疑的部分原因是人们认为莎士比亚这个历史人物是乡间的、没文化的，而且未发现他取得如此巨大的成功。比如，他在世时，没有人认为他是作家；他死后，没有留下任何私人信件、手稿或文学笔记。因此这些线索使人们有理由怀疑作家威廉·莎士比亚可能另有其人。一些著名的受过很好教育，且有着丰富的文学笔记的人被认为写下了这些经典的作品。他们中有约翰·多恩(John Donne)、克里斯托弗·马洛(Christopher Marlowe)、沃尔特·雷利(Walt Raleigh)、埃德蒙·斯宾塞(Edmund Spenser)和伊丽莎白一世女王(Queen Elizabeth I)。

一些专家用统计方法帮助莎士比亚得到了他的应得之物，这种统计方法依赖于众数的使用。

一个由克莱蒙特学院本科生组成的莎士比亚诊所(Shakespeare Clinic)，用统计分析对58个与莎士比亚同时代的作家进行分析，以确定谁的写作风格与莎士比亚的作品风格最相近。他们从58个作家的作品中选取片段，并将其分成500字一段的小段落。他们对其中一些变量进行计数统计。例如，学生们考察了52个关键字的出现情况，并找出其众数。利用各种统计方法，他们得到了各个作家的主要特征。调查结束时，27个备选者的作品中没有一个能通过众数的检验。托马斯·海伍德(Thomas Heywood)的作品是最接近的一个，他和莎士比亚相差2.2个标准差。这意味着，如果海伍德真是莎士比亚，那么和他以自己名字命名的作品不同的机会将少于5%。约翰·多恩的作品是差别最大的检验，与莎士比亚作品的标准差达到36.9个。

这些明显的事实证明，是莎士比亚写下了他本人的诗篇。

(二) 大学生生活费支出调查研究

1. 案例简介

为了了解大学生日常生活费支出以及生活费来源情况，某高校2002年组织学生进行了对本校的本科生月生活费支出的调查研究。全校共发出问卷300份，回收有效问卷272份。本案例中分析家庭所在地区对于大学生生活费支出的影响，所以将总样本划分为三个子样本，即家庭所在地区分别为大型城市、中小城市、乡镇地区的大学生。我们猜想，也许来自大型城市的学生的生活费支出会高于来自中小城市的学生，高于来自乡镇地区的学生。调查数据描述统计分析结果如表4.2所示。

表4.2　月生活费调查描述统计分析结果

家庭所在地区	全部	大型城市	中小城市	乡镇地区
平均	595.04	614.53	618.64	529.41
标准误差	14.76	32.36	18.64	26.57
中位数	500	500	600	500
众数	500	500	500	500
标准差	243.444	300.085	202.526	219.095
方差	59264.94	90050.96	41016.95	48002.63

续表

家庭所在地区	全部	大型城市	中小城市	乡镇地区
峰度系数	12.861	17.407	0.168	0.172
偏态系数	2.181	3.116	0.686	0.996
区域	2400	2400	1000	800
最小值	100	100	200	200
最大值	2500	2500	1200	1000
求和	161850	52850	73000	36000
观测数	272	86	118	68

2. 原始结果分析

从表 4.2 中不难看出，家庭所在地区是大型城市和中小城市的学生的生活消费品支出平均水平差异不大，来自大型城市的学生生活消费支出(614.53 元)与略低于来自中小城市的学生的消费支出(618.64 元)，而来自乡镇地区的学生的消费支出平均水平(529.41 元)显著低于前两者。

我们注意到，家庭所在地区是大型城市的学生的生活消费支出的标准差(300.085 元)显著大于其他两者(202.526 元、219.095 元)。进一步观察发现，全部样本分布呈现右偏分布，偏斜程度比较大(2.181)。偏斜可能来自家庭所在地区是大型城市的子样本，因为其偏斜尤为严重(3.116)，而后两者虽然也是右偏分布，但偏斜程度相对较低(0.686，0.996)。

3. 剔除异常值之后的结果对比

观察原始数据，我们发现家庭所在地区是大型城市的大学生中，有一个学生的生活消费支出是 2500 元，显著高于所有样本学生的消费支出水平，可以看作异常值。我们剔除掉这个样本单元，重新计算相关结果，并进行调整前后对比，见表 4.3。

表 4.3　剔除异常值前后描述统计结果对比

家庭所在地区	调整前		调整后	
	全部	大型城市	全部	大型城市
平均	595.04	614.53	588.01	592.35
标准误差	14.76	32.36	13.03	23.84
中位数	500	500	500	500
众数	500	500	500	500
标准差	243.444	300.085	214.463	219.782
方差	59264.94	90050.96	45994.53	48303.92
峰度系数	12.861	17.407	0.033	0.051
偏态系数	2.181	3.116	0.686	0.643
区域	2400	2400	1100	1100
最小值	100	100	100	100

续表

家庭所在地	调整前		调整后	
	全部	大型城市	全部	大型城市
最大值	2500	2500	1200	1200
求和	161850	52850	159350	50350
观测数	272	86	271	85

剔除异常值之后,家庭所在地区是大型城市的学生的生活费支出的离散程度显著降低,标准差从 300.085 元降低至 219.782 元。更重要的是,样本分布的偏斜程度显著改善。总样本的偏斜程度从 2.181 降至 0.686。家庭所在地在大型城市偏态系数更是从 3.116 降至 0.643。这说明月生活消费支出 2500 元确实是异常值,影响了我们对调查结果的解读。我们应该剔除该观察点后再进行不同地区的对比分析。

4. 家庭所在地区不同的学生的月生活费支出对比分析

剔除异常值之后,我们再将全部样本和子样本的描述统计结果进行对比分析,结果见表 4.4。

表 4.4　剔除异常值后月生活费调查描述统计分析结果

家庭所在地区	全部	大型城市	中小城市	乡镇地区
平均	588.01	592.35	618.64	529.41
标准误差	13.03	23.84	18.64	26.57
中位数	500	500	600	500
众数	500	500	500	500
标准差	214.463	219.782	202.526	219.095
方差	45994.53	48303.92	41016.95	48002.63
峰度系数	-0.033	0.051	0.168	0.172
偏态系数	0.686	0.643	0.686	0.996
区域	1100	1100	1000	800
最小值	100	100	200	200
最大值	1200	1200	1200	1000
求和	159350	50350	73000	36000
观测数	271	85	118	68

根据表 4.4,不难看出如下结果。

(1) 家庭所在地区是大型城市的学生的生活费支出平均水平,显著低于家庭所在地区是中小城市的学生。这个结果非常让人意外,与我们在调查之前猜想的理论假设不同。分析其中的原因,可能是因为大型城市和中小城市的家庭收入差异并不很大,都有足够的经济能力支撑大学生求学。只是来自中小城市的学生来到大城市之后,开阔了眼界,有了更多的尝试,从而其生活消费支出要高于来自大型城市的学生。

(2) 家庭所在地区是乡镇地区的学生的生活费支出水平显著低于来自城市的学生。这一点主要是由于来自乡镇地区的家庭收入水平相对较低，用于支撑学生求学的经费相对不够充足。而且大多学生目睹了父辈们生活的艰辛，更懂得"粒粒皆辛苦"的道理，生活方面也更加节俭，所以生活消费支出水平较低。

(3) 家庭所在地区是乡镇地区的学生的生活费支出分布的偏斜程度更大。不管哪个子样本，其分布均为右偏分布，即大部分学生的生活费支出水平比较低，个别学生的生活费支出较高。这一点在家庭所在地区是乡镇地区的学生方面更为明显，其偏态系数显著高于其他地区(0.643、0.686)。这是因为来自乡镇地区的学生的家庭收入虽然会普遍较低，但是有可能有一部分家庭先富起来了，收入水平较高，这样的家庭往往更愿意对子女的教育给予更多的经费支持，所以个别学生的生活费支出会显著高于其他来自乡镇地区的学生。当然也不排除个别学生到了大城市之后贪慕虚荣，而推高了生活费支出的情况。

本案例资料时间较早，期待着有更新的数据进行对比分析。

(三) 运动员射击水平的稳定性分析

1. 案例简介

奥运会男子 25 米手枪速射比赛中，首先让每个运动员进行两个阶段的预赛，然后根据预赛总成绩确定进入决赛的运动员。再让进入决赛的运动员进行两组，每组 10 枪的射击，根据预赛成绩和决赛成绩确定最后的名次。

2008 年 8 月 16 日举行的第 29 届北京奥运会男子 25 米手枪速射决赛中，获得前 6 名的运动员的成绩如表 4.5 所示。

表 4.5　第 29 届奥运会男子 25 米手枪速射决赛成绩

姓名	亚历山大·彼得里夫利(乌克兰)	拉尔夫·许曼(德国)	克里斯蒂安·赖茨(德国)	列昂尼德·叶基莫夫(俄罗斯)	基思·桑德森(美国)	罗曼·邦达鲁克(乌克兰)
名次	1	2	3	4	5	6
决赛成绩/环	10.1	8.4	9.9	8.8	9.7	9.8
	8.4	9.6	10.7	10.7	10.5	9.2
	10.3	10.2	9.0	9.7	9.0	10.3
	10.2	10.8	10.5	9.6	9.6	7.2
	10.4	10.5	10.3	10.0	9.0	9.9
	9.6	10.3	10.6	10.2	9.9	10.5
	10.1	9.8	10.0	10.1	9.2	10.4
	10.0	10.9	7.9	10.2	9.7	10.9
	9.9	10.3	10.7	9.4	9.9	10.5
	10.2	10.0	10.4	10.3	8.1	10.3
	10.8	9.5	9.5	10.4	9.3	10.2
	10.0	10.2	9.9	9.8	10.1	10.0
	10.3	10.7	10.1	8.9	10.5	9.8
	10.5	10.1	9.9	10.0	10.2	9.2
	9.6	10.3	10.3	10.0	10.0	8.3
	9.8	9.7	9.0	9.1	9.9	9.0

姓名	亚历山大·彼得里夫利(乌克兰)	拉尔夫·许曼(德国)	克里斯蒂安·赖茨(德国)	列昂尼德·叶基莫夫(俄罗斯)	基思·桑德森(美国)	罗曼·邦达鲁克(乌克兰)
名次	1	2	3	4	5	6
决赛成绩/环	10.4	9.3	9.8	9.5	9.5	9.4
	10.3	10.3	10.8	9.8	9.7	9.8
	9.1	10.0	10.3	10.7	9.9	10.4
	10.2	9.6	10.7	10.0	9.9	9.6

2. 运动员成绩相关统计量的计算

分析运动员的成绩,可以从水平、差异及分布的形态等方面入手。根据表 4.5 中的数据计算得到表 4.6。

表 4.6　运动员成绩的描述统计量

姓名	亚历山大·彼得里夫利(乌克兰)	拉尔夫·许曼(德国)	克里斯蒂安·赖茨(德国)	列昂尼德·叶基莫夫(俄罗斯)	基思·桑德森(美国)	罗曼·邦达鲁克(乌克兰)
名次	1	2	3	4	5	6
平均	10.01	10.025	10.015	9.86	9.68	9.735
中位数	10.15	10.15	10.2	10	9.8	9.85
众数	10.3	10.3	9.9	10	9.9	9.8
标准差	0.531	0.579	0.721	0.530	0.561	0.862
方差	0.282	0.336	0.520	0.280	0.314	0.742
离散系数	0.053	0.058	0.072	0.054	0.058	0.089
峰度系数	3.712	1.997	2.721	−0.175	2.139	2.907
偏态系数	−1.66	−1.014	−1.529	−0.453	−1.109	−1.503
极差	2.4	2.5	2.9	1.9	2.4	3.7
最大值	8.4	8.4	7.9	8.8	8.1	7.2
最小值	10.8	10.9	10.8	10.7	10.5	10.9
求和	200.2	200.5	200.3	197.2	193.6	197.7
观测数	20	20	20	20	20	20

3. 运动员成绩分析

(1) 水平分析。从运动员发挥的水平来看,决赛成绩中,平均成绩最高的是拉尔夫·许曼,为 10.025 环,总成绩为 200.5 环;最低的是基思·桑德森,为 9.68 环,总成绩为 193.6 环。成绩中位数最大的是克里斯蒂安·赖茨,为 10.2 环;最小的是基思·桑德森,为 9.8 环。

(2) 稳定性分析。射击运动员的比赛成绩除了受射击水平影响之外,还受到发挥稳定性的极大影响。运动员的发挥稳定性可以通过各次设计环数的差异来反映。从发挥的稳定性上来看,最稳定的是亚历山大·彼得里夫利,标准差为 0.531 环,离散系数为 0.053;其次是列昂尼德·叶基莫夫，标准差为 0.530 环，离散系数为 0.054；发挥最不稳定的是罗曼·邦达鲁克，标准差为 0.862 环，离散系数为 0.089，其极差高达 3.7 环。比赛最终结果，亚历山大·彼得里夫利获得了冠军，而其决赛成绩并不最高，其最典型的特点就是成绩稳定。因此，要想在大型的国际赛事中获得骄人的成绩，除了要具备很好的技术水准之外，心理素质将起着决定性的因素。心理素质越好，成绩发挥越稳定，越容易取得最终的胜利。

(3) 成绩分布形态分析。从射击的成绩分布来看，所有运动员的成绩分布的偏态系数都为负值，说明都呈现为左偏分布。除了列昂尼德·叶基莫夫偏态系数(−0.453)绝对值比较小之外，其余运动员的偏态系数的绝对值均大于 1，有严重左偏。从表 4.5 的原始成绩上不难发现，运动员的最初几枪的射击成绩普遍较低，之后的成绩较高且比较稳定。这说明运动员在比赛开始时情绪紧张，进入比赛状态之后，紧张情绪消除，成绩发挥稳定。

(4) 运动员成绩的离群点分析。运动员射击成绩的离群点也反映了运动员发挥的稳定性。为了判断运动员射击成绩的离群点情况，计算标准分数，结果见表 4.7。考虑到射击成绩的特点，可以将处于均值两侧 2 倍标准差以外的成绩都视作离群点，即标准化之后绝对值大于 2 的点，可以看作离群点。根据表 4.7 所示，亚历山大·彼得里夫利的−3.032，罗曼·邦达鲁克的−2.941，克里斯蒂安·赖茨的−2.933，基思·桑德森的−2.816，拉尔夫·许曼的−2.807，列昂尼德·叶基莫夫的−2.000，均属于离群点。这表明，每位运动员都有发挥不稳定的情况，这也体现了射击运动的特点。

表 4.7　运动员成绩的标准分数

姓名	亚历山大·彼得里夫利(乌克兰)	拉尔夫·许曼(德国)	克里斯蒂安·赖茨(德国)	列昂尼德·叶基莫夫(俄罗斯)	基思·桑德森(美国)	罗曼·邦达鲁克(乌克兰)
名次	1	2	3	4	5	6
决赛成绩/环	0.169	−2.807	−0.160	−2.000	0.036	0.075
	−3.032	−0.734	0.950	1.585	1.462	−0.621
	0.546	0.302	−1.408	−0.302	−1.212	0.655
	0.358	1.339	0.673	−0.491	−0.143	−2.941
	0.734	0.820	0.395	0.264	−1.212	0.191
	−0.772	0.475	0.811	0.642	0.392	0.887
	0.169	−0.389	−0.021	0.453	−0.856	0.771
	−0.019	1.511	−2.933	0.642	0.036	1.352
	−0.207	0.475	0.950	−0.868	0.392	0.887
	0.358	−0.043	0.534	0.830	−2.816	0.655
	1.488	−0.907	−0.714	1.019	−0.677	0.539
	−0.019	0.302	−0.160	−0.113	0.749	0.307
	0.546	1.166	0.118	−1.811	1.462	0.075
	0.923	0.130	−0.160	0.264	0.927	−0.621
	−0.772	0.475	0.395	0.264	0.570	−1.665
	−0.395	−0.561	−1.408	−1.434	0.392	−0.853
	0.734	−1.252	−0.298	−0.679	−0.321	−0.389
	0.546	0.475	1.089	−0.113	0.036	0.075
	−1.714	−0.043	0.395	1.585	0.392	0.771
	0.358	−0.734	0.950	0.264	0.392	−0.157

值得一提的是，本届冠军亚历山大·彼得里夫利，其离群点的标准分数绝对值最大，但是其标准差比较小。这说明该运动员的成绩稳定性最好，即便是某次射击出现了比较严重的失误，而且我们注意到失误出现在很早的第二枪，运动员也能很好地调整情绪，保证后续的成绩稳定。因此对于射击运动来说，强大的心理素质对于运动员来说至关重要。

(四) 不要被所谓的起薪误导

随着中国高等教育的兴起，高校对于生源的争夺也愈演愈烈。学生在择校时经常非常关心毕业生的待遇问题，有些高校就会拿出本校毕业生的平均起薪来诱导学生报考该校。但是，实际情况是，同届毕业生的起薪差异往往很大，经常呈现偏态分布的特征。在这种情况下，用均值代表毕业生的起薪水平显然会有误导作用。

现以某校某届 MBA 毕业生的起薪数据的描述统计结果为例来阐述以上情况。

如表 4.8 所示，该届 MBA 毕业生的起薪均值为 22.57 万元，但中位数只有 17 万元，两者相差约 5.6 万元。我们观察到该分布是一个严重右偏分布，偏态系数高达 121。说明分布右侧有极大值。分布中最大值为 67 万元，最小值为 4 万元，二者相差 63 万元。正是因为有极大值的存在，而使均值变大。观察原始数据可以看到，有 1/4 的毕业生起薪不足 11 万，而另外有 1/4 的毕业生的起薪却超过了 30 万元。因此就不难解释为什么多数毕业生都感到自己没有达到同届毕业生的平均起薪水平。

表 4.8　某届 MBA 毕业生的起薪数据描述统计结果

均值/万元	标准差/万元	方差	最小值/万元	最大值/万元	全距/万元
22.57	15.29	233.78	4	67	63
中位数/万元	下四分位数/万元	上四分位数/万元	四分位差/万元	偏态系数	峰度系数
17	11	30	19.09	121	0.89

因此，当变量的分布呈现显著的偏态分布时，均值不是一个很好的概括性指标，很容易对人产生误导。此时应采用不受极端值影响的中位数作为该组数据的代表值。这种情况下，中位数能更好地代表这组数据的一般水平。但是，如果一组数据分布得非常离散，那么任何一个集中趋势指标都不能很好地反映变量的中心。

五、知识点练习

(一) 填空题

1. 一组数据中出现次数最多的变量值称为_____。

2. 某大学统计学院有 2000 名学生，外语学院有 1500 名学生，会计学院有 8000 名学生，管理学院有 3000 名学生，则众数是_____。

3. 排序后处于中间位置的变量值称为_____。

4. 某商场进行满意度调研，抽取了 1000 名顾客进行调查。调查结果显示 80 名顾客表示非常不满意，160 名顾客表示不满意，300 名顾客表示一般，400 名顾客表示满意，60 名顾客表示非常满意。该项调查中，众数是_____，中位数是_____。

5. 一组数据排序后处于 25% 和 75% 位置上的值称为_____。

6. 位置均值主要有_____、_____、_____，数值均值主要有_____、_____、_____。

7. 甲乙两地，汽车去程时速 80 千米，回程时速 100 千米，则其平均时速为_____。

8. 某公司所属的三个企业的计划产值分别是 600 万元、700 万元和 1000 万元。执行结果，计划完成程度分别是 108%，104%，112%，则该公司三个企业的计划完成程度为_____。

9. 某公司所属的三个企业的实际产值分别是 600 万元、700 万元和 1000 万元。执行结果，计划完成程度分别是 108%，104%，112%，则该公司三个企业的平均计划完成程度为_____。

10. 非众数组的频数占总频数的比例称为_____。

11. 一组数据最大值与最小值之差称为_____。

12. 各变量值与其均值离差的平方的平均数为_____。

13. 比较两组数据的离散程度最适宜的统计量是_____。

14. 测定一组数据的非对称性的变量为_____。

15. 测定一组数据分布的尖峭程度的变量为_____。

16. 如果一组数据的峰态系数 $k > 0$，则表明该组数据是_____分布。

17. 在某行业有 10 家企业，第一季度的利润额(单位：万元)分别是 54，63，49，54，55，36，72，24，48，20，则众数为_____，中位数为_____，上四分位数为_____，下四分位数为_____，均值为_____，标准差为_____，离散系数为_____。

(二) 单选题

1. 分类数据可以进行的集中趋势的测度是(　　)。
A. 均值　　　　　B. 众数　　　　　C. 中位数　　　　D. 以上皆可

2. 一组数据为 3, 3, 1, 5, 13, 12, 11, 9, 7。这组数据的中位数为(　　)。
A. 3　　　　　　B. 13　　　　　　C. 7.1　　　　　D. 7

3. 加权算术均值的影响因素主要有(　　)。
A. 各组权数　　　　　　　　　　B. 各组变量值
C. 各组权数和变量值　　　　　　D. 均无关

4. 已知某种商品各种规格的销售量及单价，求该商品的平均销售价格应采用(　　)。
A. 简单算术均值　　　　　　　　B. 加权算术均值
C. 简单调和均值　　　　　　　　D. 加权调和均值

5. 对于左偏分布，均值、中位数和众数之间的关系是(　　)。
A. 均值>中位数>众数　　　　　　B. 中位数>均值>众数
C. 众数>中位数>均值　　　　　　D. 众数>均值>中位数

6. 若变量数列中各组的标志值不变，而每组的次数增加 30%，则加权算术平均数的值(　　)。
A. 增加 30%　　B. 增加 30　　　C. 不变化　　　D. 无法判断

7. 某企业 A，B 两个分公司，2021 年 A 公司的平均工资为 3800 元，B 公司的平均工资为 4000 元。2022 年 A 公司增加了 10% 的职员，B 公司增加了 8%的职员。如果 A，B 公司的平均工资都维持上年的水平，则该企业的平均工资会(　　　)。

　　A. 提高　　　　　　B. 下降　　　　　　C. 持平　　　　　　D. 不一定

　　8. 某班 45 名学生中，25 名男生的统计学课程的平均成绩是 78 分，20 名女生的平均成绩是 82 分，则全班的平均成绩为(　　　)。

　　A. 80　　　　　　　B. 79.28　　　　　　C. 79.78　　　　　　D. 80.38

　　9. 在变量数列中，标志值较小的组，但权数较大，计算出来的平均数(　　　)。

　　A. 接近于标志值小的一方　　　　　　B. 接近于标志值大的一方

　　C. 接近于平均水平的标志值　　　　　D. 不受权数的影响

　　10. 几何平均数主要适合用于计算(　　　)。

　　A. 具有等差关系的数列　　　　　　　B. 变量值连乘积等于总比率或者总速度的数列

　　C. 变量值为偶数项的数列　　　　　　D. 变量值连乘积等于变量值之和的数列

　　11. 某企业三个平行车间生产同种商品的合格率分别是 98%，95% 和 99%，则三个车间的平均合格率为(　　　)。

　　A. $\dfrac{98\%+95\%+99\%}{3}$　　　　　　B. $\sqrt[3]{98\%\times95\%\times99\%}$

　　C. $\dfrac{3}{\dfrac{1}{98\%}+\dfrac{1}{95\%}+\dfrac{1}{99\%}}$　　　　　D. 无法计算

　　12. 某企业流水线上三个连续车间生产商品的合格率分别是 98%、95% 和 99%，则三个车间的平均合格率为(　　　)。

　　A. $\dfrac{98\%+95\%+99\%}{3}$　　　　　　B. $\sqrt[3]{98\%\times95\%\times99\%}$

　　C. $\dfrac{3}{\dfrac{1}{98\%}+\dfrac{1}{95\%}+\dfrac{1}{99\%}}$　　　　　D. 无法计算

　　13. 如果一组数据出现"众数<中位数<算术均值"的特点，说明这一总体的分布特征为(　　　)。

　　A. 左偏　　　　　　B. 右偏　　　　　　C. 对称　　　　　　D. 无法确定

　　14. 下列情况下，频数对均值不产生影响的是(　　　)。

　　A. 变量值较小，而频数较多时　　　　B. 变量值较大，而频数较少时

　　C. 变量值较小，而频数较少时　　　　D. 变量值出现的频数相同时

　　15. 计算相对数的平均数时，若掌握了基本公式中的分子资料而没有掌握分母资料，则应采用(　　　)。

　　A. 算术平均数　　B. 几何平均数　　C. 调和平均数　　D. 以上皆有可能

　　16. 分类数据可以进行的离散程度趋势的测度有(　　　)。

　　A. 全距　　　　　　B. 四分位差　　　　C. 异众比率　　　　D. 方差和标准差

　　17. 没有计量单位的离散程度测度指标是(　　　)。

　　A. 全距　　　　　　B. 标准差　　　　　C. 四分位差　　　　D. 离散系数

　　18. 如果一个数据的标准分数为 1，表明该数据(　　　)。

　　A. 比平均数高出 1 个标准差　　　　　B. 比平均数低 1 个标准差

　　C. 等于 1 倍的平均数　　　　　　　　D. 等于 2 倍的标准差

19. 经验法则表明，当一组数据对称分布时，在平均数加减 1 个标准差的范围内，大约有（　　）。

　A. 68%的数据　　　B. 95%的数据　　　　　C. 99%的数据　　　D. 100%的数据

20. 离散系数的主要作用是（　　）。

　A. 反映一组数据的离散程度　　　　　　B. 反映一组数据的平均水平

　C. 比较多组数据的离散程度　　　　　　D. 比较多组数据的平均水平

21. 如果一组数据的偏态系数为正值，说明该组数据呈现（　　）。

　A. 左偏　　　　　B. 右偏　　　　　　C. 对称　　　　　D. 无法判断

22. 某班英语平均成绩为 72 分，最高分为 98 分，最低分为 26 分，则可以根据这些信息计算的离散程度的统计量是（　　）。

　A. 方差　　　　　B. 全距　　　　　　C. 标准差　　　　　D. 变异系数

23. 在某高校新生入学考试中，数学成绩平均分为 76 分，标准差为 5 分，中位数为 80 分，则该校新生的数学成绩的分布形态为（　　）。

　A. 对称的　　　　B. 左偏的　　　　　C. 右偏的　　　　　D. 无法确定

24. 对某个高速路段驶过的 200 辆汽车的车速进行调查，平均车速为 85 千米/时，标准差为 4 千米/时，下列哪个车速可以看作异常值（　　）。

　A. 78 千米/时　　B. 82 千米/时　　　C. 91 千米/时　　　D. 98 千米/时

25. 两组数据的均值不等，但标准差相同，则（　　）。

　A. 均值小的，离散程度大　　　　　　B. 均值大的，离散程度大

　C. 均值小的，离散程度小　　　　　　D. 两组数据的离散程度相同

26. 当一组数据中变量出现值为 0 的数据时，不能计算（　　）。

　A. 算术均值　　　B. 几何均值　　　　C. 众数　　　　　D. 中位数

(三) 多选题

1. 集中趋势的测度方法有（　　）。

　A. 算术均值　　　B. 调和均值　　　　C. 几何均值　　　D. 众数　　　E. 中位数

2. 顺序数据能进行的集中趋势的测度方法有（　　）。

　A. 算术均值　　　B. 调和均值　　　　C. 几何均值　　　D. 众数　　　E. 中位数

3. 数值型数据能进行的集中趋势测度方法有（　　）。

　A. 算术均值　　　B. 调和均值　　　　C. 几何均值　　　D. 众数　　　E. 中位数

4. 集中趋势的测度方法中，受到极端值影响的是（　　）。

　A. 算术均值　　　B. 调和均值　　　　C. 几何均值　　　D. 众数　　　E. 中位数

5. 下列指标中，属于数值平均数的是（　　），属于位置平均数的是（　　）。

　A. 算术均值　　　B. 调和均值　　　　C. 几何均值　　　D. 众数　　　E. 中位数

6. 关于众数的描述，正确的有（　　）。

　A. 众数是频数分布中最大的那个频数或者频率

　B. 众数是频数分布图中顶点对应的变量值

　C. 在频数分布中，若将频数改为频率，众数将不会发生变化

　D. 众数是频数分布中频数最大的那个变量值

　E. 众数不受极端值的影响

7. 关于中位数的描述, 正确的有(　　　　)。

A. 中位数是频数分布中, 中间的那个位置

B. 在频数分布中, 如果将频数改为频率, 中位数不会发生变化

C. 中位数是处于中间位置的变量值

D. 中位数不受极端值的影响

E. 中位数与各变量值的离差的平方和最小

8. 关于算术均值的描述, 正确的有(　　　　)。

A. 算术均值是数据的标志总量与单位总量的比值

B. 频数分布中, 各组的频数改为频率, 不改变算术均值的大小

C. 算术均值不受极端值的影响

D. 算术均值与各变量值的离差之和等于 0

E. 算术均值与各变量值的离差平方和最小

9. 下列哪些情况应采用算术均值计算(　　　　)。

A. 已知生产同种商品的四个企业的计划完成程度和计划产量, 求平均计划完成程度

B. 已知各生产小组的职工平均产量和总产量, 求全公司的职工平均产量

C. 已知每个分厂的人均利税额及工人人数, 求全公司的人均利税额

D. 已知某市各商场的资金利润率和资金占用额, 求平均利润率

E. 已知某公司各企业的总产值和职工人数, 求平均劳动生产率

10. 下列离散程度的测度指标中, 与变量值计量单位相同的有(　　　　)。

A. 全距　　　　B. 四分位差　　　　C. 离散系数　　　D. 方差　　　E. 标准差

11. 离散程度的测度方法中, 受到极端值影响的是(　　　　)。

A. 全距　　　　B. 四分位差　　　　C. 异众比率

D. 方差和标准差　E. 离散系数

12. 数值型数据可以进行的离散程度的测度有(　　　　)。

A. 全距　　　　B. 四分位差　　　　C. 异众比率

D. 方差和标准差　E. 离散系数

13. 下列陈述中, 正确的有(　　　　)。

A. 权数越大, 对应组的变量值在计算均值中所起的作用越大

B. 当各变量值出现的频数相同时, 加权算术均值就相当于简单算术均值

C. 离散程度指标的数值越大, 均值的代表性就越好

D. 当总体内的频数呈钟型对称分布时, 算术均值、众数和中位数三者相等

E. 如果两组数据的标准差相同, 它们的离散程度也相同

14. 离散程度能反映(　　　　)。

A. 变量的一般水平

B. 总体分布的集中趋势

C. 总体分布的离散程度

D. 变量分布的离中趋势

E. 现象的总水平

15. 下列离散程度的测度指标中, 能全面反映总体离散程度的有(　　　　)。

A. 全距　　　　B. 四分位差　　　　C. 平均差　　　D. 方差　　　E. 标准差

(四) 简答题

1. 集中趋势通常有哪些测度方法？分别适用于什么类型的数据？

2. 算术平均数有什么数学性质？

3. 请结合图示，说明单峰钟型数据中，均值、众数、中位数之间的关系。

4. 数据按照计量尺度可以分为哪些类型？各类型分别有哪些集中趋势的测度方法？

5. 离散程度通常有哪些测度方法？分别适用于什么类型的数据？

6. 离散程度的测度有哪些作用？

7. 什么是全距、平均差、标准差？分别有什么优缺点？

8. 有了方差、标准差，为什么还要计算离散系数？

9. 某公司董事会决定给所有员工加薪。如果每位员工均增加 200 元，请问

(1) 全体员工的薪金的均值、中位数和众数如何变化？

(2) 用极差、四分位差、标准差、离散系数分别衡量员工薪金的差异程度，则加薪前后各个变异指标将如何变化？

(3) 加薪前后员工薪金分布的偏度和峰度有无变化？

(4) 如果每个员工加薪的幅度是各自薪金的 5%，则上述三个问题会有何变化？

(五) 计算题

1. 已知某公司的下属 30 个企业的分组资料如下表所示。

按销售额计划完成程度分组/%	企业个数/个	实际销售额/万元	销售利润率/%
100 以下	3	590	12
100～110	12	4300	18
110～120	15	1728	22
合计	30	6618	—

要求计算：

(1) 该公司销售额平均计划完成程度；

(2) 该公司的平均销售利润率。

2. 某公司 200 名职工的工资情况如下表所示。

按月工资分组/元	1000 以下	1000～2000	2000～3000	3000～4000	4000 以上	合计
工人数/人	10	40	80	50	20	200

要求计算：

(1) 该公司平均工资及标准差；

(2) 该公司职工工资的众数、中位数。

3. 某零件生产企业 200 名工人某日生产零件情况如下表所示。

日产量/件	10 及以下	10～20	20～30	30～40	40～50	50～60	60～70	70 及以上	合计
人数/人	8	20	33	63	42	17	13	4	200

要求计算：

(1) 日产量的中位数；

(2) 日产量的众数；

(3) 日产量的均值；

(4) 日产量的方差与标准差；

(5) 请判断零件生产情况的偏态方向。

4. 某酒店到三个农贸市场购买草鱼，三个市场的草鱼单价分别是 8 元、9 元、10 元。

(1) 若在三个市场分别购买 10 斤草鱼，平均价格是多少？

(2) 若在三个市场分别购买 100 元的草鱼，平均价格是多少？

(3) 上述两种情况平均价格相等吗？为什么？

5. 两个公司分别下辖三个企业，我们收集到两个公司的有关数据如下表所示。

	甲公司			乙公司	
企业	利润率/%	销售额/万元	企业	利润率/%	利润额/万元
A	8～10	1500	A	8～10	150
B	10～12	2000	B	10～12	240
C	12～14	3000	C	12～14	390

请分别计算两个公司的平均利润率。

6. 某企业某月三个车间的产品生产情况如下表所示。

车间	合格率/%	合格产品的产量/件	生产总工时/小时
甲	95	20000	2400
乙	96	16000	2600
丙	98	22000	3200
合计	—	58000	8200

(1) 若这三个车间是流水线上的三个车间，依次经过三个车间后生产出成品，那么这三个车间的平均合格率是多少？平均不合格率是多少？

(2) 若这三个车间是平行的三个车间，分别独立生产同种商品，那么这三个车间的平均合格率是多少？平均不合格率是多少？

(3) 如果三个车间独立生产完全不同的产品，那么全厂平均合格率是多少？

7. 某保险公司经营某项理财产品，复利计息经营期限 10 年。第 1～2 年的收益率为 2%，第 3～6 年的收益率为 4%，第 7～8 年收益率为 6%，第 9～10 年收益率为 8%。请计算该项理财产品的平均年收益率。

8. 某商场上半年的各月销售计划完成情况如下表所示。

月份	1	2	3	4	5	6
计划销售额/万元	450	400	460	500	55	600
计划完成程度/%	104	98	95	102	106	101

请计算该商场上半年平均每月销售计划完成程度。

9. 某公司对本年度新入司的职员进行培训后考核,按照考核的结果安排合适的工作。甲职员共参加了三项考试,在 A 考试中得了 425 分,B 考试中得了 85 分,C 考试中得了 4.2 分。已知 A 考试中所有参加考试的职员的平均分是 400 分,标准差是 50 分;B 考试中平均分是 75 分,标准差是 10 分;C 考试中平均分是 3.5 分,标准差是 0.5 分。请问甲职员在哪项考试中表现最好?

10. 某农作物的两种不同良种在五个村生产条件基本相同的地块上试种,结果如下表所示。

品种甲		品种乙	
收获率/(斤·亩$^{-1}$)	播种面积/亩	收获率/(斤·亩$^{-1}$)	播种面积/亩
900	9	700	9
950	11	900	13
1000	12	1000	13
1050	8	1120	15
1100	10	1208	10
—	50	—	60

注:1 亩 ≈ 666.67 平方米。

试评价哪一种具有较大的推广价值(从收获率水平和其稳定性两个角度进行评价)。

第四章知识点练习参考答案

第五章 时间序列数据分析

一、学 习 目 标

本章在认识时间序列的概念、种类、编制原则等基本问题的基础上，主要介绍两种常用的传统时间序列数据分析方法：时间序列数据的描述性分析和时间序列数据的构成因素分析。时间序列数据的描述性分析具体包括两种方法：一是利用时间序列统计图——线图进行分析；二是对时间序列数据进行计算分析。时间序列数据的构成因素分析是在对影响时间序列数据的因素进行分解基础上，分别测定各因素变动规律的一种统计分析方法。

通过本章学习，应达到以下学习目标：

(1) 了解时间序列的概念、基本要素与编制原则。

(2) 掌握不同类型时间序列的区别与联系。

(3) 掌握时间序列数据水平分析的内容，特别是平均发展水平的计算方法。

(4) 掌握时间序列数据速度分析的内容，特别是平均发展速度和平均增长速度的计算方法。

(5) 了解时间序列的影响要素及其组合模型。

(6) 掌握长期趋势的测定分析方法。

(7) 掌握季节变动的含义及测定分析方法。

(8) 了解循环变动分析的意义及分析方法。

(9) 掌握 Excel 软件在时间序列数据分析中的应用。

(10) 课程思政：趋势分析是决策判断的重要依据。

二、知 识 梳 理

(一) 主要内容

(1) 时间序列也称为动态数列，它是反映客观现象某一特征的数据按时间先后顺序排列而成的统计数列。时间序列由两个基本要素构成：一是现象所属的时间，称为时间要素；二是现象在不同时间条件下的统计数据，称为数据要素。数据要素中的数据可以是绝对数，也可以是相对数或平均数，它们均可称为发展水平。发展水平是时间序列数据分析的基础。

(2) 时间序列按其数据要素的表现形式不同，可分为绝对数时间序列、相对数时间序列和平均数时间序列三种类型。其中绝对数时间序列是基础序列，相对数和平均数时间序列是派生序列。绝对数时间序列又分为时期序列和时点序列两类。时期序列中的数据具有可加性，其他时间序列中的数据一般不具有直接的相加性。

(3) 保持时间序列两个基本要素的"可比性"是编制时间序列应遵循的基本原则。具体来讲，可比性原则有以下四点要求：①时间要素应尽量统一；②数据的总体范围应该一致；③数据的经济内容应该相同；④数据的计算口径应该可比。

(4) 传统时间序列数据分析常用的方法有两种：一是时间序列数据的描述性分析，二是时间序列数据的构成因素分析。时间序列数据的描述性分析包括两种方法：一是利用时间序列统计图——线图进行分析；二是对时间序列数据进行计算分析，包括水平分析和速度分析。时间序列数据的构成因素分析，是在对影响时间序列数据的因素进行分解基础上，分别测定各因素变动规律的一种统计分析方法。

(5) 时间序列数据的水平分析内容。

① 发展水平是时间序列中的每一项统计数据，通常用 y_i 表示，y_i 可以是绝对数、相对数或平均数。发展水平是时间序列数据水平分析的基础。根据发展水平在时间序列中所处位置的不同，发展水平可分为最初发展水平、中间发展水平和最末发展水平三种；从对比角度看，发展水平可分为基期水平和报告期水平两种。

② 平均发展水平又称为序时平均数或动态平均数，是研究时期内不同时间上发展水平的平均数，它概括地描述了客观现象在研究时期内所达到的一般水平，消除了客观现象在不同时间上随机变动因素的影响。不同的时间序列，其发展水平的数据表现形式不同，是否具有可加性不同，因此平均发展水平有不同的计算方法。时期序列的平均发展水平采用简单算术平均法计算，间隔相等连续时点序列的平均发展水平可用简单算术平均法计算，间隔不等连续时点序列按加权算术平均法计算，间隔相等间断时点序列平均发展水平在假定的前提下用"首末折半法"计算，间隔不等间断时点序列的平均发展水平对各相邻时点数据的简单算术平均数按加权算术平均法计算，相对数或平均数时间序列平均发展水平的计算需要使用派生法计算。

③ 增长量是时间序列中的报告期水平与基期水平之差，用于描述客观现象在研究时期内变化的绝对量。由于选择的基期不同，增长量有逐期增长量、累计增长量和年距增长量之分。研究时期内各逐期增长量和累计增长量具有一定的数量关系：整个研究时期内各逐期增长量之和等于相应时期的累计增长量；相邻两时期的累计增长量之差等于该相邻时期的逐期增长量。

④ 平均增长量是研究时期内各逐期增长量的序时平均数，用于说明客观现象在研究时期内平均每期增减的绝对量，其计算方法有：水平法和最小二乘法。

(6) 时间序列数据的速度分析内容。

① 发展速度是报告期水平与基期水平的比值，通常用百分数或倍数表示，用于说明客观现象报告期水平是基期水平的百分之几或几倍。由于选择的基期不同，发展速度可分为环比发展速度、定基发展速度和年距发展速度。研究时期内各环比发展速度与定基发展速度之间的数量关系是：定基发展速度等于相应时期内各环比发展速度的连乘积；相邻时期两个定基发展速度的比值等于该相邻时期的环比发展速度。

② 增长速度也称为增长率，是报告期的增长量与基期水平之比，用于说明客观现象报告期水平比基期水平增长了百分之几或几倍，因此，增长速度与发展速度相差基数 1。由于选择的基期不同，增长速度可分为环比增长速度、定基增长速度和年距增长速度。研究时期内各环比增长速度与定基增长速度之间没有直接的换算关系，两者之间的换算需要利用发展速度与增长速度的关系来进行。

③ 平均发展速度是研究时期内客观现象各期环比发展速度的序时平均数，用于描述客观现象在研究期内平均每期变化的相对程度。计算平均发展速度不能直接采用平均发展水平的

计算方法，而是根据研究者关心的重点不同，通常采用几何平均法和方程法计算。几何平均法和方程法由于计算的理论依据不同，对同一时间序列计算出的平均发展速度会有所不同，因此应注意它们的应用条件。如果关注的是客观现象在研究时期内各期发展水平总和，采用方程法计算比较适宜。如果研究者关心的是客观现象在最末期应达到的发展水平，则采用几何平均法计算才算合理。随着计算机的普及，关于平均发展速度方程法计算还可使用 Excel 中的单变量求解方法。

④ 平均增长速度是研究时期内各期环比增长速度的序时平均数，说明客观现象在研究时期内平均每期增长的相对程度。一般不独立计算，而是根据它与平均发展速度的关系计算：平均增长速度=平均发展速度−1。

(7) 在运用时间序列数据描述性分析方法分析问题时，应注意以下三点：合理选择研究问题的基期，注意总平均发展速度与分段平均发展速度的结合分析，注意速度分析与水平分析的结合应用。

(8) 时间序列数据的构成因素分析内容。

影响时间序列数据的因素通常被归纳为四大类：长期趋势、季节变动、循环变动和不规则变动。

① 长期趋势是指在相当长的一段时期内，客观现象沿某一方向持续变化的一种态势。按变化的方向不同，分为上升趋势、下降趋势和水平趋势。按变化的表现形式，分为线性趋势和非线性趋势。线性趋势的测定方法有：移动平均法、线性趋势方程拟合法等。移动平均法是通过对时间序列发展水平计算一系列序时平均数的方式，消除原时间序列中其他因素的影响，并以这些序时平均数作为相应时期的趋势值来测定长期趋势的一种方法。线性趋势方程拟合法是对时间序列拟合线性趋势方程，消除其他影响因素，揭示客观现象线性长期趋势规律的方法。

若时间序列的长期趋势不是线性的，而是呈现某种有规律的非线性变化形式，就需要拟合适当的非线性趋势方程。非线性趋势方程的形式很多，有二次曲线、指数曲线、修正指数曲线、龚珀兹曲线、逻辑斯谛曲线等形式，方程的参数估计方法有最小二乘法和三和法。

趋势方程的选择是定性分析和定量分析相结合的过程，通常有以下四种方法：包括定性分析、图形分析、数据特征分析、估计标准误差分析。即根据所研究现象时间序列发展水平的数据变化特征，按以下标准选择相应趋势方程：若时间序列发展水平的一次差(逐期增长量)大致相等，可选择线性趋势方程；若时间序列发展水平的二次差(逐期增长量的逐期增长量)大致相等，可选择二次曲线趋势方程；若时间序列发展水平的环比发展速度大致相等，可选择指数曲线趋势方程；若各发展水平一次差的环比速度大致相等，可选择修正指数曲线趋势方程；若各发展水平对数一次差的环比速度大致相等，可选择龚珀兹曲线趋势方程；若各发展水平倒数一次差的环比速度大致相等，可选择逻辑斯谛曲线趋势方程。

② 季节变动是指在一年或更短的时期内，客观现象由于受到自然或社会因素等的影响而形成的具有某种固定规律的重复变动。测定季节变动主要计算季节指数，当季节指数大于100% 时，说明该月(季)是"旺季"，反之是"淡季"；当季节指数等于 100% 时，说明该月(季)不受季节因素的影响。季节指数应满足以下基本特性：在一个完整的季节周期内，各季节指数之和应等于季节周期的长度(1200%或 400%)。

季节指数的测定通常有两种方法：按月(季)平均法和趋势剔除法。为避免随机变动因素的影响，测定季节指数时所掌握的时间序列发展水平应尽可能多一些，根据经验，无论哪种方法，一般需要 3～5 年的分月(季)度数据，至少需要 3 个季节周期的数据。按月(季)平均法适用于包含水平趋势、季节变动和不规则变动的时间序列，即时间序列中不存在明显的长期趋势和循环变动因素。按月(季)平均法是将各年同月(季)发展水平的平均数与全部发展水平的总月(季)平均数进行相除计算季节指数。当时间序列存在明显的上升或下降长期趋势时，按月(季)平均法方法的季节指数不够准确，需要采用趋势剔除法计算季节指数，其基本思想是：对包含明显增长或下降趋势的时间序列测定季节变动规律时，必须首先剔除时间序列中的长期趋势因素，然后再计算季节指数。测定季节指数最为常用的方法是移动平均趋势剔除法。

含有季节变动因素的时间序列，由于受季节因素影响而产生波动，时间序列中的其他特征也不能清晰地表现出来，因此，为方便研究其他因素的变动规律，对包含季节变动的时间序列，需要先将季节因素影响从时间序列中剔除，这一过程称为发展水平的季节影响调整。假定时间序列各影响因素以乘法模型形式存在，发展水平的季节影响调整方法是将原时间序列各期发展水平除以相应时期的季节指数。

③ 循环变动是指客观现象在持续若干年的时间内发生的涨落交替的周期变动。分析循环变动常用的方法是剩余法。剩余法又称分解法，其首先从时间序列中分解并剔除长期趋势和季节变动影响，剩下循环变动和不规则变动因素，然后再通过移动平均消除不规则变动因素，所得结果即为循环变动值。根据所掌握的时间序列数据的不同，剩余法可分为以下两种情况：年度数据的循环变动测定和月度(季)度数据的循环变动测定，两种方法中的时间序列构成因素有所不同。

④ 不规则变动是指时间序列中，除了长期趋势、季节变动、循环变动之外的因素，主要是由随机因素引起的变动。

(二) 主要公式(表 5.1)

表 5.1 时间序列数据分析的基本公式

		知识点	计算公式
水平分析	平均发展水平	时期序列	$\bar{y} = \dfrac{y_1 + y_2 + \cdots + y_n}{n} = \dfrac{\sum y_i}{n}$
		间隔相等连续时点序列	$\bar{y} = \dfrac{y_1 + y_2 + \cdots + y_n}{n} = \dfrac{\sum y_i}{n}$
		间隔不等连续时间序列	$\bar{y} = \dfrac{\sum y_i f_i}{\sum f_i}$
		间隔相等间断时点序列	$\bar{y} = \dfrac{\dfrac{y_1 + y_2}{2} + \dfrac{y_2 + y_3}{2} + \cdots + \dfrac{y_{n-1} + y_n}{2}}{n-1} = \dfrac{\dfrac{y_1}{2} + y_2 + \cdots + \dfrac{y_n}{2}}{n-1}$
		间隔不等间断时点序列	$\bar{y} = \dfrac{\left(\dfrac{y_1 + y_2}{2}\right)f_1 + \left(\dfrac{y_2 + y_3}{2}\right)f_2 + \cdots + \left(\dfrac{y_{n-1} + y_n}{2}\right)f_{n-1}}{\sum f_i}$
		相对数或平均数时间序列的基本公式	$\bar{y} = \dfrac{\bar{a}}{\bar{b}}$

续表

知识点			计算公式
水平分析	平均发展水平	其中 ①分子和分母均为时期序列	$\bar{y} = \dfrac{\bar{a}}{\bar{b}} = \dfrac{\dfrac{\sum a_i}{n}}{\dfrac{\sum b_i}{n}} = \dfrac{\sum a_i}{\sum b_i}$
		②分子和分母均为间隔相等间断时点序列	$\bar{y} = \dfrac{\bar{a}}{\bar{b}} = \dfrac{\left(\dfrac{a_1}{2} + a_2 + a_3 + \cdots + a_{n-1} + \dfrac{a_n}{2}\right) \div (n-1)}{\left(\dfrac{b_1}{2} + b_2 + b_3 + \cdots + b_{n-1} + \dfrac{b_n}{2}\right) \div (n-1)} = \dfrac{\dfrac{a_1}{2} + a_2 + a_3 + \cdots + a_{n-1} + \dfrac{a_n}{2}}{\dfrac{b_1}{2} + b_2 + b_3 + \cdots + b_{n-1} + \dfrac{b_n}{2}}$
		③分子是时期序列，分母是间隔相等间断时点序列	$\bar{y} = \dfrac{\bar{a}}{\bar{b}} = \dfrac{\sum a_i \div n}{\left(\dfrac{b_1}{2} + b_2 + \cdots + b_n + \dfrac{b_{n+1}}{2}\right) \div (n+1-1)}$
	增长量	增长量基本公式	增长量 = 报告期水平 − 基期水平
		逐期增长量	$\Delta y_{i(逐期)} = $ 报告期水平 − 报告期的前一期水平 $= y_i - y_{i-1}\,(i = 1, 2, \cdots, n)$
		累计增长量	$\Delta y_{i(累计)} = $ 报告期水平 − 固定基期水平 $= y_i - y_0\,(i = 1, 2, \cdots, n)$
		年距增长量	$\Delta y_{i(年距)} = $ 报告期某月(季)发展水平 − 上年同月(季)发展水平
		逐期增长量与累计增长量的数量关系	① $\sum\limits_{i=1}^{n}(y_i - y_{i-1}) = y_n - y_0$ ；② $(y_i - y_0) - (y_{i-1} - y_0) = y_i - y_{i-1}\,(i = 1, 2, \cdots, n)$ 即①整个研究时期内各逐期增长量之和等于相应时期的累计增长量；②相邻两时期的累计增长量之差等于该相邻时期的逐期增长量
	平均增长量	水平法	平均增长量 = $\dfrac{逐期增长量之和}{逐期增长量个数} = \dfrac{累计增长量}{时间序列项数 - 1}$ $\bar{\Delta} = \dfrac{\sum y_i - y_{i-1}}{n} = \dfrac{y_n - y_0}{n}$
		最小二乘法	$b = \dfrac{n \sum t_i y_i - \sum t_i \sum y_i}{n \sum t_i^2 - \left(\sum t_i\right)^2}$
速度分析	发展速度	发展速度基本公式	发展速度 = 报告期水平 ÷ 基期水平
		环比发展速度	$R_{i(环比)} = \dfrac{报告期水平}{报告期的前一期水平} = \dfrac{y_i}{y_{i-1}}\,(i = 1, 2, \cdots, n)$
		定基发展速度	$R_{i(定基)} = \dfrac{报告期水平}{固定基期水平} = \dfrac{y_i}{y_0}\,(i = 1, 2, \cdots, n)$
		年距发展速度	$R_{i(年距)} = \dfrac{报告期某月(季)发展水平}{上年同月(季)发展水平}$
		环比发展速度与定基发展速度的数量关系	① $\prod\limits_{i=1}^{n} \dfrac{y_i}{y_{i-1}} = \dfrac{y_n}{y_0}$ ；② $\dfrac{y_i}{y_0} \div \dfrac{y_{i-1}}{y_0} = \dfrac{y_i}{y_{i-1}}\,(i = 1, 2, \cdots, n)$ 即①研究时期的定基发展速度等于相应时期内各环比发展速度的连乘积；②相邻时期两个定基发展速度的比值等于该相邻时期的环比发展速度
	增长速度	增长速度基本公式	增长速度 = $\dfrac{报告期增长量}{基期水平} = \dfrac{报告期水平 - 基期水平}{基期水平} = $ 发展速度 − 1
		环比增长速度	环比增长速度 = $\dfrac{逐期增长量}{报告期的前一期水平} = \dfrac{y_i - y_{i-1}}{y_{i-1}} = \dfrac{y_i}{y_{i-1}} - 1 = $ 环比发展速度 − 1 $(i = 1, 2, \cdots, n)$

续表

	知识点		计算公式
速度分析	增长速度	定基增长速度	定基增长速度 = $\dfrac{累计增长量}{固定基期水平}$ = $\dfrac{y_i - y_0}{y_0}$ = $\dfrac{y_i}{y_0} - 1$ = 定基发展速度 $-1(i=1,2,\cdots,n)$
		年距增长速度	年距增长速度 = $\dfrac{报告期年距增长量}{上年同月(季)发展水平}$ = 年距发展速度 -100%(或1)
		环比增长速度与定基增长速度的数量关系	①若由环比增长速度推算定基增长速度,可先将环比增长速度加 1 还原为环比发展速度,然后将各期环比发展速度连乘得研究时期的定基发展速度,再将研究时期的定基发展速度减 1 即得定基增长速度 ②若以两相邻时期定基增长速度推算相邻时期的环比增长速度,则先将相邻时期的定基增长速度分别加 1 还原为定基发展速度,然后将相邻时期的定基发展速度相比得环比发展速度再减 1 而求得
	平均发展速度	几何平均法	$\bar{R} = \sqrt[n]{\prod\limits_{i=1}^{n} R_i} = \sqrt[n]{\dfrac{y_n}{y_0}}$
		方程法	$\bar{x} + \bar{x}^2 + \bar{x}^3 + \cdots + \bar{x}^n = \sum\limits_{i=1}^{n} \dfrac{y_i}{y_0}$ 解方程所得的正根,就是方程法的平均发展速度
	平均增长速度		平均增长速度=平均发展速度 -100%(或 1)
	增长 1%的绝对值		增长1%绝对值 = $\dfrac{逐期增长量}{环比增长速度 \times 100}$ = $\dfrac{y_i - y_{i-1}}{\dfrac{y_i - y_{i-1}}{y_{i-1}} \times 100}$ = $\dfrac{y_{i-1}}{100}$ = $\dfrac{报告期的前一期水平}{100}$
长期趋势方程	线性趋势方程		$\hat{y}_i = a + bt_i$	参数估计使用最小二乘法: $\begin{cases} b = \dfrac{n\sum t_i y_i - \sum t_i \sum y_i}{n\sum t_i^2 - (\sum t_i)^2} \\ a = \dfrac{\sum y_i}{n} - b \times \dfrac{\sum t_i}{n} = \bar{y} - b \times \bar{t} \end{cases}$
	二次曲线趋势方程		$\hat{y}_i = a + bt_i + ct_i^2$	参数估计使用最小二乘法,标准方程组为 $\begin{cases} \sum y_i = na + b\sum t_i + c\sum t_i^2 \\ \sum t_i y_i = a\sum t_i + b\sum t_i^2 + c\sum t_i^3 \\ \sum t_i^2 y_i = a\sum t_i^2 + b\sum t_i^3 + c\sum t_i^4 \end{cases}$ 解方程组得到参数值
	指数曲线趋势方程		$\hat{y}_i = ab^{t_i}$	对发展水平取对数后再采用最小二乘估计参数: $\begin{cases} \lg b = \dfrac{n\sum (t_i \lg y_i) - (\sum t_i)(\sum \lg y_i)}{n\sum t_i^2 - (\sum t_i)^2} \\ \lg a = \dfrac{\sum \lg y_i}{n} - \lg b \left(\dfrac{\sum t_i}{n}\right) \end{cases}$ 计算出 $\lg a$ 和 $\lg b$,再取反对数即可得参数 a, b 的估计值
	修正指数曲线趋势方程		$\hat{y}_i = K + ab^{t_i}$	参数估计通常采用"三和法"
	龚珀兹曲线趋势方程		$\hat{y}_i = Ka^{b^{t_i}}$	参数估计通常采用"三和法"
	逻辑斯谛曲线趋势方程		$\hat{y}_i = \dfrac{1}{K + ab^{t_i}}$	参数估计通常采用"三和法"

知识点		计算公式
季节变动分析	按月(季)平均法	季节指数$(S_i) = \dfrac{\text{同月(季)平均数}}{\text{总月(季)平均数}} \times 100\%$
	趋势剔除法调整系数	月度数据： 调整系数 $= \dfrac{1200\%}{\text{调整前各月季节指数之和}}$ 季度数据： 调整系数 $= \dfrac{400\%}{\text{调整前各季季节指数之和}}$
	发展水平的季节影响调整	$\dfrac{y_i}{S_i} = \dfrac{T_i \times S_i \times C_i \times I_i}{S_i} = T_i \times C_i \times I_i$
循环变动分析	年度数据	$C_i = \dfrac{y_i}{T_i}$
	月(季)度数据	首先 $\dfrac{y_i}{T_i \times S_i} = \dfrac{T_i \times S_i \times C_i \times I_i}{T_i \times S_i} = C_i \times I_i$，再进行移动平均得循环变动系数 C_i

三、知 识 拓 展

(一) 与增长量和增长速度(率)相关的指标

1. 边际倾向

边际倾向是两个相互关联现象的增长量之比。设有两个变量 a 和 b，在一定时期内，a 的增长量为 Δa，b 的增长量为 Δb，则边际倾向为

$$边际倾向 = \frac{\Delta a}{\Delta b}$$

边际倾向的意义是：变量 b 每增加一个单位引起变量 a 增加的绝对量。

经济生活中，常见有边际消费倾向、边际储蓄倾向、财政收入的边际倾向、财政支出的边际倾向等。

边际消费倾向：消费增长量与可支配收入增长量的比值，表明可支配收入每增长一个单位，引起消费增长的数量。计算公式为

$$边际消费倾向 = \frac{\text{消费的增长量}}{\text{可支配收入增长量}}$$

如果有消费和可支配收入的时间序列，可利用计量经济学的方法拟合一个线性回归方程，计算出较长时期的边际消费倾向。

与边际消费倾向相联系的是边际储蓄倾向，根据消费与储蓄的关系则有

$$边际消费倾向 + 边际储蓄倾向 = 1$$

于是，边际储蓄倾向 = 1–边际消费倾向。

财政收入的边际倾向：表明每增加单位国内生产总值引起的财政收入的增加额。计算公式为

$$财政收入的边际倾向 = \frac{\text{财政收入增加额}}{\text{国内生产总值增加额}}$$

财政支出的边际倾向：表明每增加单位国内生产总值引起的财政支出的增加额。计算公式为

$$财政支出的边际倾向 = \frac{财政支出增加额}{国内生产总值增加额}$$

2. 弹性系数

弹性分析是考察一个变量的变动相对于另一个变量变动相对快慢的一种度量。弹性分析通常是通过计算弹性系数来进行。设有两个变量 $A = (a_0, a_1, \cdots, a_n)$ 和 $B = (b_0, b_1, \cdots, b_n)$，则有 A 对 B 的弹性系数为

$$弹性系数 = \frac{A的增长率}{B的增长率}$$

A 对 B 的弹性系数实际上是度量当 B 发生 1%的变动时 A 的变动率。弹性系数以 1 作为重要的临界点。弹性系数大于 1，表明 A 变量的变动率快于 B 变量的变动率；弹性系数小于 1，表明 A 变量的变动率慢于 B 变量的变动率；弹性系数等于 1，表明 A 变量的变动率同 B 变量的变动率一致。

为了反映消费、投资等对经济增长的影响作用，我们可以通过计算消费弹性系数和投资弹性系数来说明。

消费弹性系数是经济增长率与消费需求增长率之比，说明消费需求每增长一个百分点能带动经济增长的比例关系。消费需求弹性系数有名义消费弹性系数和实际消费弹性系数之别。名义消费弹性系数是 GDP 名义增长率与消费名义增长率之比。实际消费弹性系数是 GDP 实际增长率与消费实际增长率之比。实际弹性系数消除了消费价格指数和 GDP 缩减指数之间的差异，从而能够反映消费增长与经济增长的实际比率关系。

投资弹性系数是经济增长率与投资需求增长率之比，反映投资每增长一个百分点能带动经济增长的百分点数。它也有名义投资弹性系数和实际投资弹性系数之分，区别在于是否剔除了价格变动因素的影响。

为了反映财政与国民经济活动成果的动态关系，还可以计算财政收入(或支出)的弹性系数。财政收入(或支出)的弹性系数即为财政收入(或支出)的增长率与经济增长率的比值，以表明它们之间是否同步增长。

(二) 测定长期趋势的指数平滑法

1. 指数平滑法的基本思想

指数平滑法是在加权移动平均法的基础上改进的一种统计分析方法。它通过一系列指数平滑值来消除不规则变动，从而反映时间序列的长期趋势。

t 期的指数平滑值是在 $t-1$ 期指数平滑值的基础上加上 t 期实际观测值与 $t-1$ 期指数平滑值(作为 t 期趋势估计值)的误差的一部分组合而成。对第 t 期趋势估计值与第 t 期实际值的误差由两部分组成：①不规则随机误差；②现象从第 $t-1$ 期到第 t 期的实质性变化。误差中属于现象实质性变化部分的比例由平滑系数 α 决定：α 的值越大，误差中现象实质性变化的比例越大；α 的值越小，误差中不规则随机误差所占比例越大。合理估计趋势值要求剔除不规则随机误差，反映现象的实质性变化。

2. 一次指数平滑值的计算

一次指数平滑值的计算公式为

$$E_t = E_{t-1} + \alpha(y_t - E_{t-1}) \quad \text{或} \quad E_t = \alpha y_t + (1-\alpha)E_{t-1} \quad (t=1,2,\cdots,n)$$

式中：E_t 为第 t 期的指数平滑值(作为对第 $t+1$ 期的趋势预测值)；E_{t-1} 为第 $t-1$ 期的指数平滑值(作为第 t 期趋势预测值)；y_t 为第 t 期的实际观测值；α 为平滑系数($0 < \alpha < 1$)。

可以看出，第 t 期的指数平滑值 E_t 是第 t 期的实际值 y_t 与第 $t-1$ 期的预测值 E_{t-1} 的加权平均的结果。通常将时间序列的最初水平作为 E_0。指数平滑具有递推性质，各期平滑值是在上期平滑值的基础上递推得到的。

指数平滑法的计算还可利用 Excel 的"数据分析"宏命令进行。具体方法是：进入 Excel 工作簿的"数据分析"→"指数平滑"→根据对话框的提示输入原始数据区域、阻尼系数(指 $1-\alpha$)、确定输出区域即可。

3. 平滑系数 α 的选择

(1) α 值越小，对时间序列的平滑作用越强，对时间序列的变化反映越慢；α 值越大，对序列的平滑作用越弱，对时间序列的变化反映越快。所以，如果时间序列中的随机变动成分较大，那么可选择较小的 α(例如 0.2~0.4)；如果随机变动成分较小，那么可选择较大的 α(例如 0.6~0.8)。

(2) 如果对趋势值的估计主要依靠近期信息，α 宜选择得大一些；如果希望充分重视历史信息，α 宜选择得小一些。

(3) 希望减小初始值的影响，α 值宜选择得大一些；希望突出初始值的影响，α 值宜选择得小一些。

(4) 可选取几种不同的 α 数值进行比较，最后选择使实际值和估计值均方误差最小的 α。

(三) 线性趋势方程测定的简捷最小平方法估计

为了方便，以教材中例 5.11 的数据来说明简捷最小平方法估计进行线性回归趋势方程拟合的运用。

教材中的研究过程如下[①]。

表 5.2　2017~2019 年某市客运站旅客周转量线性趋势方程拟合计算表　　(单位：万人·公里)

时间	t_i	y_i	$t_i y_i$	t_i^2	$\hat{y}_i$
(甲)	(1)	(2)	(3) = (1) × (2)	(4) = (1)²	(5)
2017 年第一季度	1	100	100	1	96.25
2017 年第二季度	2	95	190	4	98.75
2017 年第三季度	3	98	294	9	101.25
2017 年第四季度	4	107	428	16	103.75
2018 年第一季度	5	110	550	25	106.25
2018 年第二季度	6	105	630	36	108.75

---

① 为了保持与教材的一致，未对有关内容做出改变，只对表的编号进行了调整。

续表

时间	t_i	y_i	t_iy_i	t_i^2	$\hat{y}_i$
(甲)	(1)	(2)	(3)=(1)×(2)	(4)=(1)²	(5)
2018 年第三季度	7	107	749	49	111.25
2018 年第四季度	8	115	920	64	113.75
2019 年第一季度	9	123	1107	81	116.25
2019 年第二季度	10	115	1150	100	118.75
2019 年第三季度	11	120	1320	121	121.25
2019 年第四季度	12	125	1500	144	123.75
合计	78	1320	8938	650	1320

解　设旅客周转量的线性趋势方程为 $\hat{y}_i = a + bt_i$。

由表 5.2 的计算数据知，$n=12, \sum t_i =78, \sum y_i =1320, \sum t_iy_i =8938, \sum t_i^2 =650$。

将以上资料代入式(5.33)，得

$$b = \frac{n\sum t_iy_i - \sum t_i \sum y_i}{n\sum t_i^2 - \left(\sum t_i\right)^2} = \frac{12\times8938 - 78\times1320}{12\times650 - 78^2} = 2.50$$

$$a = \bar{y} - b\times\bar{t} = \frac{1320}{12} - 2.50\times\frac{78}{12} = 93.75$$

所以，旅客周转量的线性趋势方程为 $\hat{y}_i = 93.75 + 2.50t_i$。

将时间序列中各期的 t_i 值（$t_i=1,2,\cdots,12$）依次代入已拟合的旅客周转量线性趋势方程 $\hat{y}_i = 93.75 + 2.50t_i$，可得研究时期 2017 年第一季度至 2019 年第四季度内的各季度旅客周转量趋势值，见表 5.2 第(5)列。

若预测 2020 年第一季度的旅客周转量趋势值，可将 $t_i=13$ 代入拟合的旅客周转量线性趋势方程，得

$$\hat{y}_{13} = 93.75 + 2.50\times13 = 126.25(万人·公里)$$

即 2020 年第一季度的旅客周转量为 126.25 万人·公里。其他未来时期的外推预测值以此类推。

教材中的研究过程，对时间变量 t_i 的赋值，实际上是将原点确定在了 2016 年的第四季度，通常称为普通法，这样手工计算相对比较麻烦。为了简化计算，可将坐标原点移动至时间序列的中间位置，然后再对 t_i 进行重新赋值进行参数估计，称为简捷法。一般来讲，当时间序列为奇数项时，可将 t_i 进行如下赋值：$t_i = \cdots, -3, -2, -1, 0, 1, 2, 3, \cdots$；当时间序列为偶数项时，可将 t_i 进行如下赋值：$t_i = \cdots, -5, -3, -1, 1, 3, 5, \cdots$。这样，可使得 $\sum t_i = 0$，从而得简捷法标准方程组和对参数 a 和 b 的估计方法。

简捷法的标准方程组为

$$\begin{cases} \sum y_i = na \\ \sum t_iy_i = b\sum t_i^2 \end{cases}$$

解之，得

$$\begin{cases} b = \dfrac{\sum t_i y_i}{\sum t_i^2} \\ a = \dfrac{\sum y_i}{n} = \overline{y} \end{cases}$$

这时，a 仍为截距，是当 $t_i = 0$ 时 $\hat{y}_i$ 的初始值；b 为趋势线斜率，b 的意义表示时间 t_i 每变动一个单位时，趋势值 $\hat{y}_i$ 的平均变动数量，即平均增长量。但需注意，对于奇数项时间序列和偶数项时间序列 t_i 所代表的"一个单位"是有区别的。以年度时间序列数据为例，若为奇数项时间序列，t_i 每变动"一个单位"表示"一年"；而若为偶数项时间序列，t_i 每变动"一个单位"表示"半年"。

以上教材中的例子，运用简捷法计算的结果如下。

将原点移动至时间序列的中间位置：2018 年的第二和第三季度中间，这里的 $t_i = 0$，其他编号见表 5.3。

表 5.3　简捷法估计计算表

时间	t_i	y_i	$t_i y_i$	t_i^2	$\hat{y}_i$
(甲)	(1)	(2)	(3)=(1)×(2)	(4)=(1)²	(5)
2017 年第一季度	−11	100	−1100	121	96.23
2017 年第二季度	−9	95	−855	81	98.73
2017 年第三季度	−7	98	−686	49	101.24
2017 年第四季度	−5	107	−535	25	103.74
2018 年第一季度	−3	110	−330	9	106.24
2018 年第二季度	−1	105	−105	1	108.75
2018 年第三季度	1	107	107	1	111.25
2018 年第四季度	3	115	345	9	113.76
2019 年第一季度	5	123	615	25	116.26
2019 年第二季度	7	115	805	49	118.76
2019 年第三季度	9	120	1080	81	121.27
2019 年第四季度	11	125	1375	121	123.77
合计	0	1320	716	572	1320

解　设旅客周转量的线性趋势方程为 $\hat{y}_i = a + bt_i$。

由表 5.3 的计算数据得 $n=12, \sum t_i = 0, \sum y_i = 1320, \sum t_i y_i = 716, \sum t_i^2 = 572$。于是有

$$\begin{cases} b = \dfrac{\sum t_i y_i}{\sum t_i^2} = \dfrac{716}{572} = 1.2517 \\ a = \dfrac{\sum y_i}{n} = \dfrac{1320}{12} = 110 \end{cases}$$

所以，旅客周转量的线性趋势方程为 $\hat{y}_i = 110 + 1.2517 t_i$。

将 t_i 的赋值：$t_i = -11, -9, -7, -5, -3, -1, 1, 3, 5, 7, 9, 11$ 依次代入所求的旅客周转量的线性趋势方程，即可求得 2017~2019 年各季度的旅客周转量预测值，见表 5.3。理论

上，普通法和简捷法的预测结果应该是一致的，但由于估计参数时保留的小数位数不全，故造成了些许差异，实乃统计误差所致。

关于新估计的斜率的意义及其他区别，请读者自己思考。

(四) 非线性趋势方程估计的"三和法"求解公式

"三和法"估计的基本思路是：将时间序列分为项数相等的三个部分，分别对每部分的发展水平求和，根据这三个和与模型参数的关系求解参数的估计值。

1. 修正指数曲线趋势方程参数的"三和法"估计

修正指数曲线趋势线方程为

$$\hat{y}_i = K + ab^{t_i} \quad (i=1,2,\cdots,n)$$

将时间序列发展水平等分为三个部分，每部分有 m 个时期，令趋势值的三个局部总和分别等于原时间序列观测值的三个局部总和来确定三个参数。

设时间序列发展水平的三个局部总和分别为 S_1，S_2，S_3，则

$$S_1 = \sum_{t=0}^{m-1} y_i, \quad S_2 = \sum_{t=m}^{2m-1} y_i, \quad S_3 = \sum_{t=2m}^{3m-1} y_i$$

"三和法"参数估计的公式为

$$\begin{cases} b = \left(\dfrac{S_3 - S_2}{S_2 - S_1}\right)^{\frac{1}{m}} \\[3mm] a = (S_2 - S_1)\dfrac{b-1}{(b^m - 1)^2} \\[3mm] K = \dfrac{1}{m}\left(S_1 - \dfrac{a(b^m - 1)}{b-1}\right) \end{cases}$$

2. 龚珀兹曲线趋势方程参数的"三和法"估计

龚珀兹曲线趋势方程为

$$\hat{y}_i = Ka^{b^{t_i}} \quad (i=1,2,\cdots,n)$$

将其改写为对数形式：$\lg \hat{y}_i = \lg K + (\lg a)b^{t_i}$，仿照修正指数曲线的参数确定方法，求出 $\lg a$，$\lg K$，b，再取 $\lg a$，$\lg K$ 的反对数求得 a 和 K。b，$\lg a$，$\lg K$ 的具体估计方法如下。

令 $S_1 = \sum_{t=0}^{m-1} \lg y_i$，$S_2 = \sum_{t=m}^{2m-1} \lg y_i$，$S_3 = \sum_{t=2m}^{3m-1} \lg y_i$，则有

$$\begin{cases} b = \left(\dfrac{S_3 - S_2}{S_2 - S_1}\right)^{\frac{1}{m}} \\[3mm] \lg a = (S_2 - S_1)\dfrac{b-1}{(b^m - 1)^2} \\[3mm] \lg K = \dfrac{1}{m}\left(S_1 - \dfrac{(b^m - 1)}{b-1} \times \lg a\right) \end{cases}$$

3. 逻辑斯谛曲线趋势方程参数的"三和法"估计

逻辑斯谛曲线趋势方程为

$$\hat{y}_t = \frac{1}{K + ab^{t_i}} \quad (i = 1, 2, \cdots, n)$$

取发展水平 y_i 的倒数 y_i^{-1}，则有

$$S_1 = \sum_{t=0}^{m-1} \lg y_i^{-1}, \quad S_2 = \sum_{t=m}^{2m-1} \lg y_i^{-1}, \quad S_3 = \sum_{t=2m}^{3m-1} \lg y_i^{-1}$$

a，b，K 的估计方法为

$$\begin{cases} b = \left(\dfrac{S_3 - S_2}{S_2 - S_1}\right)^{\frac{1}{m}} \\[4mm] a = (S_2 - S_1)\dfrac{b-1}{\left(b^m - 1\right)^2} \\[4mm] K = \dfrac{1}{m}\left(S_1 - \dfrac{a\left(b^m - 1\right)}{b-1}\right) \end{cases}$$

(五) 方程法计算平均发展速度的单变量求解方法

2009～2021 年某国建筑企业房屋竣工面积见表 5.4。

表 5.4　2009～2021 年某国建筑业企业房屋竣工面积

年份	房屋竣工面积/万米²
2009	245401.64
2010	277450.22
2011	316429.28
2012	358736.23
2013	389244.93
2014	423357.30
2015	420784.94
2016	422382.27
2017	419072.29
2018	412508.79
2019	402335.53
2020	384822.00
2021	408028.00

采用方程法计算 2010～2021 年建筑企业房屋竣工面积的平均发展速度和平均增长速度。

解　根据方程法计算平均发展速度应满足以下条件：

$$\bar{x} + \bar{x}^2 + \bar{x}^3 + \cdots + \bar{x}^n = \sum_{i=1}^{n} \frac{y_i}{y_0} = \frac{4880553.42}{245401.64} = 19.8880$$

利用 Excel 求解的具体步骤如下。

(1) 数据安排。在 A1 单元格中输入"平均发展速度"字样，在 B1 单元格中输入一个平均发展速度的初始值(可任意确定)，如在此输入 1.1。在 A2 单元格中输入公式 $\sum_{i=1}^{8} \bar{x}^i$，在 B2 单

元格中输入如下公式："=B1^1+ B1^2+ B1^3+ B1^4+ B1^5+ B1^6+ B1^7+ B1^8+ B1^9+B1^10 +B1^11+ B1^12"，输入公式后直接按"回车"键得到结果 23.52271，见图 5.1。

图 5.1　方程法平均发展速度计算数据安排

(2) 平均发展速度求解。首先，单击"模拟分析"，选择"单变量求解"，出现"单变量求解"对话框，填写对话框中所需信息，见图 5.2。然后，单击"确定"按钮，得到平均发展速度的计算结果，见图 5.3。

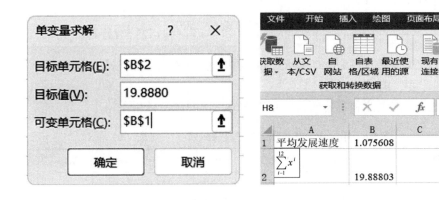

图 5.2　单变量求解对话框　　　　　　图 5.3　平均发展速度计算结果

(3) 平均增长速度求解。本例中，年平均发展速度为 107.56%，所以年平均增长速度为 7.56%。

四、案例分析

(一) 评价企业的经营状况

甲企业 2015～2021 年的利润总额和年末资金总额数据如表 5.5 所示。

表 5.5　2015～2021 年甲企业利润总额和年末资金总额　　　　(单位：万元)

年份	利润总额	年末资金总额
2015	1000	13000
2016	1300	15000
2017	1500	16000
2018	2000	18000
2019	2200	19000
2020	2300	20000
2021	2500	23000

已知 2016～2021 年同行业的资金利润率为 10%。依据以上数据，评价该企业的经营状况。

【案例分析】

企业是以盈利为目的的经济组织，所以利润的最大化是企业经营的最终目标。因此评价该企业的经营状况时要考虑其利润总额的变化状况；当然获利是以一定的资金为前提的，因此我们还要考虑其获利能力的指标——资金利润率。

1. 评价利润总额的变化

这里可以从利润总额的平均发展水平、增长量、平均增长量、发展速度、增长速度、平均发展速度、平均增长速度等角度加以评价。

(1) 2015～2021 年利润总额的平均发展水平。

用 a_i ($i=1,2,\cdots,7$) 分别表示 2015～2021 年的利润总额。由于利润总额是时期数，因此平均发展水平的计算采用简单算术平均法，即

$$\bar{a}=\frac{\sum a}{n}=\frac{1000+1300+1500+2000+2200+2300+2500}{7}=1828.57(万元)$$

即这 7 年的平均年利润总额达到了 1828.57 万元，说明甲企业获利能力比较强。

(2) 增长量、发展速度、增长速度的计算。

通过表 5.6 可以看出，该企业利润总额是逐年递增的，说明经营效果不错。

表 5.6　甲企业利润总额的描述性分析表

年份	利润总额/万元	逐期增长量/万元	累计增长量/万元	环比发展速度/%	定基发展速度/%	环比增长速度/%	定基增长速度/%
2015	1000	—	—	—	—	—	—
2016	1300	300	300	130.00	130.00	30.00	30.00
2017	1500	200	500	115.38	150.00	15.38	50.00
2018	2000	500	1000	133.33	200.00	33.33	100.00
2019	2200	200	1200	110.00	220.00	10.00	120.00
2020	2300	100	1300	104.55	230.00	4.55	130.00
2021	2500	200	1500	108.70	250.00	8.70	150.00

(3) 平均增长量、平均发展速度、平均增长速度的计算。

$$\bar{\Delta}=\frac{\sum_{i=2}^{n}(a_i-a_{i-1})}{n-1}=\frac{a_n-a_1}{n-1}=\frac{1500}{6}=250(万元)$$

$$\overline{R} = \sqrt[n-1]{\frac{a_n}{a_1}} = \sqrt[7-1]{2.5} \doteq 116.50\%$$

$$\overline{p} = \overline{R} - 1 = 16.50\%$$

所以 2016～2021 年利润总额的年平均增长量达到了 250 万元，年平均发展速度为 116.50%，年平均增长速度为 16.50%。

2. 评价资金利润率的变化

(1) 计算 2016～2021 年各年的资金利润率。

资金利润率=利润总额/平均资金总额，所以资金利润率是强度相对数。而平均资金总额=(年初资金总额+年末资金总额)/2，所以计算出 2016～2021 年的资金利润率如表 5.7 所示。

表 5.7　甲企业资金利润率计算表

年份	利润总额/万元	年末资金总额/万元	平均资金总额/万元	资金利润率/%
2015	1000	13000	—	—
2016	1300	15000	14000	9.29
2017	1500	16000	15500	9.68
2018	2000	18000	17000	11.76
2019	2200	19000	18500	11.89
2020	2300	20000	19500	11.79
2021	2500	23000	21500	11.63

已知 2016～2021 年同行业的资金利润率为 10%，将甲企业 2016～2021 年的资金利润率与同行业的水平对比，如图 5.4 所示。

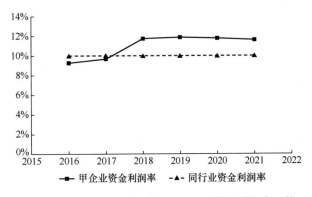

图 5.4　2016～2021 年甲企业与同行业资金利润率比较

从图 5.4 可以看出，2016 年、2017 年甲企业的资金利润率均低于同行业的资金利润率 10%，而 2018～2021 年均高于同行业的资金利润率 10%。

(2) 计算 2016～2021 年的年平均资金利润率。

首先，计算 2016～2021 年的年平均利润总额，即

·84· 统计学学习指导(第三版)

$$\overline{a} = \frac{\sum a}{n} = \frac{1300+1500+2000+2200+2300+2500}{6} = 1966.67(万元)$$

然后，计算 2016～2021 年的年平均资金总额。因为年末资金总额序列是间隔相等的间断时点数序列，所以 2016～2021 年的年平均资金总额的计算采用首尾折半法，即

$$\overline{b} = \frac{\frac{b_1}{2}+b_2+\cdots+b_{n-1}+\frac{b_n}{2}}{n-1} = \frac{\frac{13000}{2}+15000+16000+18000+19000+20000+\frac{23000}{2}}{6} = 17666.67(万元)$$

最后，计算 2016～2021 年的年平均资金利润率，即

$$\overline{y} = \frac{\overline{a}}{\overline{b}} = \frac{1966.67}{17666.67} = 11.13\%$$

虽然，各年的资金利润率与同行业水平相比有高有低，但各年资金利润率的总平均水平达到 11.13%，高于同行业的资金利润率 10%，说明该企业的经营情况、获利能力俱佳。

(二) 啤酒生产企业的生产安排

某啤酒生产企业 2016～2021 年各季度啤酒销售量数据如表 5.8 所示。

表 5.8　2016～2021 年各季度啤酒销售量　　　　　　　(单位：万吨)

年份	第一季度	第二季度	第三季度	第四季度
2016	36	53	70	39
2017	37	58	71	41
2018	37	60	76	45
2019	41	65	79	48
2020	43	65	83	50
2021	45	71	90	49

请问，该啤酒生产企业 2022 年各季度该如何安排生产？

【案例分析】

企业的生产和销售是相辅相成的。生产过少则供不应求，会影响利润的最大化；而生产过多，则供过于求造成产品积压，占用有限的流动资金、增加贮存成本，从而影响企业利润的实现。因此，2022 年各季度的生产安排不宜过多，也不宜过少，应该以销售量的预期为前提。所以应该预测出 2022 年各季度的销售量，从而安排相应的生产。

1. 作出时间序列线图

作出销售量数据的时间序列线图，可以分析销售量随时间变化的发展状况，如图 5.5 所示。

时间序列的构成因素一般包括长期趋势、季节变动、循环变动和不规则变动，一般采用乘法模型加以分析(即 $y = T \times S \times C \times I$)。通过图 5.5 可以看出该啤酒企业的销售量具有明显的长期趋势和季节变动。由于循环变动和不规则变动难以准确地加以预测，因此，这里对未来销售量的预测仅考虑长期趋势和季节变动的影响(思考：长期趋势和季节变动先测定哪一个，为什么)。

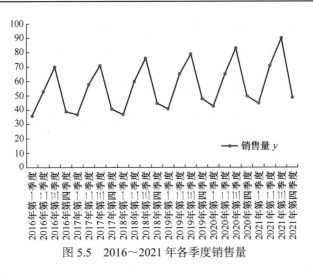

图 5.5 2016～2021 年各季度销售量

2. 测定季节变动

从图 5.5 可以看出，该时间序列有明显的上升趋势，因此采用移动平均趋势剔除法来测定季节指数。步骤如表 5.9 所示。

表 5.9 移动平均趋势剔除法销售量季节指数计算表（Ⅰ）

时间 (1)	销售量 y /万吨 (2)	四项移动平均/万吨 (3)	移正平均($T \times C$)/万吨 (4)	$S \times I = y / T \times C$ (5)
2016 年第一季度	36	—	—	—
2016 年第二季度	53		—	—
2016 年第三季度	70	49.50	49.63	1.4106
2016 年第四季度	39	49.75	50.38	0.7742
2017 年第一季度	37	51.00	51.13	0.7237
2017 年第二季度	58	51.25	51.50	1.1262
2017 年第三季度	71	51.75	51.75	1.3720
2017 年第四季度	41	51.75	52.00	0.7885
2018 年第一季度	37	52.25	52.88	0.6998
2018 年第二季度	60	53.50	54.00	1.1111
2018 年第三季度	76	54.50	55.00	1.3818
2018 年第四季度	45	55.50	56.13	0.8018
2019 年第一季度	41	56.75	57.13	0.7177
2019 年第二季度	65	57.50	57.88	1.1231
2019 年第三季度	79	58.25	58.50	1.3504
2019 年第四季度	48	58.75	58.75	0.8170
2020 年第一季度	43	58.75	59.25	0.7257
2020 年第二季度	65	59.75	60.00	1.0833
2020 年第三季度	83	60.25	60.50	1.3719
2020 年第四季度	50	60.75	61.50	0.8130
2021 年第一季度	45	52.25	63.13	0.7129
2021 年第二季度	71	64.00	63.88	1.1115
2021 年第三季度	90	63.75	—	—
2021 年第四季度	49	—	—	—

将表 5.9 中的序列 (5) 重新按季度排列, 求得同季平均数, 消除不规则变动, 即得到季节指数。由于所有的季节指数之和为 4.0032, 不等于 400%, 所以需要进行调整, 调整系数= 400%/4.0032 = 0.9992。

用调整系数乘以各年同季平均数, 即得调整季节指数, 见表 5.10 的最后一行。

表 5.10　移动平均趋势剔除法销售量季节指数计算表(Ⅱ)

年份	第一季度	第二季度	第三季度	第四季度	平均
2016	—	—	1.4106	0.7742	1.0924
2017	0.7237	1.1262	1.3720	0.7885	1.0026
2018	0.6998	1.1111	1.3818	0.8018	0.9986
2019	0.7177	1.1231	1.3504	0.8170	1.0021
2020	0.7257	1.0833	1.3719	0.8130	0.9985
2021	0.7129	1.1115	—	—	0.9122
同季平均	0.7160	1.1111	1.3773	0.7989	1.0008
调整季节指数/%	71.54	111.02	137.62	79.82	100.00

3. 长期趋势的测定

由于原序列中有明显的季节变动, 因此, 需将原序列中的季节变动剔除, 步骤如表 5.11 所示。

表 5.11　销售量的季节变动调整

时间 (1)	t_i (2)	销售量 y_i/万吨 (3)	季节指数 S_i/% (4)	剔除季节因素后的销售量(y_i / S_i)/万吨 (5)
2016 年第一季度	1	36	71.54	50.32
2016 年第二季度	2	53	111.02	47.74
2016 年第三季度	3	70	137.62	50.86
2016 年第四季度	4	39	79.82	48.86
2017 年第一季度	5	37	71.54	51.72
2017 年第二季度	6	58	111.02	52.24
2017 年第三季度	7	71	137.62	51.59
2017 年第四季度	8	41	79.82	51.36
2018 年第一季度	9	37	71.54	51.72
2018 年第二季度	10	60	111.02	54.05
2018 年第三季度	11	76	137.62	55.22
2018 年第四季度	12	45	79.82	56.37
2019 年第一季度	13	41	71.54	57.31
2019 年第二季度	14	65	111.02	58.55
2019 年第三季度	15	79	137.62	57.40
2019 年第四季度	16	48	79.82	60.13
2020 年第一季度	17	43	71.54	60.11

续表

时间 (1)	t_i (2)	销售量 y_i/万吨 (3)	季节指数 S_i/% (4)	剔除季节因素后的销售量(y_i / S_i)/万吨 (5)
2020 年第二季度	18	65	111.02	58.55
2020 年第三季度	19	83	137.62	60.31
2020 年第四季度	20	50	79.82	62.64
2021 年第一季度	21	45	71.54	62.90
2021 年第二季度	22	71	111.02	63.95
2021 年第三季度	23	90	137.62	65.40
2021 年第四季度	24	49	79.82	61.38

将表 5.11 中的序列(4)，(5)做线图，如图 5.6 所示。

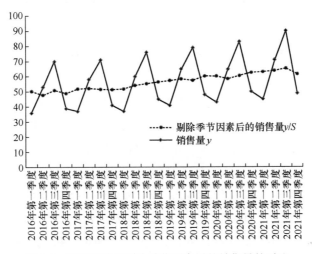

图 5.6 原销售量与剔除季节因素后的销售量的对比

从图 5.6 中可以看出，剔除季节因素后的销售量具有明显的线性趋势，因此将表 5.11 中的序列(2)和序列(5)作一元线性回归，用 Excel 分析结果如图 5.7 所示(也可以利用本书 a，b 的计算公式来得出线性趋势回归方程，当然两种方法得到的趋势回归方程相同)。

通过图 5.7 可得趋势回归方程，即

$$\hat{y}_i = 47.46 + 0.71t_i$$

4. 预测 2022 年各季度的销售额

(1) 首先依据趋势回归方程分别预测 2022 年一、二、三、四季度的趋势值。

将 $t_i = 25, 26, 27, 28$ 分别代入趋势回归方程就可以得到 2022 年第一、二、三、四季度的趋势预测值：

$$\hat{y}_{25} = 47.46 + 0.71 \times 25 = 65.21(万吨)$$

$$\hat{y}_{26} = 47.46 + 0.71 \times 26 = 65.92(万吨)$$

$$\hat{y}_{27} = 47.46 + 0.71 \times 27 = 66.63(万吨)$$

$$\hat{y}_{28} = 47.46 + 0.71 \times 28 = 67.34(万吨)$$

SUMMARY OUTPUT								
回归统计								
Multiple R	0.9660518							
R Square	0.9332561							
Adjusted R	0.9302223							
标准误差	1.3645029							
观测值	24							
方差分析								
	df	SS	MS	F	Significance F			
回归分析	1	572.74434	572.74434	307.61809	2.03253E-14			
残差	22	40.9611	1.8618682					
总计	23	613.70544						
	Coefficient	标准误差	t Stat	P-value	Lower 95%	Upper 95%	下限 95.0%	上限 95.0%
Intercept	47.458223	0.574934	82.54552	6.463E-29	46.26588281	48.650563	46.265883	48.65056293
X Variable	0.7057185	0.040237	17.539045	2.033E-14	0.622272047	0.7891649	0.622272	0.78916489

图 5.7　回归分析结果

(2) 对趋势预测值作季节影响的调整，即可得到相应时期的销售量的预测值，即

$$\tilde{y}_i = \hat{y}_i \times S_i$$

所以 2022 年一、二、三、四季度的销售量预测值如下：

$$\tilde{y}_{25} = \hat{y}_{25} \times S_{25} = \hat{y}_{25} \times S_1 = 65.21 \times 71.54\% = 46.65 \approx 47(万吨)$$

$$\tilde{y}_{26} = \hat{y}_{26} \times S_{26} = \hat{y}_{26} \times S_2 = 65.92 \times 111.02\% = 73.18 \approx 73(万吨)$$

$$\tilde{y}_{27} = \hat{y}_{27} \times S_{27} = \hat{y}_{27} \times S_3 = 66.63 \times 137.62\% = 91.70 \approx 92(万吨)$$

$$\tilde{y}_{28} = \hat{y}_{28} \times S_{28} = \hat{y}_{28} \times S_4 = 67.34 \times 79.82\% = 53.75 \approx 54(万吨)$$

所以，该啤酒生产企业 2022 年可以按照如下数量安排生产：一季度生产 47 万吨、二季度生产 73 万吨、三季度生产 92 万吨、四季度生产 54 万吨，2022 年全年大约生产 266 万吨。

五、知识点练习

(一) 填空题

1. 时间序列包括两个基本要素：一个称为_____，另一个称为_____。

2. 时间序列的构成因素可以归纳为四大类：_____、_____、_____和_____。

3. 各逐期增长量之和等于最末期的_____。

4. 相邻两时期的累计增长量之差等于该相邻时期的_____。

5. 某地区 2021 年 GDP 为 300 亿元，2022 年比 2021 年增加了 40 亿元，则基期为_____，报告期为_____，基期水平为_____，报告期水平为_____。

6. 某银行推出一款 10 年定期存款产品(复利计息)，10 年的利息率分别是第 1～3 年 3%，第 4～6 年 5%，第 7～10 年 8%，则该定期存款产品的年平均收益率为_____。

7. 计算平均发展速度的方法包括：_____和_____。

8. 各环比发展速度之积等于最末期的_____。

9. 相邻两个时期的定基发展速度之比等于该相邻时期的_____。

10. 某企业 2017～2022 年产值的时间序列数据如下表所示：

年份	2017	2018	2019	2020	2021	2022
产值/万元	100	110	120	145	150	200

则该企业产值 2022 年的逐期增长量为_____万元，累计增长量为_____万元，环比发展速度为_____，定基发展速度为_____，环比增长速度为_____，定基增长速度为_____；2018～2022 年的年平均增长量为_____万元，年平均发展速度为_____，年平均增长速度为_____。

11. 某公司 2018～2021 年产值的环比增长速度分别为 5%，8%，6%，10%，则该公司 2021 年对于 2017 年的定基增长速度为_____。

12. 原时间序列共有 20 项数据，若采用 4 项移动平均法计算趋势值，则趋势值项数为_____；若采用 5 项移动平均法计算趋势值，则趋势值项数为_____。

13. 对某时间序列建立线性趋势方程结果如下：$\hat{y}_i = 468.25 - 3.5t_i$，说明时间 t 每增加 1 个单位，因变量 y 平均_____个单位。

14. 若各发展水平的二次差大体相等，可以配合_____；若各发展水平的一次差大体相等，可以配合_____。

15. 各季度的季节指数之和等于_____，季节指数的平均数等于_____。

16. 季节指数高于 100%说明该季节是_____，低于 100%说明该季节是_____。

(二) 单选题

1. 时间数列是( )。
A. 将一系列变量按时间先后顺序排列而成的序列
B. 将一系列不同变量的数值按时间先后顺序排列而成的序列
C. 将某一变量在不同时间的数值按时间先后顺序排列而成的序列
D. 将一系列相同变量按时间先后顺序排列而成的序列

2. 下列时间序列中，每个指标值相加有实际意义的是( )。
A. 相对数时间序列　　　　　　B. 时期序列
C. 时点序列　　　　　　　　　D. 平均数时间序列

3. 若要观察现象在某一段时期内沿某一方向持续变化的一种态势，需要分析测度现象的( )。
A. 季节变动　　B. 循环变动　　C. 长期趋势　　D. 不规则变动

4. 若要研究现象在持续若干年的时间内发生的涨落交替的周期变动，就是要分析现象的( )。
A. 季节变动　　B. 循环变动　　C. 长期趋势　　D. 不规则变动

5. 具有可加性的时间序列是( )。
A. 时点序列　　B. 时期序列　　C. 平均数序列　　D. 相对数序列

6. 属于时期序列的是( )。
A. 2022 年某企业各月末的职工人数　　B. 2022 年某图书馆各月末的藏书量

C. 2022 年某图书馆各月新增藏书量　　　D. 2022 年某企业各月末固定资产总额

7. 属于时点序列的是(　　　)。

A. 某企业连续 3 年的月度销售额　　　B. 某企业 2022 年各月末职工人数

C. 某地 2000～2022 年各季度 GDP　　　D. 我国连续十年职工平均工资数据

8. 不属于时间序列的构成因素的是(　　　)。

A. 长期趋势　　　B. 固定变动　　　C. 季节变动　　　D. 循环变动

9. 已知某企业 2019～2022 年产值连年增长，分别比上年增长 10%，20%，28%，35%，这四个增长率是(　　　)。

A. 环比增长率　　　B. 定基增长率　　　C. 平均增长率　　　D. 年均增长率

10. 某企业 2019～2022 年的销售额分别比上年增长了 10%，7%，8%，15%，以 2018 年为基期，则 2022 年销售额的定基增长率为(　　　)。

A. 110%×107%×108%×115%−1　　　B. 110%×107%×108%×115%

C. 10%×7%×8%×15%−1　　　D. 10%×7%×8%×15%

11. 某企业 2019～2022 年的销售额分别比上年增长了 10%，7%，8%，15%，以 2019 年为基期，则 2022 年销售额的定基增长率为(　　　)。

A. 110%×107%×108%×115%−1　　　B. 110%×107%×108%×115%

C. 107%×108%×115%−1　　　D. 7%×8%×15%

12. 某储蓄所 2022 年 1 月 1 日～1 月 4 日的储蓄存款余额分别为 1500 万元、1380 万元、1630 万元、1520 万元，则这四天的平均存款余额为(　　　)。

A. $\dfrac{\frac{1500}{2}+1380+1630+\frac{1520}{2}}{4-1}$ 　　　B. $\dfrac{1500+1380+1630+1520}{4}$

C. $\dfrac{\frac{1500}{2}+1380+1630+\frac{1520}{2}}{4}$ 　　　D. $\dfrac{1380+1630+1520}{3}$

13. 已知某企业 2022 年 1～4 月各月初的职工人数分别为 190 人、195 人、198 人和 200 人，则该企业一季度的月平均职工人数的计算方法为(　　　)。

A. $\dfrac{190+195+198+200}{4}$ 　　　B. $\dfrac{190+195+198}{3}$

C. $\dfrac{\frac{190}{2}+195+198+\frac{200}{2}}{4-1}$ 　　　D. $\dfrac{\frac{190}{2}+195+198+\frac{200}{2}}{4}$

14. 逐期增长量与累计增长量的关系正确的是(　　　)。

A. 各累计增长量之和等于最末期的逐期增长量

B. 各逐期增长量之和等于最末期的累计增长量

C. 各逐期增长量之积等于最末期的累计增长量

D. 相邻两期的逐期增长量之差等于相应时期的累计增长量

15. 环比发展速度与定基发展速度的关系正确的是(　　　)。

A. 各环比发展速度之和等于最末期的定基发展速度

B. 各定基发展速度之和等于最末期的环比发展速度

C. 各环比发展速度之积等于最末期的定基发展速度

D. 各定基发展速度之积等于最末期的环比发展速度

16. 如果某商店销售额的逐期增长量每年都相等，则其各年的环比增长速度是(　　)。

A. 年年增长　　　　B. 年年下降　　　　C. 年年不变　　　　D. 无法确定

17. 若某企业产量今年为去年的 112%，去年比前年增长率为 3%，那么今年比前年的增长率为(　　)。

A. 9.0%　　　　B. 7.4%　　　　C. 7.5%　　　　D. 15.4%

18. 已知某地粮食产量的环比发展速度 2019 年为 103.5%，2020 年为 104%，2022 年为 105%，2022 年对于 2018 年的定基发展速度为 116.4%，则 2021 年的环比发展速度为(　　)。

A. 113%　　　　B. 101%　　　　C. 104.5%　　　　D. 102.99%

19. 某公司 2020～2022 年的发展速度分别为 1.1，1.2，1.3，则这三年的平均发展速度为(　　)。

A. $\dfrac{1.1+1.2+1.3}{3}$　　　　　　　　B. $\sqrt[3]{1.1\times1.2\times1.3}$

C. $\dfrac{3}{\dfrac{1}{1.1}+\dfrac{1}{1.2}+\dfrac{1}{1.3}}$　　　　　　　D. $\dfrac{1.1\times1.2\times1.3}{3}$

20. 已知某地区 2022 年末人口总数为 9600 万，而 2002 年末人口数为 8000 万，该地区 2003～2022 年人口年均增长率为(　　)。

A. $\dfrac{9600}{8000}\times100\%$　　　　　　　　B. $\sqrt[20]{\dfrac{9600}{8000}}-1$

C. $\dfrac{9600}{8000}\times100\%-1$　　　　　　D. $\sqrt[20]{\dfrac{9600}{8000}}$

21. 某地区连续五年的经济增长率分别为 9%，7.8%，8.6%，9.4%和 8.5%，则该地区经济的年平均增长率为(　　)

A. $\sqrt[5]{1.09\times1.078\times1.086\times1.094\times1.085}-1$　　B. $\sqrt[5]{0.09\times0.078\times0.086\times0.094\times0.085}$

C. $\sqrt[5]{1.09\times1.078\times1.086\times1.094\times1.085}$　　D. (9%+7.8%+8.6%+9.4%+8.5%)÷5

22. 下列等式中，不正确的是(　　)。

A. 发展速度 = 增长速度 +1

B. 定基发展速度 = 相应时期各环比发展速度的连乘积

C. 定基增长速度 = 相应时期各环比增长速度的连乘积

D. 平均增长速度 = 平均发展速度−1

23. 下列哪种情况，不宜计算增长率(　　)。

A. 已知某地各年人口数，计算该地年均人口增长率

B. 某企业连续 5 年的利润额分别为 10，8，0，−5，2 万元时，计算该企业利润年均增长率

C. 已知某产品连续 12 个月的销售额，计算销售额的月均增长率

D. 根据某地 10 年来的职工平均工资计算平均工资增长率

24. 某公司 2022 年的利润总额为 550 万元，比 2021 年增长了 10%，则 2022 年增长 1% 的绝对值是(　　)。

A. 5 万元　　　　B. 5.5 万元　　　　C. 50 万元　　　　D. 55 万元

25. 已知某企业近 5 年销售额的季度资料，若采用移动平均法剔除季节变动的影响，则移

动间隔应为(　　)。

A. 3　　　　　　　　B. 4　　　　　　　　C. 5　　　　　　　　D. 6

26. 在建立时间序列的线性趋势方程 $\hat{y}_i = a + bt_i$ 时，参数 b 的估计公式为(　　)。

A. $b = \dfrac{\sum t_i y_i - n \sum t_i \sum y_i}{\sum t_i^2 - n(\sum t_i)^2}$ 　　　　　　B. $b = \dfrac{n \sum t_i y_i - \sum t_i \sum y_i}{n \sum t_i^2 - (\sum t_i)^2}$

C. $b = \dfrac{\sum t_i^2 - n(\sum t_i)^2}{\sum t_i y_i - n \sum t_i \sum y_i}$ 　　　　　　D. $b = \dfrac{n \sum t_i^2 - (\sum t_i)^2}{n \sum t_i y_i - \sum t_i \sum y_i}$

27. 适合于配合直线方程的数据特征是(　　)。

A. 若时间序列发展水平的一次差(逐期增长量)大致相同

B. 若时间序列发展水平的二次差(逐期增长量的逐期增长量)大致相同

C. 若时间序列发展水平的环比速度大致相同

D. 若各发展水平一次差的环比速度大致相同

28. 适合于配合二次曲线的数据特征是(　　)。

A. 若时间序列发展水平的一次差(逐期增长量)大致相同

B. 若时间序列发展水平的二次差(逐期增长量的逐期增长量)大致相同

C. 若时间序列发展水平的环比速度大致相同

D. 若各发展水平一次差的环比速度大致相同

29. 用按季平均法测定季节指数，各季度季节指数之和应等于(　　)。

A. 100%　　　　B. 120%　　　　C. 400%　　　　D. 1200%

30. 月度资料计算的季节指数之和等于(　　)。

A. 100%　　　　B. 120%　　　　C. 400%　　　　D. 1200%

31. 根据各季度商品销售额数据计算的季节指数分别为：一季度 125%，二季度 70%，三季度 100%，四季度 105%。受季节因素影响最大的是(　　)。

A. 一季度　　　　B. 二季度　　　　C. 三季度　　　　D. 四季度

(三) 多选题

1. 下列时间序列中属于基础序列的是(　　)。

A. 绝对数时间序列　　　　B. 相对数时间序列　　　　C. 平均数时间序列

D. 时期序列　　　　E. 时点序列

2. 下列时间序列中属于派生序列的是(　　)。

A. 绝对数时间序列　　　　B. 相对数时间序列　　　　C. 平均数时间序列

D. 时期序列　　　　E. 时点序列

3. 时期序列的特点包括(　　)。

A. 序列中的数据具有可加性

B. 序列中的数据不具有可加性

C. 序列中每个数据的大小与其所属时间的长短有直接联系

D. 序列中各数据的大小与其间隔长短没有直接联系

E. 序列中的每个数据通常是通过连续不断登记取得的

4. 时点序列的特点包括(　　)。

A. 序列中的数据具有可加性

B. 序列中的数据不具有可加性

C. 序列中每个数据的大小与其所属时间的长短有直接联系

D. 序列中各数据的大小与其间隔长短没有直接联系

E. 序列中各数据通常是间隔一定时期通过非经常性登记取得的

5. 下列属于绝对数时间序列的是(　　　　)。

A. 2000~2022 年国内生产总值序列

B. 2000~2022 年年末总人口序列

C. 2000~2022 年第三产业增加值比重序列

D. 2000~2022 年城镇居民家庭人均可支配收入序列

E. 2000~2022 年零售物价指数序列

6. 下列哪几项是时期序列(　　　　)。

A. 我国历年粮食产量

B. 我国历年新增人口数

C. 我国历年图书出版量

D. 我国历年年末人口数

E. 我国历年进出口总额

7. 编制时间序列应注意的问题有(　　　　)。

A. 时间要素应尽量统一

B. 数据的总体范围应该一致

C. 数据的经济内容应该相同

D. 数据的计算方法、计量单位等应该统一

E. 数据的计算价格应该统一

8. 影响时间序列的因素可以分解为(　　　　)。

A. 长期趋势　　　　　　　　B. 季节变动　　　　　　　　C. 循环变动

D. 不规则变动　　　　　　　E. 平稳变动

9. 下列关于平均发展水平的计算方法中正确的是(　　　　)。

A. 绝对数时间序列采用简单算术平均法

B. 时期序列采用简单算术平均法

C. 时点序列采用简单算术平均法

D. 相对数时间序列分别计算出分子、分母序列的序时平均数再对比得到

E. 平均数时间序列分别计算出分子、分母序列的序时平均数再对比得到

10. 下列属于时点序列平均发展水平的计算的是(　　　　)。

A. 间隔相等的连续时点序列采用简单算术平均法

B. 间隔不等的连续时点序列采用加权算术平均法

C. 间隔相等的间断时点序列采用首尾折半法

D. 间隔不等的间断时点序列采用两两平均法

E. 间隔不等的间断时点序列采用首尾折半法

11. 下列表述正确的是(　　　　)。

A. 各累计增长量之和等于最末期的逐期增长量

B. 各逐期增长量之和等于最末期的累计增长量

C. 各环比发展速度之积等于最末期的定基发展速度

D. 各定基发展速度之积等于最末期的环比发展速度

E. 相邻两期的环比发展速度之比等于相应时期的定基发展速度

12. 平均发展速度的计算方法有(   )。

A. 算术平均法   B. 几何平均法   C. 方程法

D. 加权平均法   E. 日历日数法

13. 用水平法计算年平均发展速度,下列说法正确的是(   )。

A. 各年环比发展速度的几何平均数

B. 各年环比发展速度的算术平均数

C. 用水平法平均发展速度推算的最末期水平与最末期实际水平相同

D. 用水平法平均发展速度推算的各期水平之和与实际水平之和相等

E. 最末发展水平与最初发展水平之比的 n 次方根

14. 方程法计算的平均发展速度(   )。

A. 侧重于考察现象在最末一期的发展水平

B. 侧重于考察现象在全期的累计发展水平

C. 推算出的最后一期水平应等于实际发展水平

D. 推算出的各期发展水平之和等于实际发展水平之和

E. 只与时间序列的最初和最末水平有关

15. 下列说法正确的有(   )。

A. 平均增长速度大于平均发展速度   B. 平均增长速度小于平均发展速度

C. 平均增长速度=平均发展速度−1   D. 平均发展速度=平均增长速度−1

E. 平均发展速度×平均增长速度=1

16. 下列关于增长速度的表述正确的是(   )。

A. 环比增长速度之和等于定基增长速度

B. 环比增长速度之积等于定基增长速度

C. 定基增长速度等于各环比增长速度加 1 的连乘积减 1

D. 增长速度=发展速度−1

E. 增长速度=增长量/基期水平

17. 水平法计算出的平均增长率 $\bar{G}$ 的计算公式为(   )。

A. $\bar{G} = \sqrt[n]{\dfrac{y_1}{y_0} \times \dfrac{y_2}{y_1} \times \cdots \times \dfrac{y_n}{y_{n-1}}} - 1$ B. $\bar{G} = \sqrt[n]{\dfrac{y_n}{y_0}} - 1$ C. $\bar{G} = \sqrt[n]{\dfrac{y_n}{y_{n-1}}}$

D. $\bar{G} = \dfrac{n\text{项增长率之和}}{n}$ E. $\bar{G} = \sqrt[n]{\dfrac{y_n}{y_{n-1}}} - 1$

18. 对移动平均法描述正确的是(   )。

A. 可消除原数列中短期偶然因素的影响

B. 移动平均后的趋势值放在各移动项的中间位置

C. 应以周期长度作为移动的间隔长度

D. 移动平均法适于观察现象发展的长期趋势

E. 移动平均法适于对现象的未来作出预测

19. 对于季度时间序列资料,季节指数必须满足的条件是(　　　)。

A. 各季节指数之和为 1　　　　　　　B. 各季节指数之和为 4

C. 各季节指数之和为 12　　　　　　D. 各季节指数平均数为 1

E. 各季节指数平均数为 0

(四) 简答题

1. 时间序列的构成因素有哪些,并进行简要的解释。

2. 简述时期序列和时点序列的特点。

3. 分情况讨论时点序列平均发展水平的计算。

4. 简述逐期增长量与累计增长量的数量关系。

5. 简述环比发展速度与定基发展速度的数量关系。

6. 如何根据时间序列数据特征选择合适的趋势线?

(五) 计算题

1. 某企业 2022 年 1 月份的职工人数资料如下表所示。

时间	1 日早	10 日晚	15 日晚	31 日晚
职工人数/人	100	120	110	150

(1) 若职工人数在发生变化时登记,不变化时不登记,求 1 月份的平均职工人数;

(2) 若职工人数在以上几个时点进行了登记,其他时间没有登记,求 1 月份的平均职工人数。

2. 某公司 2022 年 1~4 月份的数据如下表所示。

时间	1 月	2 月	3 月	4 月
产值/万元	500	550	600	620
期初职工人数/人	300	320	290	340

(1) 求该公司 2022 年第一季度的月平均产值;

(2) 求该公司 2022 年第一季度的月平均职工人数;

(3) 求该公司 2022 年第一季度的月平均劳动生产率(劳动生产率=产值/平均职工人数);

(4) 求该公司 2022 年第一季度劳动生产率。

3. 某商场 2022 年第一季度各月商品流转次数(商品流转次数=商品销售额/平均库存额)资料如下表所示。

月份	1	2	3
商品销售额/万元	145	150	160
商品流转次数/次	2.5	3.0	3.2

要求计算：

(1) 该商场 2022 年第一季度月平均商品流转次数；

(2) 该商场 2022 年第一季度商品流转次数。

4. 某企业 2022 年相关月份的数据资料如下表所示。

变量名称	1月	2月	3月	4月	5月	6月	7月
期初工人人数/人	150	158	164	168	176	162	164
期初职工人数/人	114	120	134	134	138	126	122
产值/万元	18	22	24	25	30	32	34
利润/万元	1.5	1.6	2.2	2.3	3.1	3.4	3.7
产值利润率/%	8.33	7.27	9.17	9.2	10.33	10.63	10.88

注：产值利润率=利润/产值。

要求计算：

(1) 该企业上半年工人人数占职工人数的平均比重；

(2) 该企业第一季度月平均产值利润率。

5. 已知某企业的产值资料如下表所示。

年份	产值/万元	增长量/万元		发展速度/%	
		逐期	累计	环比	定基
2018	( )	—	—	—	100.00
2019	150	( )	30	( )	( )
2020	( )	25	( )	( )	( )
2021	200	( )	( )	( )	( )
2022	( )	( )	100	( )	( )

要求：

(1) 填充表中所缺数字；

(2) 计算该企业 2019~2022 年产值的年平均增长量；

(3) 以 2018 年为基期，计算 2019~2022 年产值的年平均发展速度；

(4) 若该企业继续按照以上的速度发展，预测 2024 年该企业的产值。

6. 某地区的商品零售总额的年平均增长速度数据如下表所示。

年份	年平均增长速度/%
2013~2017	5
2018~2020	7
2021~2022	8

要求计算：该地区 2013～2022 年商品零售总额的年平均增长速度。

7. 有甲、乙两家生产条件基本相同的企业，报告期和基期的利润额及有关速度资料如下表所示。

时间	甲企业		乙企业	
	利润总额/万元	增长速度/%	利润总额/万元	增长速度/%
基期	500	—	( )	—
报告期	( )	20	16	60

要求：

(1) 填充表中所缺数字；

(2) 分别计算两个企业增长 1% 的绝对值；

(3) 评价两个企业经营效果的优劣。

8. 某棉纺厂 2022 年各月生产的棉布资料如下表所示。

月份	1	2	3	4	5	6	7	8	9	10	11	12
产量/万米	630	610	640	650	620	660	630	670	640	690	640	670

要求：分别按照 3 项移动平均法和 4 项移动平均法计算趋势值。

9. 某商店 2015～2022 年的销售额资料如下表所示。

年份	2015	2016	2017	2018	2019	2020	2021	2022
销售额/万元	630	645	650	670	680	685	690	700

要求：根据以上资料，采用最小二乘法配合线性趋势方程，并预测该商店 2023 年和 2024 年的销售额。

10. 已知某时间序列的计算资料如下：

$$n=10，\sum t_i=55，\sum y_i=484，\sum t_i^2=385，\sum t_i y_i=2991，\sum y_i^2=24752$$

要求：

(1) 用最小二乘法配合线性趋势方程，并解释系数的含义；

(2) 当 $t_i=13$ 时，预测 y_i 值。

11. 某啤酒企业的销售额(单位：万元)资料如下表所示。

年份	一季度	二季度	三季度	四季度
2015	290	500	800	350
2016	330	480	760	370
2017	300	530	790	380
2018	280	470	840	360
2019	300	520	810	340

要求：用按季平均法计算季节指数，并解释季节指数的取值。

第五章知识点练习参考答案

第六章　统计指数分析

一、学　习　目　标

本章是现象动态分析的扩展，主要介绍复杂现象总体数量特征综合变动的分析方法。总指数的编制和指数因素分析是本章的两个重要内容，特别是编制综合指数的基本原理与方法在本章指数编制中具有重要的基础支撑作用。本章在认识指数含义、特点、作用的基础上，重点介绍总指数、静态指数的编制方法及其指数因素分析法，简要说明指数在综合评价中的应用。

通过本章的学习，应达到以下学习目标：

(1) 掌握统计指数的概念、性质、种类和作用；

(2) 掌握综合指数编制的基本原理和方法，并能熟练应用；

(3) 掌握平均指数编制的基本原理和方法，并能熟练应用；

(4) 了解我国常见的价格指数的含义及作用，了解它们的编制方法；

(5) 掌握静态指数的编制方法及其应用；

(6) 熟悉指数体系的概念与作用；

(7) 熟练掌握指数因素分析法的各种应用；

(8) 掌握综合评价指数模型及其应用。

(9) 掌握 Excel 软件在统计指数分析中的应用；

(10) 课程思政：你看到了"假"居民消费价格指数(CPI)？这才是 CPI 的真实含义！

二、知　识　梳　理

(一) 主要内容

(1) 指数有广义指数和狭义指数两种含义。广义指数泛指各种相对数，如比较相对数、发展速度、计划完成相对数等。狭义指数则是一种特殊相对数，它是反映复杂现象总体某一方面数量特征综合变动方向和变动程度的相对数，狭义指数具有相对性、综合性、平均性三大性质。

(2) 统计指数按照对比性质的不同，可以分为动态指数和静态指数；按照研究对象的范围不同，可以分为个体指数和总指数；按照指数化因素的性质不同，可以分为数量指数和质量指数。根据分析对象与其影响因素的关系，可以分为对象指数和因素指数。

(3) 指数的作用主要表现为：它能够反映研究现象数量特征的变动方向和变动程度；利用指数体系可以对研究现象的总变动进行影响因素分析；利用指数可以对研究现象进行综合评价。

(4) 编制总指数的基本方法有综合指数法和平均指数法两种，习惯上把这两种方法编制的总指数分别称为综合指数和平均指数。综合指数与平均指数既有区别也有联系。

(5) 综合指数是通过对两个时期不同、范围相同的多个不同个体的某一特征同度量综合之后，进行总体绝对数量对比来反映总体该特征综合变动方向和变动程度的总指数。编制综合指数的特点是：先综合后对比。编制综合指数的基本原理是：首先引入同度量因素，使不能直接相加的不同个体数量得以综合；其次固定同度量因素，使综合总量的对比只反映指数化因素的变动。

编制综合指数过程中根据指数化因素的性质不同，分为数量指数和质量指数。无论是编制数量指数还是质量指数，都必须引入同度量因素并将它固定下来，以研究指数化因素的变动。若是侧重于反映指数化因素的纯变动，同度量因素应固定在基期；若是注重说明指数化因素变动的实际效果，同度量因素应固定在报告期。拉氏指数是编制综合指数的常用方法，其特点是将同度量因素的时期固定在基期。从经济意义上看，拉氏指数将同度量因素固定在基期，是为了反映指数化因素的纯变动。派氏指数也是编制综合指数的常用形式，其特点是将同度量因素的时期固定在报告期。从经济意义上看，派氏指数将同度量因素固定在报告期，是为了反映在报告期同度量因素条件下指数化因素的变动，它的现实意义较强。

实际工作中，编制综合指数一般遵循如下原则：编制数量指数时，将同度量因素固定在基期，采用拉氏指数公式编制；编制质量指数时，将同度量因素固定在报告期，采用派氏指数公式编制。

(6) 平均指数是以个体指数为基础，通过对个体指数加权平均而编制的总指数，它是总指数的另一种编制形式。这说明，总指数本质上反映的是全部个体指数的平均水平。编制平均指数的特点是：先对比后平均。平均指数编制最常用的形式是加权平均形式，常见有两种：一是加权算术平均形式，以此形式编制的平均指数称为加权算术平均指数；二是加权调和平均形式，以此形式编制的平均指数称为加权调和平均指数。前者常是编制数量指数的重要方法，而后者则为编制质量指数的重要方法。其权数主要有基期实际的价值量($q_0 p_0$)、报告期实际的价值量($q_1 p_1$)和固定权数(W)三种。

编制平均指数的基本原理是：首先根据研究问题的需要，对构成总体的个体编制有关个体指数，得到无量纲化的相对数作为编制平均指数的基础；其次选择合适的权数对个体指数进行加权平均，从而得到平均指数形式的总指数。

(7) 综合指数与平均指数的既有区别，也有联系。其区别表现为：编制程序不同，编制方法不同，使用的权数不同，作用不同。联系主要表现为：针对同一现象总体和相同的指数编制范围，在一定的权数条件下，两类指数之间具有变形关系，即平均指数可作为综合指数的一种变形形式，两者的结果是一致的。不过，如果离开了特定的权数条件，两种指数之间就不存在变形关系。

(8) 静态指数包括两类：一类是反映同类现象在同一时期不同空间对比形成的相对数，即空间指数；另一类是反映同类现象在同一时期的实际完成数与计划任务数对比的相对数，该类指数又称计划完成指数。

静态指数中的空间指数编制一般不再直接采用综合指数的编制方法，而是采用它的有关调整型指数公式——马歇尔-埃奇沃思指数(马-埃指数)。马歇尔-埃奇沃思指数选择的同度量因素是拉氏指数和派氏指数相应权数的平均值，按马歇尔-埃奇沃思指数公式编制的指数结果在拉氏指数和派氏指数的结果之间，是对拉氏指数和派氏指数权偏误的修正办法之一。马-埃指数公式不管以哪个地区作为对比基准，其结果具有一致性，即满足基位互换测验的要求，以不同地区为基准的指数结果正好互为倒数关系。

静态指数中的计划完成指数编制一般可以采用综合指数的编制原理来进行，但根据研究问题的需要，可以采用计划任务数作为同度量因素，也可以采用实际完成数作为同度量因素。上述两种编制方法所产生的指数结果差异，是由产品计划产量和实际产量的结构不同所引起的，实际应用中应根据研究需要合理选择编制公式。

(9) 指数体系可从广义和狭义两个角度去理解。从广义上说，广义指数体系是由若干个具有一定联系的指数所构成的整体。狭义指数体系是指不仅具有一定联系，而且保持一定数量对等关系的三个或三个以上指数所构成的有机整体。

狭义指数体系中，指数间的数量对等关系，有相对数关系和绝对数关系两种表现形式。相对数关系可描述为：研究对象指数等于各因素指数的连乘积。绝对数关系可描述为：现象的总变动额等于各因素变动的影响额之和。

指数体系可以进行指数间的互相推算，也可以对现象的总变动进行指数因素分析，从而形成指数因素分析法。

(10) 所谓指数因素分析法，是利用狭义指数体系，对现象的总变动从数量上分析其受各影响因素影响程度和绝对效果的一种统计分析方法。指数因素分析法不仅可以分析各影响因素对所研究现象总变动的影响方向和程度，即进行相对分析，而且还可以分析各影响因素对所研究现象总变动的绝对效果，即进行绝对分析。

① 常用狭义指数体系中，各因素指数的编制遵循编制综合指数的一般原理，即编制数量指数采用拉氏数量指数形式，编制质量指数采用派氏质量指数形式，只有这样才能建立起相应的指数体系。但狭义指数体系的建立又是灵活的，它还可以根据研究目的和实际情况，在全面资料情况下采用平均指数形式的指数体系对研究现象进行指数因素分析，它与综合指数形式的指数体系分析结论是一致的。

② 指数因素分析法按分析对象的特点不同，可分为简单现象因素分析和复杂现象因素分析。按分析对象的数据表现形式不同，可分为总绝对数变动的因素分析和总平均数变动的因素分析。按研究对象分解的影响因素数量的不同，可分为两因素分析和多因素分析。

③ 指数因素分析法的步骤可以归纳为以下三步：首先，根据研究目的确定研究对象及其影响因素，编制研究对象总量指数并计算其增减变动的绝对数；其次，编制各因素指数并计算各因素变动对总变动影响的绝对数，有几个影响因素就编制几个因素指数；最后，依据编制的各因素指数结果建立狭义指数体系，以此为基础，用文字分析各影响因素变动对研究对象总变动的影响程度及影响绝对效果。

④ 简单现象因素分析的基础是个体指数及其指数体系；复杂现象因素分析的基础是综合指数及其狭义指数体系。如果分析的是复杂现象总体，由于复杂现象总体的不可同度量，所以各因素指数可采用综合指数形式编制，或者在全面资料情况下采用平均指数编制。

⑤ 总绝对数变动的两因素分析，就是通过指数体系将影响总绝对数变动的两个因素分离出来加以计算，从而对总绝对数的变化做出解释。

⑥ 当研究对象总量被分解为三个或三个以上影响因素连乘时，分别测定各因素变动对总绝对数变动的影响程度和绝对影响效果就是多因素分析。多因素分析时需要注意以下四个问题。第一，合理安排各因素的排列顺序，一般是数量因素在前，质量因素在后，并且相邻两因素的乘积具有实际意义。第二，当测定某一因素变动的影响时，必须将其他所有影响因素都作为同度量因素固定不变。第三，同度量因素所属时期的选择，仍然按照综合指数编制的一

般原则处理。第四，在各因素按上述原则排列好后，按顺序依次编制各因素指数来测定各自的影响程度和影响的绝对效果。

现象总绝对数变动的多因素分析方法与两因素分析方法基本相同，但多因素分析的指数体系由于所包含的影响因素较多，指数体系的建立过程较为复杂。

⑦ 在统计分组条件下，同一现象的总平均数是各组平均数加权算术平均的结果。因此总平均数的变动受到两个因素的共同影响：一个是各组平均数变动的影响；另一个是总体内部结构变动的影响。为了反映现象总平均数的变动，并进一步分析各组平均数和总体内部结构变动对总平均数变动的影响，可进行总平均数变动的两因素分析，其分析的基本原理和过程与现象总绝对数变动的指数因素分析相同。即分析其中一个因素变动时假定另一个因素不变，通常将数量性质的因素固定在报告期，而将质量性质的因素固定在基期。具体来说，通常将各组平均数作为质量因素，而将总体内部结构作为数量因素，各因素指数的编制需遵循综合指数的一般编制原理。对现象总平均数的变动进行指数因素分析，需要编制可变构成指数、固定构成指数和结构影响指数，并建立起指数体系进行分析。

(11) 综合评价指数就是将综合评价结果进行指数化的一种综合评价数量技术。

① 基本工作步骤如下：确定综合评价目的，建立综合评价体系，确定评价变量的同向化和无量纲化方法，确定各评价变量的权数，计算综合评价值并进行分析评价。其中，对评价体系中变量的无量纲化处理，较常用的方法有以下几种：相对化处理法、统计标准化法、功效系数法。

② 综合评价指数模型有：加权算术平均指数模型，加权几何平均指数模型。两者具有不同的特点和各自的应用条件，使用时注意选择。加权算术平均指数模型具有以下特点：第一，适宜于各评价变量相互独立的场合；第二，各评价变量间可以相互线性补偿；第三，评价结果能够体现各评价变量的独立功能。加权几何平均指数模型相对于加权算术平均指数模型具有以下特点：第一，适用于各变量间具有较强的关联关系；第二，对变量值变动的反映比加权算术平均指数模型敏感；第三，当对于某些变量具有一票否决要求时，适合采用该模型。

(12) 总指数在实践中具有广泛的应用，我国编制的几种价格指数常见的有居民消费价格指数和商品零售价格指数、工业生产者价格指数、固定资产投资价格指数、股票价格指数等。

(二) 主要公式(表 6.1)

表 6.1　统计指数分析的主要公式

知识点		编制公式
个体指数		个体数量指数：$k_q = \dfrac{q_1}{q_0}$，个体质量指数：$k_p = \dfrac{p_1}{p_0}$
总量指数		销售额指数 $I_{qp} = \dfrac{\sum q_1 p_1}{\sum q_0 p_0}$，销售利润额指数 $I_{qpr} = \dfrac{\sum q_1 p_1 r_1}{\sum q_0 p_0 r_0}$
综合指数	拉氏指数	拉氏数量指数 $I_q = \dfrac{\sum q_1 p_0}{\sum q_0 p_0}$ (常用)，拉氏质量指数 $I_p = \dfrac{\sum q_0 p_1}{\sum q_0 p_0}$
	派氏指数	派氏数量指数 $I_q = \dfrac{\sum q_1 p_1}{\sum q_0 p_1}$，派氏质量指数 $I_p = \dfrac{\sum q_1 p_1}{\sum q_1 p_0}$ (常用)

	知识点	编制公式
平均指数	加权算术平均指数	基本公式：$I = \dfrac{\sum k q_0 p_0}{\sum q_0 p_0}$ 加权算术平均数量指数 $I_q = \dfrac{\sum k_q q_0 p_0}{\sum q_0 p_0} = \dfrac{\sum \frac{q_1}{q_0} q_0 p_0}{\sum q_0 p_0}$ 固定权数加权算术平均指数 $I = \dfrac{\sum kW}{\sum W}$
	加权调和平均指数	基本公式：$I = \dfrac{\sum q_1 p_1}{\sum \frac{q_1 p_1}{k}}$ 加权调和平均质量指数 $I_p = \dfrac{\sum q_1 p_1}{\sum \frac{q_1 p_1}{k_p}} = \dfrac{\sum q_1 p_1}{\sum \frac{p_0}{p_1} q_1 p_1}$
平均数指数	可变构成指数	$I_{\bar{x}} = \dfrac{\sum x_1 f_1}{\sum f_1} \div \dfrac{\sum x_0 f_0}{\sum f_0} = \dfrac{\bar{x}_1}{\bar{x}_0}$
	固定构成指数	$I_x = \dfrac{\sum x_1 f_1}{\sum f_1} \div \dfrac{\sum x_0 f_1}{\sum f_1} = \dfrac{\bar{x}_1}{\bar{x}_n}$
	结构影响指数	$I_f = \dfrac{\sum x_0 f_1}{\sum f_1} \div \dfrac{\sum x_0 f_0}{\sum f_0} = \dfrac{\bar{x}_n}{\bar{x}_0}$
静态指数	空间指数	马-埃物量指数：$I_q = \dfrac{\sum q_1(p_0+p_1)/2}{\sum q_0(p_0+p_1)/2} = \dfrac{\sum q_1 p_0 + \sum q_1 p_1}{\sum q_0 p_0 + \sum q_0 p_1}$ 马-埃物价指数：$I_p = \dfrac{\sum p_1(q_0+q_1)/2}{\sum p_0(q_0+q_1)/2} = \dfrac{\sum q_0 p_1 + \sum q_1 p_1}{\sum q_0 p_0 + \sum q_1 p_0}$
	计划完成指数	用产品实际产量作为同度量因素编制：$I_z = \dfrac{\sum q_1 z_1}{\sum q_1 z_n}$ 用产品计划产量作为同度量因素编制：$I_z = \dfrac{\sum q_n z_1}{\sum q_n z_n}$
指数体系	简单现象总体的总绝对数变动的两因素指数体系	$\dfrac{q_1 p_1}{q_0 p_0} = \dfrac{q_1 p_0}{q_0 p_0} \times \dfrac{q_1 p_1}{q_1 p_0}$ $q_1 p_1 - q_0 p_0 = (q_1 p_0 - q_0 p_0) + (q_1 p_1 - q_1 p_0)$
	复杂现象总体的总绝对数变动的两因素指数体系	$\dfrac{\sum q_1 p_1}{\sum q_0 p_0} = \dfrac{\sum q_1 p_0}{\sum q_0 p_0} \times \dfrac{\sum q_1 p_1}{\sum q_1 p_0}$ $\sum q_1 p_1 - \sum q_0 p_0 = \left(\sum q_1 p_0 - \sum q_0 p_0\right) + \left(\sum q_1 p_1 - \sum q_1 p_0\right)$
	复杂现象总体的总绝对数变动的多因素指数体系	$\dfrac{\sum q_1 p_1 r_1}{\sum q_0 p_0 r_0} = \dfrac{\sum q_1 p_0 r_0}{\sum q_0 p_0 r_0} \times \dfrac{\sum q_1 p_1 r_0}{\sum q_1 p_0 r_0} \times \dfrac{\sum q_1 p_1 r_1}{\sum q_1 p_1 r_0}$ $\sum q_1 p_1 r_1 - \sum q_0 p_0 r_0 = \left(\sum q_1 p_0 r_0 - \sum q_0 p_0 r_0\right)$ $\qquad + \left(\sum q_1 p_1 r_0 - \sum q_1 p_0 r_0\right) + \left(\sum q_1 p_1 r_1 - \sum q_1 p_1 r_0\right)$
	总平均数变动的两因素指数体系	$\dfrac{\sum x_1 f_1}{\sum f_1} \div \dfrac{\sum x_0 f_0}{\sum f_0} = \left(\dfrac{\sum x_1 f_1}{\sum f_1} \div \dfrac{\sum x_0 f_1}{\sum f_1}\right) \times \left(\dfrac{\sum x_0 f_1}{\sum f_1} \div \dfrac{\sum x_0 f_0}{\sum f_0}\right)$ $\dfrac{\sum x_1 f_1}{\sum f_1} - \dfrac{\sum x_0 f_0}{\sum f_0} = \left(\dfrac{\sum x_1 f_1}{\sum f_1} - \dfrac{\sum x_0 f_1}{\sum f_1}\right) + \left(\dfrac{\sum x_0 f_1}{\sum f_1} - \dfrac{\sum x_0 f_0}{\sum f_0}\right)$

续表

知识点	编制公式
综合评价指数 　加权算术平均指数模型	$I = \dfrac{\sum\limits_{i=1}^{n} z_i w_i}{\sum\limits_{i=1}^{n} w_i}$
加权几何平均指数模型	$I = \sum\limits_{i=1}^{n} w_i \sqrt[n]{\prod\limits_{i=1}^{n} z_i^{w_i}}$

三、知 识 拓 展

(一) 指数的偏误及其调整型公式

在综合指数编制的过程中，对于同一种综合指数，不管是数量指数还是质量指数，由于采用不同的形式，所得的结果是不同的。对此，西方统计学家提出了指数偏误理论，并将偏误理论归纳为型偏误(type bias)和权偏误(weight bias)两类。型偏误是指指数编制过程中选择的编制方法不同，其结果表现出的数值差异。权偏误是指指数编制过程中选用的权数不同，其计算结果表现出的数值差异。通过论证，西方学者认为，加权指数既有型偏误，也有权偏误。从而拉氏指数和派氏指数既有型偏误又有权偏误，它们在权偏误上表现出的规律是：当权数(同度量因素)与指数化因素的变动方向一致时，派氏指数存在权上偏，拉氏指数存在权下偏；当权数(同度量因素)与指数化因素的变动方向相反时，派氏指数为权下偏，拉氏指数为权上偏。

为了解决指数的偏误，人们对加权指数提出了调整型公式，调整的途径：一是不同权数的再平均方法，二是不同指数形式的再平均方法。在此介绍几种调整公式。

1. 阿瑟·杨格指数

英国经济学家阿瑟·杨格(A. Young)提出以若干时期同度量因素的平均量或常态时期的实际量为权数编制的公式，其价格指数的编制公式为

$$I_p = \frac{\sum p_1 \dfrac{\sum q}{n}}{\sum p_0 \dfrac{\sum q}{n}}$$

其中 $\dfrac{\sum q}{n}$ 为 n 个时期的销售量的算术平均值。美国劳工统计局曾用该公式编制过批发物价指数。如果选择常态时期的实际量作为同度量因素，不仅可以简化指数的计算，而且可以避免某些非正常情况下所造成的不可比性，从而便于观察现象长期发展变化的趋势。当然，随着时间的延长和情况的变化，也应及时调整同度量因素。

2. 马歇尔-埃奇沃思指数

此指数是由英国经济学家马歇尔(A. Marshall)首先提出，后被同是英国经济学家的埃奇沃思(F. Y. Edgeworth)所推广，所以称为马歇尔-埃奇沃思指数。用该指数编制物量指数和物价指

数的公式分别为

$$物量指数: \quad I_q = \frac{\sum q_1(p_0 + p_1)/2}{\sum q_0(p_0 + p_1)/2} = \frac{\sum q_1 p_0 + \sum q_1 p_1}{\sum q_0 p_0 + \sum q_0 p_1}$$

$$物价指数: \quad I_p = \frac{\sum p_1(q_0 + q_1)/2}{\sum p_0(q_0 + q_1)/2} = \frac{\sum q_0 p_1 + \sum q_1 p_1}{\sum q_0 p_0 + \sum q_1 p_0}$$

马歇尔-埃奇沃思指数采用的同度量因素是拉氏指数权数和派氏指数权数的平均值。按马歇尔-埃奇沃思指数公式编制的指数在拉氏指数和派氏指数计算结果之间，它是对拉氏指数和派氏指数权偏误的修正办法之一，但却失去了拉氏指数和派氏指数的经济意义。但在空间指数的编制过程中，它能够满足基位互换测验的要求，即对比基准互换后的两个指数互为倒数关系，因此马歇尔-埃奇沃思指数在空间对比分析中具有重要的作用。

3. 德罗比什指数

德罗比什指数是由英国人德罗比什(Drobish)于 1871 年首先提出的，其物量指数和物价指数公式分别为

$$物量指数: \quad I_q = \frac{1}{2}\left(\frac{\sum q_1 p_0}{\sum q_0 p_0} + \frac{\sum q_1 p_1}{\sum q_0 p_1} \right)$$

$$物价指数: \quad I_p = \frac{1}{2}\left(\frac{\sum q_0 p_1}{\sum q_0 p_0} + \frac{\sum q_1 p_1}{\sum q_1 p_0} \right)$$

由此可见，德罗比什指数实际上就是拉氏指数和派氏指数的简单算术平均数。

4. 费希尔指数

1901 年和 1912 年，美国经济学家沃尔什(Walsh)、皮古(Pigou)先后提出将拉氏指数和派氏指数进行简单几何平均计算物量指数和物价指数的方法，后经费希尔(Fisher)提出的对指数进行三种检验方法的检验(时间互换检验、因子互换检验和循环检验)，认为只有将拉氏指数和派氏指数进行简单几何平均计算的物量指数和物价指数满足有关检验，因此称这些公式为"理想指数公式"，也被称为费希尔指数。具体公式如下

$$物量指数: \quad I_q = \sqrt{\frac{\sum q_1 p_0}{\sum q_0 p_0} \times \frac{\sum q_1 p_1}{\sum q_0 p_1}}$$

$$物价指数: \quad I_p = \sqrt{\frac{\sum q_0 p_1}{\sum q_0 p_0} \times \frac{\sum q_1 p_1}{\sum q_1 p_0}}$$

费希尔指数同样是对拉氏指数和派氏指数的一种折中方法，其经济意义也不明确，因此使用范围受到了限制，但在综合评价及购买力评价问题的研究中具有重要的作用。

(二) 绝对数指数体系与平均数指数体系的结合运用分析

在对现象总平均数变动进行两因素分析的基础上，可结合现象总绝对数变动的两因素分析，进一步对现象总绝对数的变动进行多因素分析，从而实现两种指数体系的结合运用，使问题的分析更加全面。

下面以工资总额与平均工资的关系为例说明这种应用分析方法。

(1) 若令 $\bar{x}_1 = \dfrac{\sum x_1 f_1}{\sum f_1}$，$\bar{x}_0 = \dfrac{\sum x_0 f_0}{\sum f_0}$，$\bar{x}_n = \dfrac{\sum x_0 f_1}{\sum f_1}$，它们分别表示报告期工人的总平均工资、基期工人的总平均工资、报告期假定的工人平均工资，则总平均工资两因素指数体系为

相对数关系：$\dfrac{\bar{x}_1}{\bar{x}_0} = \dfrac{\bar{x}_1}{\bar{x}_n} \times \dfrac{\bar{x}_n}{\bar{x}_0}$

绝对数关系：$\bar{x}_1 - \bar{x}_0 = (\bar{x}_1 - \bar{x}_n) + (\bar{x}_n - \bar{x}_0)$

(2) 由于工资总额=工人人数×平均工资，即 $\sum xf = \sum f \times \bar{x}$，因而可建立工资总额变动的两因素指数体系，用公式表示为

相对数关系：$\dfrac{\sum x_1 f_1}{\sum x_0 f_0} = \dfrac{\bar{x}_1 \sum f_1}{\bar{x}_0 \sum f_0} = \dfrac{\bar{x}_0 \sum f_1}{\bar{x}_0 \sum f_0} \times \dfrac{\bar{x}_1 \sum f_1}{\bar{x}_0 \sum f_1} = \dfrac{\sum f_1}{\sum f_0} \times \dfrac{\bar{x}_1}{\bar{x}_0}$

绝对数关系：$\sum x_1 f_1 - \sum x_0 f_0 = \bar{x}_0 \left(\sum f_1 - \sum f_0 \right) + (\bar{x}_1 - \bar{x}_0) \sum f_1$

(3) 将(1)和(2)两个指数体系结合起来，即可建立起工资总额变动的三因素指数体系，其相对数关系为

$$\dfrac{\sum x_1 f_1}{\sum x_0 f_0} = \dfrac{\bar{x}_1 \sum f_1}{\bar{x}_0 \sum f_0} = \dfrac{\sum f_1}{\sum f_0} \times \dfrac{\bar{x}_1}{\bar{x}_n} \times \dfrac{\bar{x}_n}{\bar{x}_0}$$

即：工资总额指数=工人人数指数×固定构成工资指数×结构影响工资指数。

工资总额变动的三因素绝对数关系为

$$\sum x_1 f_1 - \sum x_0 f_0 = \bar{x}_0 \left(\sum f_1 - \sum f_0 \right) + (\bar{x}_1 - \bar{x}_n) \sum f_1 + (\bar{x}_n - \bar{x}_0) \sum f_1$$

即：工资总额变动额=企业工人总数变动对工资总额的影响额+各组平均工资变动对工资总额的影响额+各组工人数(结构)变动对工资总额的影响额。

例 6.1 设有某企业工人人数和月平均工资的分组资料(表 6.2)。根据表 6.2 的资料，对企业工人工资总额的变动进行多因素分析。

表 6.2 某企业工人构成及工资资料

工人分组	工人人数/人		月平均工资/元		工资总额/元		
	基期	报告期	基期	报告期	基期	报告期	假定
	f_0	f_1	x_0	x_1	$x_0 f_0$	$x_1 f_1$	$x_0 f_1$
技术工人	300	420	1500	1800	450000	756000	630000
一般工人	200	180	800	1200	160000	216000	144000
合计	500	600	—	—	610000	972000	774000

解 首先，研究工资总额的变动。

工资总额指数 $= \dfrac{\sum x_1 f_1}{\sum x_0 f_0} = \dfrac{972000}{610000} = 159.34\%$

工资总额变动额 $= \sum x_1 f_1 - \sum x_0 f_0 = 972000 - 610000 = 362000(元)$

其次，分析影响工资总额变动的原因。具体情况如下

$$基期工人实际平均工资 \bar{x}_0 = \frac{\sum x_0 f_0}{\sum f_0} = \frac{610000}{500} = 1220 \,(元)$$

$$报告期工人实际平均工资 \bar{x}_1 = \frac{\sum x_1 f_1}{\sum f_1} = \frac{972000}{600} = 1620 \,(元)$$

$$报告期假定工人平均工资 \bar{x}_n = \frac{\sum x_0 f_1}{\sum f_1} = \frac{774000}{600} = 1290 \,(元)$$

(1) 企业工人总数变动对工资总额的影响。

$$工人人数指数 = \frac{\sum f_1}{\sum f_0} = 600 \div 500 = 120\%$$

$$对工资总额的影响额 = \bar{x}_0 \left(\sum f_1 - \sum f_0 \right) = 1220 \times (600 - 500) = 122000(元)$$

(2) 各组工人平均工资变动对工资总额的影响

$$固定构成工资指数 = \frac{\bar{x}_1}{\bar{x}_n} = 1620 \div 1290 = 125.58\%$$

$$对工资总额的影响额 = (\bar{x}_1 - \bar{x}_n) \sum f_1 = (1620 - 1290) \times 600 = 198000(元)$$

(3) 工人数结构变动对工资总额的影响

$$结构影响工资指数 = \frac{\bar{x}_n}{\bar{x}_0} = 1290 \div 1220 = 105.74\%$$

$$对工资总额的影响额 = (\bar{x}_n - \bar{x}_0) \sum f_1 = (1290 - 1220) \times 600 = 42000(元)$$

最后，建立指数体系并进行文字分析。

相对数关系：159.34%=120%×125.58%×105.74%[①]

绝对数关系：362000 元=122000 元+198000 元+42000 元

指数体系表明，该企业工人的工资总额报告期比基期增长了 59.34%，共增加了 362000 元。其中，由于企业工人总数增加 20%，工资总额增加了 122000 元；由于各组工人工资水平提高 25.58%，工资总额增加了 198000 元；由于工人数结构变动 5.74%，工资总额增加了 42000 元。

四、案 例 分 析

(一) 简单现象总体因素分析

某鞋厂是一家有 30 年历史的老厂，主要以布鞋作为主导产品，过去经济效益一直较好。但从 2022 年开始，经营出现亏损。厂领导觉得问题严重，需要分析亏损的原因，以便找到对策。表 6.3 为企业的有关统计资料。

---

① 相对数关系的数值不平衡是由各指数结果保留小数位数不同造成的。

表 6.3　近两年销售及成本情况表

变量	单位	2021 年	2022 年
销售量 q	万双	102	74
平均销售价格 p	元/双	39.7	42.6
销售收入 pq	万元	4049.4	3152.4
单位成本 z	元/双	39	45
总成本 zq	万元	3978	3330
利润	万元	71.4	−177.6

【案例分析】

1. 利润下降导致亏损的因素

$$利润 = 销售收入 - 总成本 = pq - zq$$

利润下降

$$(-177.6) - 71.4 = (p_1 q_1 - p_0 q_0) - (z_1 q_1 - z_0 q_0)$$
$$= (3152.4 - 4049.4) - (3330 - 3978) = (-897) - (-648) = -249(万元)$$

利润下降的主要影响因素是销售收入下降和总成本下降。

2. 销售收入变动的因素分析

销售量变动：$(q_1 - q_0)p_0 = (74 - 102) \times 39.7 = -1111.6(万元)$

销售价格变动：$(p_1 - p_0)q_1 = (42.6 - 39.7) \times 74 = 214.6(万元)$

两因素共同影响：$-1111.6 + 214.6 = -897(万元)$

销售收入下降主要由销售量下降引起，销售价格的提高使销售收入有所增加。

3. 总成本变动的因素分析

销售量变动：$(q_1 - q_0)z_0 = (74 - 102) \times 39 = -1092(万元)$

单位成本变动：$(z_1 - z_0)q_1 = (45 - 39) \times 74 = 444(万元)$

两因素共同影响：$-1092 + 444 = -648(万元)$

在总成本变化中，对利润下降的影响因素是单位成本的上升。

由于单位成本上升的主要原因是原材料涨价，在销售量下降的情况下很难通过降低原材料消耗来消化涨价因素。可以适当提高销售价格来减少亏损。由上面分析可知，由于销售价格提高，增加销售收入 214.6 万元，与单位成本增加冲抵后，利润减少 $444 - 214.6 = 229.4(万元)$。销售量降低，降低了总成本，利润增加 $(-1092) - (-1111.6) = 19.6(万元)$。利润共降低 $229.4 + 19.6 = 249(万元)$。(注：单位元/双 = 万元/万双)

(二) 因素分析锁定利润下降的原因

某机床厂生产车床、铣床两种产品。2022 年的财务报表反映出一个信息：销售收入 20320 万元，比 2021 年的 15500 万元增长 31.1%，利润总额却比 2021 年下降了 13.9%，减少 285 万元。厂信息部及时查阅了有关资料：2022 年所生产的两种产品的产量均有不同程度的增加，而作为本厂占产品成本比重很大的主要原材料——钢材的消耗总量比 2021 年增长 28.1%，同时，钢材价格由 2021 年每吨 2950 元上升到 2022 年每吨 3200 元，钢材总消耗额增加 38.9%。这就初步显示原材料消耗额的增长幅度大于销售收入增长的幅度。为了搞清原材料是否合理消耗，弄清利润下降的真实原因，厂信息部进行了原材料消耗的专题分析。该厂信息部搜集整理了资料见表 6.4。

表 6.4　两种产品原材料(钢材)消耗资料

产品名称	产量 q/台		销售价格 p/(万元/台)		原材料单耗 z/(吨/台)	
	2021 年	2022 年	2021 年	2022 年	2021 年	2022 年
车床	200	220	15	16	3	3.5
铣床	500	560	25	30	4.2	4.8

【案例分析】

1. 机床厂销售收入的变动情况分析

(1) 产品销售收入的变动及影响：$\dfrac{\sum p_1 q_1}{\sum p_0 q_0} = \dfrac{20320}{15500} = 131.1\%$

绝对增加：$\sum p_1 q_1 - \sum p_0 q_0 = 4820$(万元)

2022 年产品销售收入比 2021 年增长 31.1%，增加额为 4820 万元。

(2) 产品产量的变动及影响：$\dfrac{\sum p_0 q_1}{\sum p_0 q_0} = \dfrac{17300}{15500} = 111.6\%$

绝对增加：$\sum p_0 q_1 - \sum p_0 q_0 = 1800$ (万元)

2022 年产品产量比 2021 年增长 11.6%，使得产品销售收入增加 1800 万元。

(3) 销售价格的变动及影响：

$$\frac{\sum p_1 q_1}{\sum p_0 q_1} = \frac{20320}{17300} = 117.5\%$$

$$绝对增加：\sum p_1 q_1 - \sum p_0 q_1 = 3020(万元)$$

2022 年销售价格比 2021 年提高 17.5%，使得产品销售收入增加 3020 万元。

2. 钢材消耗量的变动及其对总成本的影响

(1) 钢材总消耗量的变动及其对总成本的影响：

$$\frac{\sum z_1 q_1}{\sum z_0 q_0} = \frac{3458}{2700} = 128.1\%$$

$$绝对增加 \sum z_1 q_1 - \sum z_0 q_0 = 758(吨)$$

钢材总消耗量增长 28.1%，增加额为 758 吨。

由于钢材总消耗量增加而增加的总成本为 758 × 2950 = 2236100(元)。

钢材价格变动 3200 − 2950 = 250(元/吨)。

由于钢材购进价格的提高而增加的总成本 $758 \times 250 = 189500$(元)。

(2) 产量的变动及其对总成本的影响:

$$\frac{\sum z_0 q_1}{\sum z_0 q_0} = \frac{3012}{2700} = 111.6\%$$

绝对增加: $\sum z_0 q_1 - \sum z_0 q_0 = 312$(吨)

产量增加导致的钢材消耗量增加 312 吨,进而增加的总成本为

$$312 \times 2950 = 920400(元)$$

产量增加及钢材购进价格的提高而增加的总成本为

$$312 \times 250 = 78000(元)$$

(3) 钢材单耗的变动及其对总成本的影响:

$$\frac{\sum z_1 q_1}{\sum z_0 q_1} = \frac{3458}{3012} = 114.8\%$$

绝对增加 $\sum z_1 q_1 - \sum z_0 q_1 = 3458 - 3012 = 446$(吨)

钢材单耗增加导致的钢材消耗量增加 446 吨,进而增加的总成本为

$$446 \times 2950 = 1315700(元)$$

钢材单耗增加及钢材购进价格的提高而增加的总成本为

$$446 \times 250 = 111500(元)$$

结果分析:该厂 2022 年销售收入比 2021 年增加 31.1%,绝对增加 4820 万元。这是因为产品产量增加 11.6%,所以销售收入增加 1800 万元;销售价格提高 17.5%使销售收入增加 3020 万元。该厂销售收入的增加主要得益于销售价格的提高。但是,该机床厂原材料消耗情况并不乐观。从作为主要原材料的钢材消耗情况来看,报告期钢材总消耗量增加 28.1%,绝对增加 758 吨的钢材消耗,从而使钢材消耗额增加 2236100 元,加上钢材价格的提高使钢材总成本又增加了 189500 元,也就是说钢材消耗量的增加导致总成本增加 2425600 元,占利润减少额的 85.1%。其中产品产量的增加使钢材消耗总量增加 11.6%,绝对增加 312 吨。问题在于钢材单耗的增加达到 14.8%,这直接导致了钢材消耗总量增加 446 吨,则钢材消耗额增加 1315700 元,占利润减少额的 46.2%,该因素在钢材消耗额增加方面起着主要作用。

(三) 企业经济效益综合评价

对某地区甲、乙两个工业企业的经济效益状况进行比较分析。由于经济效益不是单个能够衡量和评价的,而必须从不同侧面,用多个不同指标才能全面反映,所以这种比较分析必须借助于综合评价方法。

【案例分析】

1. 评价指标体系的构建

国家统计局所采用工业经济效益指标体系包括总资产贡献率、资产保值增值率、资产负债率、流动资金周转率、成本费用利润率、全员劳动生产率和工业产品销售率等七个变量在这套指标体系中,资产保值增值率和资产负债率是反映企业经营发展或偿债能力的指标,而不是严格的经济效益指标。经济效益指标必须是产出与投入两方面的指标对比的比率。对总

资产贡献率的定义和计算也颇有争议。此外，即使要将资产负债率纳入指标体系进行综合评价，也必须考虑到该指标是一个适度变量，不是越高越好或越低越好，计算评价值时应该先进行同向化处理。国际公认标准是以50%为宜，一般认为我国企业负债率较高，应以60%为适度值。根据经济效益的定义和建立评价指标体系的原则，我们最终选择了6个指标构成评价指标体系(表6.5)。其中既涉及生产环节，也涉及流通环节；既包括人力财力利用的变量，也包括物耗方面的变量，比较全面地反映企业的经济效益状况。为了分析方便，流动资金周转速度的指标选择"年周转次数"而不用"周转天数"，反映物耗效益的变量选择"增加值率"而不用"中间投入率"，这样，所选变量都是正向的，无须再进行同向化处理。

表6.5 两个工业企业主要经济效益指标

比较标准及评价值	评价指标		资金利润率/%	全员劳动生产率/(元/人)	成本费用利润率/%	增加值率/%	流动资金周转率/%	工业产品销售率/%	合计
	权数/%	(1)	25	12	18	16	14	15	100
	行业平均数	(2)	8.4	35000	4.5	32	1.55	96	—
	满意值	(3)	15	50000	605	42	1.85	100	—
	不容许值	(4)	5	25000	0	28	1	80	—
	最优值	(5)	16	55000	9.5	43	1.95	100	—
甲企业	实际值/%	(6)	8	40000	3.8	33	1.56	96	—
	单项指数/%	(7)	95.24	114.29	84.44	103.13	100.65	100	98.32
	功效系数	(8)	72	84	83.38	74.29	86.35	92	80.86
	最优值距离/%	(9)	50	27.27	60	23.26	20	4	33.69
乙企业	实际值/%	(10)	9.1	33000	4.6	38	1.5	98	—
	单项指数/%	(11)	108.33	94.29	102.22	118.75	96.77	102.08	104.66
	功效系数	(12)	76.4	72.8	88.31	88.57	83.53	96	84
	最优值距离/%	(13)	43.13	40	51.57	11.63	23.08	2	30.26

2. 确定各评价变量的权数

根据各评价变量的重要程度，并参考有关经济效益评价中的权数分配方案，确定各评价变量的权数(表6.5)。

3. 确定评价方法

为了从多种不同角度进行比较分析，我们试用几种常用方法对两个企业的经济效益进行综合评价。由于不同方法有不同的评价标准和资料的要求，我们可以搜集到的数据有该地区同行业的平均数、满意值、不容许值、最优值。因此选择指数法、功效系数法和最优值距离法三种。由于只有两个企业，没有其他同类企业的具体数据，所以未选择排队计分法。

4. 具体评价

搜集所研究企业各评价指标的实际数据和比较标准数据，并分别计算各单项评价值和综合评价值(表 6.5)。由单项评价值计算综合评价值的合成方法均采用加权算术平均法。

表 6.5 中各种单项评价值和综合评价值的计算过程简要说明如下。

采用指数法进行综合评价，以各评价指标的行业平均数为比较标准值，即

$$甲企业单项指数(7) = \frac{实际值(6)}{行业平均数(2)} \times 100\%$$

$$乙企业单项指数(11) = \frac{实际值(10)}{行业平均数(2)} \times 100\%$$

式中带括号的数字表示该指标在表 6.5 中所在行的编号(以下同)。

例如

$$甲企业资金利润率的单项指数 = 8.0/8.4 \times 100\% = 95.24\%$$

$$乙企业资金利润率的单项指数 = 9.1/8.4 \times 100\% = 108.33\%$$

将单项评价指数加权算术平均，即得

$$甲企业的综合评价指数 = \frac{\sum yw}{\sum w} = \sum yw$$

$$= 95.24\% \times 25\% + 114.29\% \times 12\% + 84.44\% \times 18\%$$
$$+ 103.13\% \times 16\% + 100.65\% \times 14\% + 100\% \times 15\%$$
$$= 98.32\%$$

$$乙企业的综合评价指数 = 108.33\% \times 25\% + 94.29\% \times 12\% + 102.22\% \times 18\%$$
$$+ 118.75\% \times 16\% + 96.77\% \times 14\% + 102.08\% \times 15\%$$
$$= 104.66\%$$

采用功效系数法进行综合评价，计算公式为

$$甲企业功效系数(8) = \frac{实际值(6) - 不容许值(4)}{满意值(3) - 不容许值(4)} \times 40 + 60$$

例如，甲企业资金利润率的功效系数 $= \frac{8.0 - 5}{15 - 5} \times 40 + 60 = 72$。将甲企业各评价指标的功效系数加权算术平均，即得甲企业的综合功效系数为 80.86。同理可求得乙企业的综合功效系数为 84.0。

根据最优值距离法进行综合评价，甲企业各指标的单项评价值即最优值距离的计算公式为

$$\left| 1 - \frac{实际值(6)}{最优值(5)} \right| \times 100\%$$

例如，甲企业资金利润率的最优值距离 $= |1 - 8.0/16| \times 100\% = 50\%$。将甲企业各最优值距离进行加权算术平均，即得甲企业的综合评价值为 33.69%。同理可求得乙企业的综合评价值为 30.26%。

根据以上计算结果可得出结论：总体说来，甲企业的经济效益不如乙企业的经济效益好。从指数法计算结果来看，乙企业的经济效益指数为 104.66%，不仅高于甲企业，而且高于 100%，即高于该地区同行业平均水平，这主要是因为其资金利润率和增加值率两个指标大大高于平

均水平。而甲企业的综合经济效益为 98.32%，低于该地区同行业平均水平，主要是由于其成本费用利润率和资金利润率较低，只有劳动生产率大大高于平均水平。这说明乙企业要提高经济效益，还要在降低成本费用、增加利润方面努力。

甲、乙企业的综合功效系数分别为 80.86 和 84，从最优值距离法计算结果来看，甲、乙企业的综合评价值分别为 33.69% 和 30.26%，这都说明乙企业的经济效益整体状况更接近该地区同行业的满意水平和最高水平。但同时也应该看到，与满意水平和最优水平相比，两个企业都还存在相当大的差距，尤其在资金利润率、成本费用利润率和劳动生产率三个方面。

值得注意的是，其中甲企业的劳动生产率、乙企业的资金利润率和成本费用利润率，虽然它们都高于该地区同行业的平均水平，但仍然大大低于满意水平和最优水平，这说明在这些方面仍然还有很大的发展空间，大有潜力可挖。

五、知识点练习

(一) 填空题

1. 狭义指数是反映复杂现象总体某一方面_____综合变动方向和程度的_____。

2. 狭义指数具有的三个性质分别为_____、_____和_____。

3. 指数按照编制过程中与时间和空间的关系，可分为_____和_____。

4. 指数按照编制过程中研究对象的范围不同，可分为_____和_____。

5. 指数按照编制过程中指数化因素的性质不同，可分为_____和_____。

6. 总指数编制的基本方法有_____和_____。

7. 综合指数编制的特点是_____，平均指数编制的特点是_____。

8. 同度量因素具有两个主要作用为_____和_____。

9. 拉氏指数的特点是将同度量因素的时期固定在_____，派氏指数的特点是将同度量因素的时期固定在_____。

10. 平均指数有_____和_____两种形式。

11. 加权算术平均数指数以_____为权数，实质上相当于拉氏综合指数；加权调和平均指数以_____为权数，实质上相当于派氏综合指数。

12. 为了解决综合指数的偏误，人们对综合指数提出了_____公式。

13. 指数体系实际上是现象之间的_____在指数上的反映，狭义指数体系是指不仅具有一定联系，而且保持一定数量对等关系的三个或三个以上的_____所构成的有机整体。

14. 为了反映各组平均数变动的程度，消除总体内部结构变动的影响，需要编制_____。

15. 为了反映总体内部结构的变动对总平均数变动的影响程度，应将各组平均数固定在基期，编制_____。

16. 已知某厂工人数本月比上月增长 6%，总产值增长 12%，则该企业全员劳动生产率提高_____。

17. 综合评价是针对所研究的对象，根据研究目的建立合理的评价体系，并利用一定的评价_____，对研究对象进行总体_____评判的一种统计分析方法。

(二) 单选题

1. 狭义指数是指(　　)。
A. 反映价格变动的相对数　　　　　　B. 个体指数
C. 反映动态变动的相对数　　　　　　D. 总指数

2. 甲产品报告期产量与基期产量的比值是 110%，这是(　　)。
A. 综合指数　　　B. 总指数　　　C. 个体指数　　　D. 平均数指数

3. 某企业产品物价上涨，销售额持平，则销售量指数(　　)。
A. 增长　　　B. 下降　　　C. 不变　　　D. 不能确定

4. 编制数量指数时，其同度量因素最好固定在(　　)。
A. 报告期　　　B. 基期　　　C. 计划期　　　D. 任意时期

5. 综合指数变形为加权算术平均指数时的权数为(　　)。
A. $q_1 p_1$　　　B. $q_0 p_0$　　　C. $q_1 p_0$　　　D. $q_0 p_1$

6. 下列指数中，哪个是固定构成指数(　　)。
A. $\dfrac{\sum x_1 f_1}{\sum f_1} \Big/ \dfrac{\sum x_0 f_0}{\sum f_0}$　　　　B. $\dfrac{\sum x_1 f_1}{\sum f_1} \Big/ \dfrac{\sum x_0 f_1}{\sum f_1}$
C. $\dfrac{\sum x_0 f_1}{\sum f_1} \Big/ \dfrac{\sum x_0 f_0}{\sum f_0}$　　　　D. $\dfrac{\sum x_1 f_1}{\sum x_0 f_0}$

7. 对 $\sum q_0 p_0 - \sum q_0 p_0$ 的含义表述正确的是(　　)。
A. 由于价格的变动而引起的产值增减数
B. 由于价格的变动而引起的产量增减数
C. 由于产量的变动而引起的价格增减数
D. 由于产量的变动而引起的产值增减数

8. 统计指数按其反映的对象范围不同可分为(　　)。
A. 定基指数和环比指数　　　　　　B. 数量指标指数和质量指标指数
C. 个体指数和总指数　　　　　　　D. 综合指数和平均指数

9. 编制总指数的两种形式分别是(　　)。
A. 数量指数和质量指数　　　　　　B. 综合指数和平均指数
C. 算术平均指数和调和平均指数　　D. 定基指数和环比指数

10. 能分解为固定构成指数和结构影响指数的总平均指标指数，它的分子、分母通常是(　　)。
A. 简单调和平均数　　　　　　B. 简单算术均值
C. 加权调和平均数　　　　　　D. 加权算术均值

11. 在由三个指数组成的指数体系中，两个因素指数的同度量因素通常(　　)。
A. 都固定在基期　　　　　　B. 都固定在报告期
C. 一个固定在基期，另一个固定在报告期　　D. 采用基期和报告期的平均数

12. 某商店 2022 年 1 月微波炉的销售价格是 350 元，6 月的价格是 342 元，指数为 97.71%，该指数是(　　)。
A. 综合指数　　　B. 平均指数　　　C. 总指数　　　D. 个体指数

13. 为测定各组工人劳动生产率变动对全体工人总平均劳动生产率变动的影响应编制

(　　)。

A. 劳动生产率综合指数　　　　　　　　B. 劳动生产率可变构成指数

C. 劳动生产结构影响指数　　　　　　　D. 劳动生产率固定构成指数

14. 加权算术平均指数要成为综合指数的变形,其权数必须是(　　)。

A. q_0p_0　　　　B. q_1p_1　　　　C. W　　　　D. 以上三者均可

15. 如果用 p 表示商品的价格,用 q 表示商品销售量,则 $\sum q_1p_1 - \sum q_1p_0$ 综合反映(　　)。

A. 商品价格和商品销售量变动的绝对值

B. 商品销售额变动的绝对额

C. 商品价格的变动使商品销售额变动的绝对额

D. 商品销售量的变动使商品销售额变动的绝对额

16. 在掌握基期产值和各种产品产量个体指数资料的条件下,计算产量总指数要采用(　　)。

A. 综合指数　　　　　　　　　　　　　B. 可变构成指数

C. 加权算术平均指数　　　　　　　　　D. 加权调和平均指数

17. 在 $\dfrac{\sum q_1p_1}{\sum \dfrac{1}{k}q_1p_1}$ 这一调和平均指数的计算公式中,k 一般是指(　　)。

A. 质量个体指数　　　　　　　　　　　B. 权数

C. 数量个体指数　　　　　　　　　　　D. 同度量因素

18. 结构变动影响指数大于 1,说明(　　)。

A. 基期平均水平较高组数量指标比重下降

B. 基期平均水平较高组数量指标比重上升

C. 基期平均水平较低组数量指标比重不变

D. 基期平均水平较低组数量指标比重上升

19. 如果物价指数上涨了 20%,则现在 1 元钱(　　)。

A. 只值原来的 0.8 元　　　　　　　　　B. 只值原来的 0.83 元

C. 与原来 1 元钱等值　　　　　　　　　D. 无法与原来比较

20. 在掌握报告期产值和各种产品价格个体指数资料的条件下,计算价格总指数要采用(　　)。

A. 综合指数　　　　　　　　　　　　　B. 可变构成指数

C. 加权算术平均指数　　　　　　　　　D. 加权调和平均指数

21. 已知单位成本的个体指数和报告期的总成本,则计算单位成本总指数时使用(　　)。

A. 综合指数　　　　　　　　　　　　　B. 加权算术均值指数

C. 加权调和平均数指数　　　　　　　　D. 可变构成指数

22. 某厂生产费用今年比去年增加了 50%,产量增加了 25%,则单位成本增加了(　　)。

A. 25%　　　　B. 2%　　　　C. 75%　　　　D. 20%

23. 本年同上年相比,商品销售额相同,而各种商品的价格平均上涨了 9.7%,则商品销售量(　　)。

A. 下降 9.7%　　　B. 上升 9.7%　　　C. 下降 8.8%　　　D. 下降 1.3%

24. 某企业职工人数与去年同期相比减少 2%,全员劳动生产率与去年同期相比则超出 5%,则该企业总产值增长了(　　)。

A. 7%　　　　　　　　B. 2.9%　　　　　　　　C. 3%　　　　　　　　D. 10%

25. 同一数量货币，报告期只能购买基期商品量的 90%，可知物价变动了(　　　)。

A. 11.1%　　　　　　　B. 10%　　　　　　　　C. −11.1%　　　　　　D. −10%

26. 两个农贸市场水果的平均价格 5 月份比 4 月份提高了 17%，由于结构的变动使平均价格降低了 10%，则固定构成价格指数为(　　　)。

A. 76.9%　　　　　　　B. 106.4%　　　　　　C. 27%　　　　　　　　D. 130%

27. 如果产值增加 50%，职工人数增长 20%，则全员劳动生产率指数为(　　　)。

A. 125%　　　　　　　B. 130%　　　　　　　C. 170%　　　　　　　D. 150%

(三) 多选题

1. 指数按其包括的范围不同可分为(　　　)。

A. 简单指数　　　　　　　　B. 加权指数　　　　　　　C. 个体指数

D. 总指数　　　　　　　　　E. 平均指数

2. 下列属于质量指数的有(　　　)。

A. 价格总指数　　　　　　　B. 个体价格指数　　　　　C. 销售量总指数

D. 销售总额指数　　　　　　E. 平均指数

3. 下列属于数量指数的有(　　　)。

A. 工业总产值指数　　　　　B. 劳动生产率指数　　　　C. 职工人数指数

D. 产品总成本指数　　　　　E. 产品单位成本指数

4. 某企业 2022 年三种不同产品的实际产量为计划产量的 105%，这个指数是(　　　)。

A. 个体指数　　　　　　　　B. 总指数　　　　　　　　C. 数量指数

D. 质量指数　　　　　　　　E. 静态指数

5. 设 p 为价格，q 为销售量，则总指数 $\dfrac{\sum q_1 p_0}{\sum q_0 p_0}$ 的意义是(　　　)。

A. 综合反映多种商品的销售量的变动程度

B. 综合反映商品价格和销售量的变动程度

C. 综合反映商品销售额的变动程度

D. 反映商品销售量变动对销售额变动的影响程度

E. 综合反映多种商品价格的变动程度

6. 如果用 p 表示商品价格，q 表示商品销售量，则公式 $\sum q_1 p_1 - \sum q_1 p_0$ 的意义是(　　　)。

A. 综合反映价格变动和销售量变动的绝对额

B. 综合反映销售额变动的绝对额

C. 综合反映多种商品价格变动而增减的销售额

D. 综合反映由于价格变动而使消费者增减的货币支出额

E. 综合反映多种商品销售量变动的绝对额

7. 加权算术平均指数是一种(　　　)。

A. 平均指数　　　　　　　　B. 综合指数　　　　　　　C. 总指数

D. 个体指数平均数　　　　　E. 个体指数

8. 指数体系中(　　　)。

A. 一个总值指数等于两个(或两个以上)因素指数的代数和

B. 一个总值指数等于两个(或两个以上)因素指数的乘积

C. 存在相对数之间的数量对等关系

D. 存在绝对变动额之间的数量对等关系

E. 各指数都是综合指数

9. 某产品的生产总成本 2022 年为 20 万元, 比 2021 年多支出 0.4 万元, 单位成本 2022 年比 2021 年降低 2%, 则(   )。

    A. 生产总成本指数为 102%   B. 单位成本指数为 2%

    C. 产品产量指数为 104%   D. 单位成本指数为 98%

E. 由于单位成本降低而节约的生产总成本为 0.408 万元

10. 当权数为 $q_0 p_0$ 时, 以下哪些说法是正确的(   )。

A. 数量指数可变形为加权算术平均指数

B. 数量指数可变形为加权调和平均指数

C. 质量指数可变形为加权算术平均指数

D. 质量指数可变形为加权调和平均指数

E. 综合指数与平均指数没有变形关系

11. 指数的作用是(   )。

A. 综合反映现象总体数量的变动方向和变动程度

B. 利用指数体系可以对现象总绝对数或总平均数的变动进行因素分析

C. 反映现象总体各单位变量分布的集中趋势

D. 反映现象总体的总规模水平

E. 利用指数可以对现象进行综合评价

(四) 简答题

1. 狭义指数具有哪些性质?

2. 指数通常分为哪些类型?

3. 统计指数有哪些作用?

4. 说明综合指数的编制原理, 其编制的特点是什么?

5. 什么是同度量因素? 它在指数编制过程中有什么作用?

6. 说明指数因素分析法的概念及基本分析步骤。

7. 说明统计综合评价的工作步骤。

(五) 计算题

1. 给出某市场上四种蔬菜的销售资料如下表所示。

品种	销售量/千克		销售价格/(元/千克)	
	基期	报告期	基期	报告期
白菜	550	560	1.60	1.80
黄瓜	224	250	2.00	1.90
萝卜	308	320	1.00	0.90
西红柿	168	170	2.40	3.00
合计	1250	1300	—	—

要求：

(1) 用拉氏公式编制四种蔬菜的销售量总指数和价格总指数；

(2) 用派氏公式编制四种蔬菜的销售量总指数和价格总指数。

2. 某地区 2020 年和 2022 年商品收购的有关资料如下表所示。

商品种类	收购总额/万元		收购价格类指数/%
	2020 年	2022 年	
A	140	138.6	105
B	60	78.4	98

要求：编制这两类商品收购价格总指数。

3. 某企业生产三种产品的有关资料如下表所示。

产品名称	总成本/万元		报告期比基期产量增长/%
	基期	报告期	
甲	35	43	15
乙	20	24	12
丙	45	48	8
合计	100	115	—

要求：

(1) 三种产品的产量总指数及由于产量变动而增加的总成本；

(2) 三种产品的单位成本总指数及由于单位成本变动而增加的总成本；

(3) 结合两因素分析进行简要说明。

4. 某工厂有如下资料。

产品	生产费用/万元		2022 年比 2021 年产量增长率/%
	2021 年	2022 年	
甲	20	24	25
乙	45	48.5	10
丙	35	48	40

要求：

(1) 生产费用总指数及生产费用增长绝对额；

(2) 三种产品产量总指数及由于产量的增长而增加的生产费用。

5. 某百货公司三种商品的销售量和销售价格数据如下表所示。

商品名称	计量单位	销售量		单价/元	
		2021 年	2022 年	2021 年	2022 年
甲	件	1800	1300	35.5	43.6
乙	盒	2400	2600	15.4	18.5
丙	个	3500	3800	8.0	10.0

要求：

(1) 计算三种商品的销售额总指数；

(2) 以 2021 年单价为权数计算三种商品的销售量总指数；

(3) 以 2022 年销售量为权数计算三种商品的价格总指数；

(4) 从相对数和绝对数两个方面分析销售量和价格变动对销售额的影响。

6. 某工厂生产两种不同种类的产品，有关资料如下表所示。

产品种类	计量单位	产量		价格/元	
		基期	报告期	基期	报告期
甲	件	20000	24600	40	45
乙	台	108	120	500	450

要求：

(1) 计算该厂工业总产值指数及总产值增长额；

(2) 从相对数和绝对数两方面对总产值变动进行因素分析。

7. 某市场三种商品的销售数据如下表所示。

商品	单位	销售量		价格/(元/千克)	
		基期	报告期	基期	报告期
甲	万千克	400	480	0.80	0.82
乙	万千克	80	88	1.15	1.05
丙	万千克	50	60	1.20	1.38

要求：利用指数体系分析价格和销售量变动对销售额的影响。

8. 某工业企业生产甲、乙两种产品，基期、报告期的产量、单位产品成本资料如下表所示。

产品	产量/件		单位成本/(元/件)	
	基期	报告期	基期	报告期
甲	1000	1200	10	10.5
乙	2000	3000	6.0	5

　　要求：从相对数和绝对数两方面分析总成本变动受产量和单位成本变动的影响方向和程度。

　　9. 某公司的职工人数和平均工资资料如下表所示。

按职称分组	平均工资/元		职工人数/人	
	基期	报告期	基期	报告期
初级经济师	900	950	150	154
中级经济师	960	1020	240	300
高级经济师	1020	1060	210	240

　　要求：根据表中资料分别从相对数和绝对数两方面对该公司职工的平均工资的变动进行分析。

第六章知识点练习参考答案

第七章 统计推断理论

一、学 习 目 标

统计推断原理主要是指统计量及其抽样分布形态。本章是在介绍几种最基本的概率抽样技术的基础上，讨论统计量的概念及基本统计量的计算形式，介绍统计推断中常用的随机变量的概率分布形态及其性质与作用，重点说明单样本均值、两个独立样本均值之差、独立大样本比例、两个独立大样本比例之差、正态总体下独立样本方差以及两个独立正态样本方差比的抽样分布形态及其特征值，并归纳列举用于统计推断效果评价的抽样误差的表现形式，分析影响抽样误差的因素及影响方向，归纳抽样误差的基本特点，从而为第八章的参数估计和第九章的假设检验提供研究的理论基础。

本章学习的重点和难点在于理解统计量的概念，掌握基本统计量的计算公式；掌握单样本均值的抽样分布和两独立样本均值之差的抽样分布；理解中心极限定理的含义及其在统计推断中的意义；掌握大样本比例的抽样分布和两个独立大样本比例之差的抽样分布；掌握正态总体下独立样本方差的抽样分布和两个独立正态样本方差比的抽样分布；理解抽样误差的概念、表现形式、影响因素及其特点等。

通过本章的学习，应该达到以下目标：

(1) 理解统计推断中由实物总体到分布总体的抽象过程；理解统计推断中的样本及样本分布；理解样本与总体的关系；

(2) 掌握简单随机抽样的做法和适用性，了解分层抽样、等距抽样、整群抽样、多阶段抽样等抽样技术的基本做法和适用性；

(3) 理解统计量的概念，熟练掌握基本统计量的计算公式；

(4) 了解统计推断中常用的随机变量的概率分布形态，如正态分布、χ^2 分布、t 分布和 F 分布等，理解每种分布形态在统计推断中的意义；

(5) 理解统计量的抽样分布的定义，理解抽样分布在统计推断中的意义；

(6) 理解中心极限定理的含义及其在统计推断中的意义；

(7) 掌握在不同条件下的单样本均值的不同抽样分布形态及其分布特征；

(8) 掌握两独立样本均值之差的抽样分布；

(9) 掌握大样本比例的抽样分布和两个独立大样本比例之差的抽样分布；

(10) 掌握正态总体下独立样本方差的抽样分布和两个独立正态样本方差比的抽样分布；

(11) 理解抽样误差的概念，了解其几种表现形式，掌握抽样平均误差的基本形式，理解抽样误差的影响因素及其影响方向，理解抽样误差的特点；

(12) 熟悉 Excel 中随机抽样的实现；

(13) 课程思政：生活中的推断统计。

二、知 识 梳 理

(一) 主要内容

(1) 总体是根据研究目的确定的所研究事物的整体，其包含的全部个体数即总体容量，一般用 N 表示。总体的概念按研究层次有实物总体、数值总体及分布总体之分。在统计推断中，总体的分布形态很重要。样本是指从总体中随机抽取的部分个体的集合，用于代表总体，可以用样本的数量特征推断总体的数量特征。样本容量 n 相对于总体容量 N 一般都比较小。通常，将 $n < 30$ 的样本称为小样本，$n \geqslant 30$ 的样本称为大样本。样本频数分布是指构成样本的个体所形成的频数分布及其相应的特征值，是总体分布的一个缩影，当 n 充分大时，样本频数分布趋于总体分布。

(2) 按照随机原则从总体中抽取样本，其抽样方法有重置抽样和不重置抽样两种。按一定抽样方法和一定样本容量从总体中抽取样本时可以抽取很多个样本，所有可能样本的个数称为样本可能数目，通常用 M 表示。

(3) 样本的抽取技术简称抽样技术。最基本的概率抽样技术有简单随机抽样、分层抽样、等距抽样、整群抽样四种形式。实践中也常采用基本抽样技术的组合形式，如多阶段抽样。注意每种抽样技术的基本做法和适用性。抽样框是为了能够方便地实现抽样而编制的用来代替总体的一个框架，其中的每一部分即抽样单元。

(4) 统计量是为了估计参数而定义的，它是样本特征的概括性数字度量。统计量是样本的函数，因此是一个随机变量。

如果只研究单一总体，人们所关心的参数通常有：总体均值 μ、总体标准差 σ、总体比例 π 等。与之相对应的统计量是：样本均值 $\bar{x}$、样本标准差 s 和样本比例 p 等。

如果研究者关心的是两个总体的参数是否有差异，就会涉及两个总体参数之差(或之比)的研究，常见的是：两个总体均值之差 $(\mu_1 - \mu_2)$、两个总体比例之差 $(\pi_1 - \pi_2)$、两个总体方差比 σ_1^2 / σ_2^2。相对应的统计量是：两个样本均值之差 $(\bar{x}_1 - \bar{x}_2)$、两个样本比例之差 $(p_1 - p_2)$、两个样本方差之比 s_1^2 / s_2^2。

要熟知基本的统计量如样本均值、样本方差和样本标准差、样本比例及 0-1 变量的样本方差和样本标准差等在不同条件下的计算公式，能够根据样本数据熟练计算出相应的统计量值。

(5) 统计量的概率分布被称为抽样分布，它是由统计量的所有可能取值及其概率所形成的分布。抽样分布是一种理论分布，建立了统计量与参数之间的联系，是统计推断重要的理论基础，大数定律和中心极限定理则为推断估计提供了主要的数学依据。

(6) 正态分布、χ^2 分布、t 分布和 F 分布是统计推断中常用的随机变量的概率分布形态。注意各统计分布形态的性质，理解每种分布在统计推断中的应用价值。

(7) 林德伯格-莱维中心极限定理给出了大样本条件下，无论总体是否服从正态分布，统计量均趋于正态分布的结论。定理表述为：从均值为 μ、方差为 σ^2 的任意总体中，抽取样本容量为 n 的简单随机样本，当 n 充分大时(通常要求 $n \geqslant 30$)，$\bar{x}$ 近似服从均值为 μ、方差为 $\dfrac{\sigma^2}{n}$

的正态分布，即 $\bar{x} \sim N\left(\mu, \dfrac{\sigma^2}{n}\right)$，将 $\bar{x}$ 标准化后为标准正态分布，即 $Z = \dfrac{\bar{x} - \mu}{\sigma / \sqrt{n}} \sim N(0,1)$。在大样本条件下，如果总体方差 σ^2 未知，用样本方差 s^2 估计 σ^2，则 $Z = \dfrac{\bar{x} - \mu}{s / \sqrt{n}} \sim N(0,1)$ 仍近似成立。如果采用的是不重置随机抽样方法，则统计量的方差表达式中要多一个因子 $\dfrac{N-n}{N-1}$。

(8) 在重置随机小样本(通常 $n < 30$)以及正态分布总体条件下，若总体方差 σ^2 已知，$\bar{x}$ 仍服从正态分布 $\bar{x} \sim N\left(\mu, \dfrac{\sigma^2}{n}\right)$；若 σ^2 未知，用样本方差 s^2 估计 σ^2，则 $\bar{x}$ 标准化后服从自由度为 $(n-1)$ 的 t 分布，即 $t = \dfrac{\bar{x} - \mu}{s / \sqrt{n}} \sim t(n-1)$。

(9) 如果两个随机重置样本分别来自两个总体，则两个独立样本均值之差的抽样分布分别以下几种情况讨论：

① 当 n_1 和 n_2 较大(一般要求 $n_1 \geqslant 30, n_2 \geqslant 30$)时，则不管总体分布如何，$(\bar{x}_1 - \bar{x}_2)$ 的抽样分布均可用正态分布来近似，即 $(\bar{x}_1 - \bar{x}_2) \sim N\left(\mu_1 - \mu_2, \dfrac{\sigma_1^2}{n_1} + \dfrac{\sigma_2^2}{n_2}\right)$。若两个总体方差未知(其他条件不变)，则 $(\bar{x}_1 - \bar{x}_2) \sim N\left(\mu_1 - \mu_2, \dfrac{s_1^2}{n_1} + \dfrac{s_2^2}{n_2}\right)$。

② 当 n_1 和 n_2 较小($n_1 < 30$，$n_2 < 30$)时，首先明确两个总体均服从正态分布。在两个样本为独立简单随机样本的前提下，$(\bar{x}_1 - \bar{x}_2)$ 的抽样分布视两个总体方差 σ_1^2 和 σ_2^2 的情况来定，有两种情况：第一种，若 σ_1^2 和 σ_2^2 均已知，则 $(\bar{x}_1 - \bar{x}_2) \sim N\left(\mu_1 - \mu_2, \dfrac{\sigma_1^2}{n_1} + \dfrac{\sigma_2^2}{n_2}\right)$；第二种，若 σ_1^2 和 σ_2^2 未知，则要考虑两种情形：一种是 σ_1^2 和 σ_2^2 未知但相等；另一种是 σ_1^2 和 σ_2^2 未知且不相等。这两种情形的 $(\bar{x}_1 - \bar{x}_2)$ 虽服从正态分布，但经标准化后均近似服从 t 分布，但两种情况的自由度不同(具体内容见教材第八章第三节)。

(10) 从总体中重置随机抽取样本容量为 n 的大样本(通常要求 $np \geqslant 10$ 和 $n(1-p) \geqslant 10$)时，样本比例的抽样分布可用正态分布近似，即 $p \sim N\left(\pi, \dfrac{\pi(1-\pi)}{n}\right)$。如果采用的是不重置随机抽样方法，则 $p \sim N\left(\pi, \dfrac{\pi(1-\pi)}{n} \cdot \dfrac{N-n}{N-1}\right)$。

(11) 从具有参数为 π_1 和 π_2 的两个总体中分别进行简单随机抽样，抽取样本容量分别为 n_1 和 n_2 的两个独立大样本，则两个独立大样本比例之差 $(p_1 - p_2)$ 的抽样分布近似为

$$(p_1 - p_2) \sim N\left(\pi_1 - \pi_2, \dfrac{\pi_1(1-\pi_1)}{n_1} + \dfrac{\pi_2(1-\pi_2)}{n_2}\right)$$

(12) 如果容量为 n 的样本(s^2 为其样本方差)来自正态分布总体 $N(\mu, \sigma^2)$，则比值 $\dfrac{(n-1)s^2}{\sigma^2}$ 服从自由度为 $(n-1)$ 的 χ^2 分布，即 $\chi^2 = \dfrac{(n-1)s^2}{\sigma^2} \sim \chi^2(n-1)$，且 $E(s^2) = \sigma^2$，$D(s^2) = \dfrac{2\sigma^4}{n-1}$。

(13) 如果两个独立随机样本(样本方差分别为 s_1^2 和 s_2^2)分别来自两个正态分布总体 $N(\mu_1,\sigma_1^2)$ 和 $N(\mu_2,\sigma_2^2)$，则 $\dfrac{s_1^2/s_2^2}{\sigma_1^2/\sigma_2^2}=\dfrac{s_1^2/\sigma_1^2}{s_2^2/\sigma_2^2}\sim F(n_1-1,n_2-1)$ ，且 $E\left(\dfrac{s_1^2}{s_2^2}\right)=\dfrac{n_2\sigma_1^2}{(n_2-2)\sigma_2^2}$ ，

$D\left(\dfrac{s_1^2}{s_2^2}\right)=\dfrac{2n_2^2(n_1+n_2-2)\sigma_1^4}{n_1(n_2-2)(n_2-4)\sigma_2^4}$ 。

(14) 抽样误差是统计数据误差的一种，是进行统计推断效果评价的主要手段。抽样误差越小，说明样本对总体的代表性越高，用统计量对参数进行估计的精度也越高。抽样误差是一个一般性的概念，抽样个别误差、抽样平均误差、抽样允许误差和抽样允许误差系数等都是其具体的表现形式。其中，抽样平均误差综合了所有可能样本的估计值偏离参数真值的程度，能从整体上反映某统计推断方案的优劣，从而更具代表性，因此衡量统计推断的效果更为可靠。

(15) 影响抽样误差的主要因素及其影响方向是：其他条件相同的情况下，抽样误差与总体标准差 σ 成正比，与 n 的算术平方根成反比；不同的抽样技术有不同的抽样误差，通常，分层抽样的抽样误差 < 简单随机抽样的抽样误差 ≈ 等距抽样的抽样误差 < 整群抽样的抽样误差；不同的抽样方法也有不同的抽样误差，不重置抽样的抽样平均误差 < 重置抽样的抽样平均误差；不同的估计方法有不同的抽样误差，通常，复杂估计方法的抽样误差 < 简单估计的抽样误差。

对抽样允许误差来讲，除以上影响因素外，置信水平(见第八章相应说明)也是影响抽样允许误差的重要因素。在其他条件不变的情况下，置信水平越高，抽样允许误差就会越大，反之就越小。

(16) 抽样误差的特点有：抽样误差是随机抽样特有的误差；不可避免、无法消除；有不同的表现形式；可以事先计算或加以控制。

(二) 主要公式(表 7.1、表 7.2)

表 7.1　基本统计量的计算方法

变量类型	基本统计量	类别	计算公式
数值型变量	样本均值	简单	$\bar{x}=\dfrac{x_1+x_2+\cdots+x_n}{n}=\dfrac{\sum_{i=1}^{n}x_i}{n}\left(\text{简记为}\ \bar{x}=\dfrac{\sum x_i}{n}\right)$
		加权	$\bar{x}=\dfrac{x_1f_1+x_2f_2+\cdots+x_kf_k}{f_1+f_2+\cdots+f_k}=\dfrac{\sum_{i=1}^{k}x_if_i}{\sum_{i=1}^{k}f_i}\left(\text{简记为}\ \bar{x}=\dfrac{\sum x_if_i}{\sum f_i}\right)$
	样本方差	简单	$s^2=\dfrac{\sum_{i=1}^{n}(x_i-\bar{x})^2}{n-1}=\dfrac{\sum_{i=1}^{n}(x_i-\bar{x})^2}{n-1}$
		加权	$s^2=\dfrac{\sum_{i=1}^{k}(x_i-\bar{x})^2f_i}{\sum_{i=1}^{k}f_i-1}=\dfrac{\sum(x_i-\bar{x})^2f_i}{\sum f_i-1}$
	样本标准差	简单	$s=\sqrt{\dfrac{\sum(x-\bar{x})^2f_i}{\sum f_i-1}}$

续表

变量类型	基本统计量	类别	计算公式
数值型变量	样本标准差	加权	$s=\sqrt{\dfrac{\sum\left(x_i-\bar{x}\right)^2 f_i}{\sum f_i-1}}$
0-1 变量	样本比例		$p=\dfrac{n_1}{n}$，$1-p=\dfrac{n_0}{n}$，$n_1+n_0=n$
	样本方差(大样本)		$s_p^2=p(1-p)$
	样本标准差(大样本)		$s_p=\sqrt{p(1-p)}$

表 7.2　统计量的抽样分布汇总表(重置简单随机抽样)

统计量	样本容量	总体分布	统计量的抽样分布	
			总体方差已知	总体方差未知
独立样本均值 $\bar{x}$	大样本 (通常 $n\geqslant30$)		$\bar{x}\sim N\left(\mu,\dfrac{\sigma^2}{n}\right)$	$\bar{x}\sim N\left(\mu,\dfrac{s^2}{n}\right)$
	小样本 (通常 $n<30$)	正态总体	$\bar{x}\sim N\left(\mu,\dfrac{\sigma^2}{n}\right)$	$t=\dfrac{\bar{x}-\mu}{s/\sqrt{n}}\sim t(n-1)$
两个独立样本均值之差 $(\bar{x}_1-\bar{x}_2)$	大样本 (通常 $n_1\geqslant30$，$n_2\geqslant30$)		$(\bar{x}_1-\bar{x}_2)\sim N\left(\mu_1-\mu_2,\dfrac{\sigma_1^2}{n_1}+\dfrac{\sigma_2^2}{n_2}\right)$	$(\bar{x}_1-\bar{x}_2)\sim N\left(\mu_1-\mu_2,\dfrac{s_1^2}{n_1}+\dfrac{s_2^2}{n_2}\right)$
	小样本 (通常 $n_1<30$，$n_2<30$)	两个正态总体	σ_1^2和σ_2^2 均已知 $(\bar{x}_1-\bar{x}_2)\sim N\left(\mu_1-\mu_2,\dfrac{\sigma_1^2}{n_1}+\dfrac{\sigma_2^2}{n_2}\right)$	σ_1^2和σ_2^2 未知但相等 $\sigma_1^2=\sigma_2^2=\sigma^2$，$(\bar{x}_1-\bar{x}_2)$ 服从正态分布，但经标准化后近似服从 t 分布 (具体内容见教材第八章第三节) σ_1^2和σ_2^2 未知且不相等 $\sigma_1^2\neq\sigma_2^2$，$(\bar{x}_1-\bar{x}_2)$ 虽服从正态分布，但经标准化后近似服从 t 分布，自由度与上一项不同 (具体内容见教材第八章第三节)
独立样本比例 p	大样本 (通常 $np\geqslant10$ 和 $n(1-p)\geqslant10$)	二项分布	$p\sim N\left(\pi,\dfrac{\pi(1-\pi)}{n}\right)$	$p\sim N\left(\pi,\dfrac{p(1-p)}{n}\right)$
两个独立样本比例之差 (p_1-p_2)	大样本 (通常 $n_1p_1\geqslant10$ 和 $n_1(1-p_1)\geqslant10$，$n_2p_2\geqslant10$ 和 $n_2(1-p_2)\geqslant10$)	二项分布	$(p_1-p_2)\sim$ $N\left(\pi_1-\pi_2,\dfrac{\pi_1(1-\pi_1)}{n_1}+\dfrac{\pi_2(1-\pi_2)}{n_2}\right)$	$(p_1-p_2)\sim$ $N\left(\pi_1-\pi_2,\dfrac{p_1(1-p_1)}{n_1}+\dfrac{p_2(1-p_2)}{n_2}\right)$
独立样本方差		正态总体	$\chi^2=\dfrac{(n-1)s^2}{\sigma^2}\sim\chi^2(n-1)$	
两个独立样本方差比		两个正态总体	$\dfrac{s_1^2/s_2^2}{\sigma_1^2/\sigma_2^2}=\dfrac{s_1^2/\sigma_1^2}{s_2^2/\sigma_2^2}\sim F(n_1-1,n_2-1)$	

三、知 识 拓 展

(一) 统计推断的数学理论基础

大数定律与中心极限定理是与统计学密切相关的重要数学定理，为统计推断提供了数学理论基础。

1. 大数定律

切比雪夫大数定律：独立同分布的随机变量 $X_1, X_2, \cdots, X_n$，有数学期望 $E(X_i) = \mu$ 和方差 $D(X_i) = \sigma^2 (i = 1, 2, \cdots, n)$，则对任意的正数 ε，有

$$\lim_{n \to \infty} P\left\{ \left| \frac{1}{n} \sum_{i=1}^{n} X_i - \mu \right| < \varepsilon \right\} = 1$$

该定律说明，当样本容量 n 充分大时，独立同分布的一系列随机变量，其平均数与它们共同的期望值之间的偏差，可以有很大的概率被控制在任意给定的范围之内。由于从总体中抽出的样本是独立且与总体同分布的，因此，当 n 充分大时，样本均值与总体均值之间的误差可以有很大的概率被控制在任意给定的要求之内，这就是人们用样本均值估计总体均值的理论依据。

对总体比例的估计而言，由于比例是一类特殊的平均数，因此大数定律同样应用于比例估计问题。此即伯努利大数定律描述的内容。

设 n_1 是 n 次试验中事件 A 发生的次数，π 是总体中事件 A 发生的概率，则对于任意正数 ε，有

$$\lim_{n \to \infty} P\left\{ \left| \frac{n_1}{n} - \pi \right| < \varepsilon \right\} = 1$$

该定律说明，当 n 充分大时，事件 A 发生的频率(样本比例)接近(或依概率收敛于)事件 A 发生的概率(总体比例)，反映了频率在大量重复试验过程中的稳定性。伯努利大数定律提供了用频率(样本比例)估计概率(总体比例)的理论依据。

大数定律表明：尽管个别现象受偶然因素影响，有各自不同的表现。但是，对总体进行大量观察后进行平均，就能使偶然因素的影响相互抵消，消除由个别偶然因素引起的极端性影响，从而使总体均值稳定下来，反映出事物变化的一般规律。

2. 正态分布的再生定理

如果变量 X 服从正态分布，总体均值为 μ，标准差为 σ，从这个总体中抽出一个容量为 n 的样本，则样本均值 $\bar{x}$ 也服从正态分布，并且其平均数 $E(\bar{x})$ 仍为 μ，其标准差为 $\sigma_{\bar{x}}$。样本均值的标准差 $\sigma_{\bar{x}}$ 的公式为

重置抽样：$\sigma_{\bar{x}} = \dfrac{\sigma}{\sqrt{n}}$

不重置抽样：$\sigma_{\bar{x}} = \dfrac{\sigma}{\sqrt{n}} \sqrt{\dfrac{N-n}{N-1}} \approx \dfrac{\sigma}{\sqrt{n}} \sqrt{1 - \dfrac{n}{N}}$

不重置抽样比重置抽样相比,多了一个系数 $\sqrt{\dfrac{N-n}{N-1}} \approx \sqrt{1-\dfrac{n}{N}}$,这个系数被称为不重置抽样的修正系数。该系数取值在(0,1)范围内,因此,不重置抽样的标准差比重置抽样小。当 N 远大于 n 时,修正系数近似为 1,修正与否对误差几乎没有影响,这时可以都按重置抽样处理。

从正态分布的再生定理可以看出,只要总体变量服从正态分布,则从中抽取的样本,不管样本容量 n 多大,样本均值都服从正态分布。但是在客观实际中,总体并非都是正态分布。对于从非正态分布的总体中抽取的样本均值的分布问题,需要由中心极限定理来解决。

3. 中心极限定理

如果变量 X 分布的期望值为 μ ,标准差为 σ ,从这个总体中抽出一个容量为 n 的样本,则当 n 充分大时,样本均值 $\bar{x}$ 近似服从正态分布,并且其平均数 $E(\bar{x})$ 仍为 μ ,其标准差为 $\sigma_{\bar{x}}$ 。

中心极限定理表明:无论总体服从何种分布,只要其均值和标准差客观存在,我们就可以通过增大 n 的方式,保证样本均值 $\bar{x}$ 近似服从正态分布。n 越大,样本均值的分布就越接近于正态分布。

类似地,从任意总体比例为 π ,方差为 $\pi(1-\pi)$ 的二项分布总体中,随机抽取容量为 n 的样本,其样本比例 p 的分布也会随着 n 的增大而趋近于平均数为 π 、标准差为 σ_p 的正态分布。σ_p 的公式为

$$\text{重置抽样：} \quad \sigma_p = \sqrt{\frac{\pi(1-\pi)}{n}}$$

$$\text{不重置抽样：} \quad \sigma_p = \sqrt{\frac{\pi(1-\pi)}{n}}\sqrt{\frac{N-n}{N-1}} \approx \sqrt{\frac{\pi(1-\pi)}{n}}\sqrt{1-\frac{n}{N}}$$

当 N 很大,而抽样比 $\dfrac{n}{N} \leqslant 5\%$ 时,其修正系数趋于 1,此时可不必修正,不重置抽样按重置抽样处理。

由中心极限定理可以看出,正态分布在统计推断中具有非常重要的地位。

(二) 教材中有关公式的证明

1. 公式(7.14)和(7.15)的证明

在重置抽样下,设从总体中抽出的样本为 $x_1, x_2, \cdots, x_n$,其相互独立且与总体同分布。设总体均值为 μ ,方差为 σ^2 ,样本均值的期望值和方差分别为

$$E(\bar{x}) = E\left(\frac{x_1 + x_2 + \cdots + x_n}{n}\right) = \frac{1}{n}[E(x_1) + E(x_2) + \cdots + E(x_n)] = \frac{1}{n}n\mu = \mu$$

$$D(\bar{x}) = D\left(\frac{x_1 + x_2 + \cdots + x_n}{n}\right) = \frac{1}{n^2}[D(x_1) + D(x_2) + \cdots + D(x_n)] = \frac{1}{n^2}n\sigma^2 = \frac{\sigma^2}{n}$$

2. 公式(7.25)的说明

统计推断中与 F 分布相关的抽样分布为:设总体 $X \sim N(\mu, \sigma^2)$,重置随机抽取容量为 n 的

样本，其样本方差为 $s^2 = \dfrac{\sum (x_i - \bar{x})^2}{n-1}$，则有 $\dfrac{(n-1)s^2}{\sigma^2} \sim \chi^2(n-1)$。

说明　此结论的严格证明需要用到关于多重积分的变量替换公式，此外还要利用正交矩阵的一些性质，数学推导的技巧性较强，在此略去。需要注意的是：①此结论的前提是从总体 $X \sim N(\mu, \sigma^2)$ 中随机抽出的样本 $x_1, x_2, \cdots, x_n$ 相互独立且与总体同分布；②后续两个重要的 t 分布和 F 分布统计量的证明均以此结论为前提。

3. $t = \dfrac{\bar{x} - \mu}{s / \sqrt{n}} \sim t(n-1)$ 的证明

统计推断中与 t 分布相关的抽样分布为：设总体 $X \sim N(\mu, \sigma^2)$，σ^2 未知，随机抽取容量为 $n\,(n < 30)$ 的样本，则有 $t = \dfrac{\bar{x} - \mu}{s / \sqrt{n}} \sim t(n-1)$，其中，$\bar{x}$ 和 s 分别为样本均值和样本标准差。

证明　由中心极限定理可知，$\bar{x} \sim N\left(\mu, \dfrac{\sigma^2}{n}\right)$，则 $\dfrac{\bar{x} - \mu}{\sigma / \sqrt{n}} \sim N(0,1)$。

又因为 $\dfrac{(n-1)s^2}{\sigma^2} \sim \chi^2(n-1)$，且 $\bar{x}$ 和 s^2 相互独立，进而 $\dfrac{\bar{x} - \mu}{\sigma / \sqrt{n}}$ 与 $\dfrac{(n-1)s^2}{\sigma^2}$ 相互独立。则由 t 分布的定义得 $\dfrac{\bar{x} - \mu}{\sigma / \sqrt{n}} \bigg/ \sqrt{\dfrac{(n-1)s^2}{\sigma^2(n-1)}} \sim t(n-1)$，即 $t = \dfrac{\bar{x} - \mu}{s / \sqrt{n}} \sim t(n-1)$。

4. 公式(7.28)的证明

统计推断中与 F 分布有关的抽样分布为：设两总体均服从正态分布，方差分别为 σ_1^2，σ_2^2，分别随机抽取容量为 n_1，n_2 的独立样本，样本方差分别为 s_1^2，s_2^2，则有

$$\frac{s_1^2 / s_2^2}{\sigma_1^2 / \sigma_2^2} = \frac{s_1^2 / \sigma_1^2}{s_2^2 / \sigma_2^2} \sim F(n_1 - 1, n_2 - 1)$$

证明　由分布理论可知：$\dfrac{(n_1 - 1)s_1^2}{\sigma_1^2} \sim \chi^2(n_1 - 1)$，$\dfrac{(n_2 - 1)s_2^2}{\sigma_2^2} \sim \chi^2(n_2 - 1)$，且相互独立，则由 F 分布的基本定义得

$$\frac{\dfrac{(n_1 - 1)s_1^2}{\sigma_1^2} \bigg/ (n_1 - 1)}{\dfrac{(n_2 - 1)s_2^2}{\sigma_2^2} \bigg/ (n_2 - 1)} \sim F(n_1 - 1, n_2 - 1)$$

即 $\dfrac{s_1^2 / s_2^2}{\sigma_1^2 / \sigma_2^2} = \dfrac{s_1^2 / \sigma_1^2}{s_2^2 / \sigma_2^2} \sim F(n_1 - 1, n_2 - 1)$。

(三) 著名抽样专家介绍

1. 拉普拉斯

拉普拉斯(1749～1827)是法国著名数学家和天文学家，也是分析概率论的创始人，是应用数学的先驱。他家境贫寒，全靠邻居资助才得以上学。拉普拉斯颇具数学天赋，在博蒙军事

学校读书不久就成为该校数学教员。他于 1785 年当选为法国科学院院士，1817 年任综合工科学校校长。

拉普拉斯善于创造和发展新的数学方法，他用数学方法证明了行星的轨道大小只有周期性变化，这就是著名的拉普拉斯定理。1786 年，他建议用某些地区的人口出生率来推算整个法国人口出生率，并对推算误差进行了研究。1802 年，他在法国政府的支持下，在全国挑选了 30 个县，对连续三年内出生的人数进行了调查，得出人口出生率为 35.27‰。1812 年，他出版了《概率分析理论》这一概率论方面的奠基著作。书中首次明确给出了概率的古典定义，系统叙述了概率论的基本定理，建立了观测误差理论(包括最小二乘法)，并把概率论应用于人口统计。拉普拉斯认为，概率论终将成为人类知识中最重要的组成部分。拉普拉斯有"法国的牛顿"之称，拿破仑曾以他为老师，私交甚笃。

2. 安德森·凯尔

安德森·凯尔(1838～1919)，挪威著名统计学家，挪威统计局的奠基人和首任局长，抽样调查统计方法的发起者。凯尔任挪威统计局局长二十余年，其间领导了多次挪威人口和农业的普查工作。

1895 年，凯尔在瑞士举行的国际统计学会(International Statistical Institute，ISI)第五届大会上史无前例地提出了"用代表性方法来代替全面调查"的建议，并为此方法的推广作了不懈的努力。他指出，"调查结果的准确性不取决于调查单位的多少，而取决于取得正确代表性的方法"。凯尔的"代表性调查方法"在统计史上首次引入了"抽样"的概念，一度引起统计界的激烈争论。1924 年，ISI 成立的专门研究代表性调查的委员会承认和接纳了抽样调查方法，凯尔的"代表性方法"终于被证明了是一种有效的统计方法。因此，凯尔享有抽样调查创始人的称号。

四、案例分析

(一) 科学的随机抽样使盖洛普的小样本一战成名

抽样调查最早起源于美国对总统大选投票的预测。1824 年，位于宾夕法尼亚州的一家报纸 *Harrisburg Pennsylvanian* 第一次发布了关于谁能当选总统的预测，虽然其预测最后被证明是错误的，但却被大众一再津津乐道。此后，各大报纸都不想错过这个"抢眼球、聚人气"的话题，争相开展民意调查，以期准确地预测到底谁能当选总统，这开启了民意调查的时代。竞争的结果，使得民意调查的科学性不断提高，范围不断扩大，在 20 世纪 30 年代的美国，最终形成了一个社会调查的产业。

1936 年，第 32 任美国总统富兰克林·罗斯福为了争取连任，与共和党的兰登对垒，打响了选战。美国著名的《文学文摘》杂志社，为了预测总统候选人罗斯福与兰登两人谁能当选，他们以电话簿上的地址和俱乐部成员名单上的地址发出 1000 万封信，收回回信 240 万封，如此大的样本容量在调查史上是少有的，花费了大量的人力、物力，在对 240 万普通民众进行了调查之后，《文学文摘》得出兰登将以 57%对 43%的比例获胜，并进行大量宣传。《文学文摘》成立于 1890 年，其畅销的原因是它准确地预测了 1920 年、1924 年、1928 年、1932 年等 4 届总统大选结果。1935 年新成立的美国舆论研究所只对 5000 人进行了调查，却宣布罗斯福胜出，该舆论研究所的奠基人是美国民意调查科学化的先驱乔治·盖洛普。出人意料的是，最后选举却是罗斯福以 62%对 38%的巨大优势获胜，成功连任，盖洛普也取代了《文学文摘》，成了新的行业领袖。这一仗，成了《文学文摘》的"滑铁卢"，该杂志次年就宣布破产，退出市场。5000 人的问卷击败了 240 万人的调查，盖洛普领导的美国舆论研究所随之身价倍增、名扬全国。

【案例分析】

科学的抽样技术是对总体进行推断的前提。《文学文摘》失败的根本原因在于抽样不合理，造成样本不具有代表性，样本不是从总体(全体美国公民)中随机抽取的。当年，美国有私人电话和参加俱乐部的家庭都是比较富裕的家庭，1929~1933 年的资本主义世界经济危机，使美国经济遭到打击，"罗斯福新政"动用行政手段干预经济，损害了部分富人的利益，"喝了富人的血"，但广大的美国人民从中得到了好处，所以，从富人中抽取的样本严重偏离了总体。随机抽样并不是"随便抽样""随意抽样"，在抽样的过程中，要保证抽样的公平性、等可能性的同时，还要保证所抽样本具有较好的代表性，要保证所抽样本中有穷人，也有富人，不同阶层的人按比例抽取，这样得到的样本才能较全面地反映总体，得到的结果才具有参考意义。而盖洛普的抽样遵循了科学的抽样原则，虽然样本容量不大，但却对总体的代表性较高，从而赢得了胜利。

(二) 如何在庞大的城市居民住户中实现随机抽样

为了解普通居民对某种新产品的接受程度，需要在一个城市中抽选 1000 户居民开展市场调查，在每户居民中，选择 1 名家庭成员作为受访者。

【案例分析】

1. 总体抽样设计

由于一个城市中居民的户数可能多达数百万，除了一些大型的市场研究机构和国家统计部门之外，大多数企业都不具有这样庞大的居民户名单。这种情况决定了抽样设计只能采取多阶段抽选的方式。根据调查要求，抽样分为两个阶段进行，第一阶段是从全市的居委会名单中抽选出 50 个样本居委会，第二阶段是从每个被选中的居委会中，抽选出 20 户居民。

2. 居委会抽样

从统计或者民政部门，我们可以获得一个城市的居委会名单。将居委会编上序号后，用计算机产生随机数的方法，可以简单地抽选出所需的 50 个居委会。如果在居委会名单中还包括了居委会户数等资料，则在抽选时可以采用不等概率抽选的方法。如果能够使一个居委会被抽中的概率与居委会的户数规模成正比，这种方法称为与规模成比例(probability proportional to size，PPS)的抽样方法。PPS 抽样是一种"自加权"的抽样方法，它保证了在不同规模的居委会均抽选 20 户样本的情况下，每户样本的代表性是相同的，从而最终的结果可以直接进行平均计算。当然，如果资料不充分，无法进行 PPS 抽样，那么利用事后加权的方法，也可以对调查结果进行有效推断。

3. 居民户抽样

在选定了居委会之后，对居民户的抽选将使用居委会地图来进行操作。此时，需要派出一些抽样员，到各居委会绘制居民户的分布图，抽样员需要了解居委会的实际位置、实际覆盖范围，并计算每一幢楼中实际的居住户数。然后，抽样员根据样本容量的要求，采用等距或者其他方法，抽选出其中的若干户，作为最终访问的样本。

4. 受访者确定

访问员根据抽样员选定的样本户，进行入户访问。以谁为实际的被调查者，是抽样设计中最后一个问题。如果调查内容涉及的是受访户的家庭情况，则对受访者的选择可以根据成员在家庭生活中的地位确定，例如，可以选择使用计算机最多的人、收入最高的人、实际负责购买决策的人等等。

如果调查内容涉及的是个人行为，则家庭中每一个成年人都可以作为被调查者，此时就需要进行第二轮抽样，因为如果任凭访问员人为确定受访者，最终受访者就可能会偏向某一类人，例如，家庭中比较好接触的老人、妇女等。在家庭中进行第二轮抽样的方法是由美国著名抽样调查专家 Leslie Kish 发明的，一般称为二维随机数字表(KISH)方法。访问员入户后，首先记录该户中所有符合调查条件的家庭成员的人数，并按年龄大小进行排序和编号。随后，访问员根据受访户的编号和家庭人口数的交叉点，在表中找到一个数，并以这个数所对应的家庭成员作为受访者。

综上，上述案例是一个典型的两阶段入户调查的现场抽样设计，从设计的全过程可以看到，随机性原则分别在选择居委会、选择居民户和入户后选择受访者等环节中得到体现。在任何一个环节中，如果随机原则受到破坏，都有可能对调查结果造成无法估计的偏差。

(三) 抽样分布形成与数字特征

已知由 4 名工人组成的总体，每人某种产品的日产量分别为 540 千克、550 千克、570 千克、580 千克，现从中随机抽取 2 人作为样本，验证样本均值的抽样分布的特征值。

【案例分析】

1. 考虑顺序重置抽样

如果采用重置抽样的方法，考虑抽样的顺序，则所有可能样本以及平均日产量如表 7.3 所示。

表 7.3　重置抽样下所有可能样本相关数据计算表

序号	样本单元变量值 x	样本均值 $\bar{x}$	离差 $\bar{x} - \mu$	离差平方 $(\bar{x} - \mu)^2$
1	540,540	540	−20	400
2	540,550	545	−15	225
3	540,570	555	−5	25
4	540,580	560	0	0
5	550,540	545	−15	225
6	550,550	550	−10	100
7	550,570	560	0	0
8	550,580	565	5	25
9	570,540	555	−5	25
10	570,550	560	0	0
11	570,570	570	10	100
12	570,580	575	15	225

序号	样本单元变量值 x	样本均值 $\bar{x}$	离差 $\bar{x} - \mu$	离差平方 $(\bar{x} - \mu)^2$
13	580,540	560	0	0
14	580,550	565	5	25
15	580,570	575	15	225
16	580,580	580	20	400
合计	—	8960	—	2000

根据表 7.3 中资料，计算如下

总体日产量均值 $\mu = \dfrac{\sum X}{N} = \dfrac{540 + 550 + 570 + 580}{4} = 560$（千克）

总体标准差 $\sigma = \sqrt{\dfrac{\sum (X - \mu)^2}{N}}$

$$= \sqrt{\dfrac{(540 - 560)^2 + (550 - 560)^2 + (570 - 560)^2 + (580 - 560)^2}{4}} = 15.81（千克）$$

样本均值的均值 $\bar{\bar{x}} = \dfrac{\sum \bar{x}}{M} = \dfrac{8960}{16} = 560$（千克）

样本均值的标准差 $\sigma_{\bar{x}} = \sqrt{\dfrac{\sum (\bar{x} - \bar{\bar{x}})^2}{M}} = \sqrt{\dfrac{\sum (\bar{x} - \bar{X})^2}{M}} = \sqrt{\dfrac{2000}{16}} = 11.18$（千克）

即 $\sigma_{\bar{x}} = 11.18 = \dfrac{\sigma}{\sqrt{n}} = \dfrac{15.81}{\sqrt{2}}$

计算结果表明：在重置抽样条件下，样本均值的均值等于总体均值，样本均值的标准差等于总体标准差的 $\dfrac{1}{\sqrt{n}}$，即标准误差与总体各方差成正比，与样本容量的平方根成反比。

2. 考虑顺序不重置抽样

如果采用不重置抽样的方法，考虑抽样的顺序，则所有可能样本以及平均日产量如表 7.4 所示。

表 7.4　不重置抽样下所有可能样本相关数据计算表

序号	样本单元变量值 x	样本均值 $\bar{x}$	离差 $\bar{x} - \mu$	离差平方 $(\bar{x} - \mu)^2$
1	540,550	545	−15	225
2	540,570	555	−5	25
3	540,580	560	0	0
4	550,540	545	−15	225
5	550,570	560	0	0
6	550,580	565	5	25
7	570,540	555	−5	25
8	570,550	560	0	0

续表

序号	样本单元变量值 x	样本均值 $\bar{x}$	离差 $\bar{x}-\mu$	离差平方 $(\bar{x}-\mu)^2$
9	570,580	575	15	225
10	580,540	560	0	0
11	580,550	565	5	25
12	580,570	575	15	225
合计	—	6720	—	1000

根据表 7.4 中资料，计算如下

$$\text{样本均值的均值}\ \bar{\bar{x}} = \frac{\sum \bar{x}}{M} = \frac{6720}{12} = 560\,(\text{千克})$$

$$\text{样本均值的标准差}\ \sigma_{\bar{x}} = \sqrt{\frac{\sum(\bar{x}-\bar{X})^2}{M}} = \sqrt{\frac{1000}{12}} = 9.13\,(\text{千克})$$

$$\text{即}\ \sigma_{\bar{x}} = 9.13 = \sqrt{\frac{\sigma^2}{n} \cdot \frac{N-n}{N-1}} = \sqrt{\frac{250}{2} \times \frac{4-2}{4-1}}$$

计算结果表明：在不重置抽样条件下，样本均值的均值等于总体均值，样本均值的标准差等于总体标准差的 $\frac{1}{\sqrt{n}}$，再乘以修正因子 $\sqrt{\frac{N-n}{N-1}}$。

(四) 用模拟方法证明中心极限定理

案例(三)中的总体单位数 N 与样本容量 n 均比较小，可以比较容易地得到所有样本，从而验证抽样分布与总体分布特征值之间的数量关系，小样本情况下，抽样分布的形式不好确定，而根据中心极限定理可知，大样本情况下，抽样分布近似为正态分布。下面采用模拟的方法对中心极限定理加以证明。

【案例分析】

(1) 从均匀分布总体中分别抽取样本量为 10，100，1000，10000 的 10000 个样本，计算出不同样本量条件下所有 10000 个样本的均值并得到其概率密度图(图 7.1)，观察其抽样分布形态。

R 代码如下：

```
set.seed(1234)
n10<-rep(0,10000)
n100<-rep(0,10000)
n1000<-rep(0,10000)
n10000<-rep(0,10000)
for(i in 1:10000){
n10[i]<-mean(runif(10,0,1))
n100[i]<-mean(runif(100,0,1))
n1000[i]<-mean(runif(1000,0,1))
n10000[i]<-mean(runif(10000,0,1))}
par(mfrow=c(2, 2))
plot(density(n10))
plot(density(n100))
plot(density(n1000))
plot(density(n10000))
```

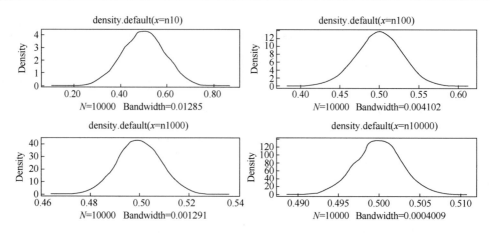

图 7.1　从均匀分布总体中抽取不同样本量的样本均值抽样分布图

(2) 分别从均匀分布、t 分布、F 分布和正态分布总体中抽取样本量为 1000 的 10000 个样本，计算出不同抽样总体条件下所有 10000 个样本的均值并得到其概率密度图(图 7.2)，观察其抽样分布形态。

R 代码如下：

```
set.seed(1234)
nu<-rep(0,10000)
nt<-rep(0,10000)
nf<-rep(0,10000)
nn<-rep(0,10000)
for(i in 1:10000){
nu[i]<-mean(runif(1000,0,1))
nt[i]<-mean(rt(1000,10))
nf[i]<-mean(rf(1000,10,10))
nn[i]<-mean(rnorm(1000,0,1))}
par(mfrow=c(2,2))
plot(density(nu))
plot(density(nt))
plot(density(nf))
plot(density(nn))
```

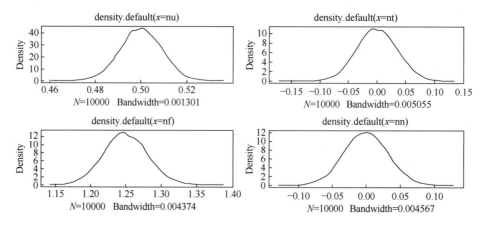

图 7.2　从均匀分布、t 分布、F 分布和正态分布中抽取相同样本量的样本均值抽样分布图

根据图 7.1 和图 7.2 可知，不管总体服从什么分布，当样本量比较大时，样本均值的抽样分布均近似服从正态分布。

(五) 中心极限定理在保险业中的应用

在一家保险公司里有 10000 人投保，每人每年付 12 元保险费，在一年内的投保者中，每个人死亡的概率为 0.006，死亡后家属可向保险公司领取 1000 元的补偿金，要求：

(1) 保险公司一年的利润不少于 4 万元的概率；

(2) 保险公司一年的利润在 2 万元到 4 万元之间的概率；

(3) 保险公司亏本的概率。

【案例分析】

令 $X_i = \begin{cases} 1, & \text{第 } i \text{ 个入保险的人在一年内死亡}, \\ 0, & \text{第 } i \text{ 个入保险的人在一年内健在}, \end{cases}$ $i = 1, 2, \cdots, 10000$，所有的 X_i 相互独立，且都服从 $B(1, 0.006)$ 分布，因此

$$E(X_i) = p = 0.006, \quad D(X_i) = p(1-p) = 0.005964$$

设入保险的 10000 人中，一年内死亡的人数为 X，则 $X = \sum_{i=1}^{10000} X_i$，从而

$$E(X) = 60, \quad D(X) = 59.64 \approx 7.72^2$$

由中心极限定理知，$\dfrac{X - E(X)}{\sqrt{D(X)}} \sim N(0,1)$。

(1) 保险公司一年的利润不少于 4 万元，即 $0 \leqslant X \leqslant 80$，则其概率为

$$P\{0 \leqslant X \leqslant 80\} = P\left\{\frac{0-60}{7.72} \leqslant \frac{X-60}{7.72} \leqslant \frac{80-60}{7.72}\right\}$$

$$= P\left\{-7.77 \leqslant \frac{X-60}{7.72} \leqslant 2.59\right\} = \Phi(2.59) - \Phi(-7.77) = 0.995$$

即保险公司一年的利润不少于 4 万元的概率为 0.995。

(2) 保险公司一年的利润在 2 万元到 4 万元之间，即 $80 \leqslant X \leqslant 100$，则其概率为

$$P\{80 \leqslant X \leqslant 100\} = P\left\{\frac{80-60}{7.72} \leqslant \frac{X-60}{7.72} \leqslant \frac{100-60}{7.72}\right\}$$

$$= P\left\{2.59 \leqslant \frac{X-60}{7.72} \leqslant 5.18\right\} = \Phi(5.18) - \Phi(2.59) = 1 - 0.995 = 0.005$$

即保险公司一年的利润在 2 万元到 4 万元之间的概率为 0.005。

(3) 保险公司亏本，即 $X > 120$，则其概率为

$$P\{X > 120\} = P\left\{\frac{X-60}{7.72} > \frac{120-60}{7.72}\right\} = P\left\{\frac{X-60}{7.72} > 7.77\right\} = 1 - \Phi(7.77) = 1 - 1 = 0$$

即保险公司亏本的概率为 0。

注 该问题是中心极限定理在经济问题中的一个应用。通过计算可知，保险公司亏本的概率为不可能事件，这就是保险公司为什么那么乐于开展保险业务的原因。

五、知识点练习

(一) 填空题

1. 构成统计活动研究对象的全部事物所组成的整体称为_____，它是由客观存在的、具有某种共同性质的众多个体所构成。

2. 从总体中_____抽取出来，并作为其代表的那一部分个体所组成的子集称为_____。通常，_____的样本被称为小样本，_____的样本被称为大样本，大样本与小样本两种不同条件下，使用的推断方法_____。

3. 如果 $X \sim N(\mu, \sigma^2)$，其中，均值 μ 可以是实数轴上的任意数值，它决定正态曲线的_____，标准差相同而均值不同的正态曲线在坐标轴上表现为_____。σ 为大于零的实数，它决定正态曲线的_____程度，σ 越大，正态曲线越_____；σ 越小，正态曲线越_____。

4. 正态随机变量落入其均值左右各 1 个标准差范围内的概率是_____；落入其均值左右各 1.96 个标准差范围内的概率是_____；落入其均值左右各 3 个标准差范围内的概率是_____。

5. 对于正态分布随机变量 $X \sim N(\mu, \sigma^2)$，通过_____的标准化处理后生成的新随机变量 Z 将服从均值为_____、标准差为_____的标准正态分布，记为_____。

6. t 分布与标准正态分布类似，它们都是关于原点对称的对称分布，但 t 分布通常要比标准正态分布_____，但随着自由度_____，t 分布也逐渐趋于标准正态分布。当正态总体_____未知且_____条件下对总体均值的估计和检验要用到 t 分布。

7. 按照随机原则从总体中抽取样本，按抽样方法来分，有_____和_____两种，在此基础上，又有_____抽样和_____抽样两种。

8. _____通常是未知的，是研究者想要了解的总体的某种特征值，是统计推断的目标量；_____是一个可以根据样本观测值计算出来的数，用于推断总体相应的特征。

9. 样本方差是用样本的总离差平方和除以_____得到的，只有这样才能得到相应总体方差的_____估计。

10. _____是指总体(或样本)中具有某种属性的个体与全部个体数的比值。在大样本条件下，其标准差的计算公式为_____。

11. 统计量的概率分布称为_____，它是由统计量的_____形成的相对频数分布，它提供了该统计量长远而稳定的信息，它构成了推断参数的理论基础。

12. 统计量的标准差通常称为统计量的_____，也称抽样标准差，它反映了统计量的离散程度，在参数估计和假设检验中，它是用于衡量_____之间差距的一个重要尺度。因为其计算公式中用到了参数，实际计算中用相应的统计量来代替，称为_____。

13. 记总体比例为 π，当样本容量很大时(通常要求 $np \geq 10$ 和 $n(1-p) \geq 10$)，样本比例 p 服从均值为_____，方差为_____的_____。

14. $x_1, x_2, \cdots, x_n$ 为来自正态分布总体 $N(\mu, \sigma^2)$ 的简单随机样本，则比值 $\dfrac{(n-1)s^2}{\sigma^2}$ 服从自由度为 $(n-1)$ 的 χ^2 分布，因此，χ^2 分布主要应用于对_____的估计或检验。

15. 如果 $x_1, x_2, \cdots, x_{n_1}$ 为来自正态分布总体 $N(\mu_1, \sigma_1^2)$ 的一个样本，$y_1, y_2, \cdots, y_{n_2}$ 为来自正态分布总体 $N(\mu_2, \sigma_2^2)$ 的一个样本，且 $x_i\ (i=1,2,\cdots,n_1)$ 与 $y_i\ (i=1,2,\cdots,n_2)$ 相互独立，那么 $\dfrac{s_1^2/s_2^2}{\sigma_1^2/\sigma_2^2} = \dfrac{s_1^2/\sigma_1^2}{s_2^2/\sigma_2^2} \sim F(n_1-1, n_2-1)$，因此 F 分布通常用于判断_____是否有显著差异。

16. 正态分布和 F 分布都是_____分布，χ^2 分布和 t 分布都是_____。

17. 最基本的概率抽样技术有_____、_____、_____、_____。

18. 抽样误差是由_____决定的，是随机抽样中特有的、_____的误差。抽样误差的影响因素有_____、_____、_____、_____和_____。

(二) 单选题

1. 统计推断的主要目的在于(　　)。
A. 计算和控制抽样误差　　　　　　B. 了解总体的情况
C. 用统计量来推断参数　　　　　　D. 对样本中的单位做深入的研究

2. 在统计推断中，必须遵循(　　)抽取样本。
A. 随意原则　　　　B. 随机原则　　　　C. 可比原则　　　　D. 对等原则

3. 简单随机样本应满足(　　)。
A. 样本与总体同分布　　　　　　　B. 样本点之间相互独立
C. 样本为大样本　　　　　　　　　D. 样本独立同分布

4. 统计量和参数中，(　　)。
A. 前者是确定值，后者是随机变量　　B. 前者是随机变量，后者是确定值
C. 两者均是确定值　　　　　　　　D. 两者均是随机变量

5. 随着自由度增大，(　　)逐渐趋于标准正态分布。
A. 正态分布　　　　B. t 分布　　　　C. χ^2 分布　　　　D. F 分布

6. 因为可以使样本在总体中的分布较为均匀，在相同样本容量的条件下，(　　)得到的样本对总体的代表性比较高，因此在实践中最常被采用。
A. 简单随机抽样　　B. 分层抽样　　　C. 等距抽样　　　D. 整群抽样

7. 当调查二孩政策对人口数量的影响时，首先将调查对象分为城镇户口与农村户口，然后分别在城镇户口与农村户口中进行抽样，这种调查技术属于(　　)。
A. 简单随机抽样　　B. 分层抽样　　　C. 等距抽样　　　D. 整群抽样

8. 若总体中的个体都按一定顺序排列，在规定的范围内随机抽取一个个体作为初始单元，然后按照一套事先定好的规则确定其他样本单元，这种抽样技术称为(　　)。
A. 简单随机抽样　　B. 分层抽样　　　C. 等距抽样　　　D. 整群抽样

9. 在对某品牌饮料进行抽样检验时，先按照随机原则在众多箱饮料中抽取 10 箱，然后对这 10 箱饮料进行全面检验。此种抽样技术属于(　　)。
A. 简单随机抽样　　B. 分层抽样　　　C. 等距抽样　　　D. 整群抽样

10. 基于(　　)的考虑，样本方差是用样本的总离差平方和除以样本观测值的个数减 1 得到的。
A. 无偏性　　　　　B. 有效性　　　　C. 一致性　　　　D. 可比性

11. 当 π 值等于(　　)时，其方差取最大值。

A. 0.1　　　　　　B. 0.9　　　　　　C. 0.8　　　　　　D. 0.5

12. 在其他条件相同的情况下，重置抽样与不重置抽样相比较，其标准误差(　　)。

A. 重置小于不重置　　　　　　　　B. 重置大于不重置

C. 两者相等　　　　　　　　　　　D. 无法确定哪一个大

13. 总体服从正态分布，总体方差已知且小样本的条件下，样本均值标准化后服从(　　)。

A. 标准正态分布　　B. t 分布　　C. χ^2 分布　　D. F 分布

14. 总体服从正态分布，总体方差未知且小样本的条件下，样本均值标准化后服从(　　)。

A. 正态分布　　　　B. t 分布　　C. χ^2 分布　　D. F 分布

15. 总体不服从正态分布，总体方差已知且大样本的条件下，样本均值标准化后服从(　　)。

A. 标准正态分布　　　B. t 分布　　C. χ^2 分布　　D. F 分布

16. 总体不服从正态分布，总体方差未知且大样本的条件下，样本均值标准化后服从(　　)。

A. 标准正态分布　　　B. t 分布　　C. χ^2 分布　　D. F 分布

17. 在简单随机重置抽样条件下，为使标准误差减少一半，则样本容量需增加(　　)。

A. 4 倍　　　　　　B. 3 倍　　　　　　C. 2 倍　　　　　　D. 1 倍

18. 大样本条件下，两独立随机样本的均值 $\bar{x}_1$ 与 $\bar{x}_2$ 之差服从正态分布，其方差 $D(\bar{x}_1 - \bar{x}_2)$ 的计算公式为(　　)。

A. $\dfrac{\sigma^2}{n}$　　　B. $\dfrac{\sigma^2}{n}\left(\dfrac{N-n}{N-1}\right)$　　C. $\dfrac{\sigma_1^2}{n_1}+\dfrac{\sigma_2^2}{n_2}$　　D. $\dfrac{\pi(1-\pi)}{n}$

19. 重置抽样大样本情况下，样本比例的标准差为(　　)。

A. $\dfrac{\pi(1-\pi)}{n}$　　B. $\sqrt{\dfrac{\pi(1-\pi)}{n}}$　　C. $\dfrac{\pi(1-\pi)}{n}\left(\dfrac{N-n}{N-1}\right)$　　D. $\sqrt{\dfrac{\pi(1-\pi)}{n}\left(\dfrac{N-n}{N-1}\right)}$

20. 来自正态分布总体的简单随机样本，根据其样本方差构造的比值 $\dfrac{(n-1)s^2}{\sigma^2}$ 服从(　　)。

A. χ^2 分布　　　B. 正态分布　　　C. F 分布　　　D. t 分布

(三) 多选题

1. 如果 $X \sim N(\mu, \sigma^2)$，则下列说法正确的是(　　)。

A. 正态分布的图形是关于 $x=\mu$ 对称的钟型曲线，且峰值在 $x=\mu$ 处

B. 正态随机变量在特定区间上取值的概率由正态曲线下的面积给出

C. 均值 μ 可以是实数轴上的任意数值，它决定正态曲线的具体位置

D. 正态曲线的左右两个尾端无限渐近横轴，但理论上永远不会与之相交

E. σ 越大，正态曲线越扁平；σ 越小，正态曲线越陡峭

2. 样本可能数目与下列哪些因素有关(　　)。

A. 抽样方法　　　B. 抽样技术　　　C. 是否考虑顺序

D. 样本容量　　　E. 总体方差

3. 最基本的抽样技术有(　　)。

A. 简单随机抽样　　　　B. 分层抽样　　　　C. 等距抽样

D. 整群抽样　　　　　　　E. 多阶段抽样

4. 在总体 100 个个体中，按照简单随机抽样抽取 40 个个体，下列说法中正确的是
(　　　)。

A. 样本可能数目为 40　　　　　　　　B. 总体单位数为 100

C. 是一个大样本　　　　　　　　　　D. 是一个小样本

E. 样本容量为 40 个

5. 下列说法正确的是(　　　)。

A. 参数是反映总体某种特征的目标量

B. 参数的取值是唯一的、固定不变的

C. 统计量可以根据样本观测值计算出来

D. 统计量用于推断总体参数

E. 统计量是一个随机变量

6. 下列说法正确的是(　　　)。

A. 总体方差等于总离差平方和除以数据个数

B. 样本方差等于样本的总离差平方和除以样本观测值的个数减 1

C. 标准差是方差的算术平方根

D. 标准差的计量单位与原始数据相同

E. 方差的计量单位与原始数据相同

7. 在下列哪种情况下，不重置抽样的标准误差可以采用重置抽样的方式(　　　)。

A. 无限总体　　　　　　B. 任何有限总体

C. 总体单位数很多的有限总体

D. n/N 很小的有限总体

E. 总体单位数很多，同时 n/N 很小的有限总体

8. 影响标准误差的主要因素有(　　　)。

A. 总体方差　　　　　B. 样本容量　　　　C. 抽样方法

D. 抽样技术　　　　　　E. 总体是否服从正态分布

9. 下列关于抽样平均误差、总体变异程度及样本容量之间关系的陈述，正确的有
(　　　)。

A. 总体变异程度一定时，样本容量愈大，抽样平均误差愈大

B. 总体变异程度一定时，样本容量愈大，抽样平均误差愈小

C. 样本容量一定时，总体变异程度愈大，抽样平均误差愈大

D. 样本容量一定时，总体变异程度愈大，抽样平均误差愈小

E. 样本容量一定时，总体变异程度不影响抽样平均误差的大小

10. 下列关于统计量的表述中，正确的有(　　　)。

A. 统计量是样本的函数　　　　　　B. 估计同一总体参数可以用多个不同统计量

C. 统计量是随机变量　　　　　　　D. 统计量不能含有任何总体参数

E. 统计量不能含有总体未知的参数

(四) 简答题

1. 什么是简单随机样本？简单随机样本需满足什么样的条件？

2. 简述正态曲线的性质。

3. 简述 χ^2 分布、t 分布、F 分布与正态分布的关系。

4. 什么是重置抽样与不重置抽样？两者之间的本质区别是什么？

5. 什么是样本容量？什么是样本可能数目？它们之间的关系是什么？

6. 简述各种抽样技术的做法及其适用场合。

7. 以样本均值为例，简述抽样分布的形成过程。

8. 简述不同条件下，单样本均值的抽样分布。

9. 什么是标准误差？什么是估计标准误差？标准误差的作用是什么？

10. 影响标准误差大小的因素有哪些？

(五) 计算题

1. 在一场军事战斗中，炮火轰击敌方防御工事 100 次，每次轰击命中的炮弹数相互独立且服从同一分布，其数学期望为 2，标准差为 1.5。要求计算 100 次轰击后：

(1) 至少命中 180 发炮弹的概率；

(2) 命中的炮弹数不到 200 发的概率。

2. 从办理业务的客户中随机抽取 10 人调查其月通信支出情况，调查得到 10 人的月通信支出分别为：25，46，126，108，99，201，32，79，136，65(单位：元)。要求计算：

(1) 平均月通信支出及其方差与标准差；

(2) 月通信支出超过 50 元的比例及其方差与标准差。

3. 从某单位所有职工中随机抽取 30 人调查其上月月工资资料如下表所示，试计算抽取的 30 名职工月工资的均值和标准差。

月工资/元	职工人数/人
2543	2
2855	4
3070	7
3586	11
3991	5
4918	1
合计	30

4. 某工厂抽取 60 名工人调查其对某种部件的装配时间，资料如下表所示。

按装配时间分组/分钟	工人人数/人
16~20	1
20~24	6
24~28	14
28~32	24
32~36	10
36~40	5
合计	60

要求：

(1) 计算该工厂 60 名工人装配时间的均值与标准差；

(2) 装配时间低于 32 分钟的工人人数比例与标准差。

5. 设 $x_1, x_2, \cdots, x_8$ 是从正态总体 $N(10,9)$ 中抽取的样本，试求样本均值 $\bar{x}$ 的标准差。

6. 某彩电生产企业，按不重置抽样方法从一批出厂产品中抽取 1%进行质量检验，取得如下资料。

正常工作时间/千小时	电视机台数/台
6~8	15
8~10	30
10~12	50
12~14	40
14~16	9
合计	144

要求：计算彩电正常工作时间的标准误差。

7. 一批商品(共 10000 件)运抵仓库，随机抽取 100 件检查其质量，发现有 10 件不合格。试按重置与不重置抽样分别计算合格率的标准误差。

8. 从 10000 个某型号灯管中，随机抽取 2%进行耐用性能检验，抽检结果如下表所示。

耐用时数/小时	灯管数/个
900 以下	4
900~1000	6
1000~1100	50
1100~1200	120
1200 以上	20
合计	200

按产品质量要求，耐用时数达到或超过 1000 小时为合格品，求该批灯管平均耐用时数和合格率的标准误差。

9. 由正态总体 $N(100,4)$ 中抽取两个独立样本，样本均值分别为 $\bar{x}$，$\bar{y}$，样本容量分别为 15，20，试求 $P(|\bar{x} - \bar{y}| > 0.2)$。

10. 设从两个方差相等的正态总体中分别抽取容量为 15，20 的样本，其样本方差分别为 s_1^2 与 s_2^2，试求 $P(s_1^2 / s_2^2 > 2)$。

11. 甲、乙两家化肥厂生产化肥。甲厂平均每小时生产 100 袋化肥，且服从正态分布，标准差为 25 袋；乙厂平均每小时生产 110 袋化肥，也服从正态分布，标准差为 30 袋。现从甲、乙两厂各随机抽取 5 小时计算单位时间的产量，问出现乙厂比甲厂单位时间产量少的概率有多大?

第七章知识点练习参考答案

第八章 参数估计

一、学习目标

参数估计是当总体分布形态已知时，对总体分布的未知参数进行的估计，通常是利用样本信息来推断总体特征值。本章主要讨论参数估计中的两种估计方法：点估计和区间估计。在说明点估计的优良准则和缺陷的基础上，重点介绍区间估计的基本原理，并详细列举了总体参数(包括总体均值、总体比例和总体方差)的置信区间估计，以及两个总体参数(包括两个总体均值之差、两个总体比例之差、两个正态总体方差比)的置信区间估计问题，另外还讨论了样本容量的影响因素以及简单随机抽样下样本容量的确定公式。

本章学习的重点和难点在于：理解并掌握区间估计的基本概念，比如置信区间、置信水平、抽样允许误差、区间估计的精度与可靠程度等；理解并掌握不同研究目的以及不同前提条件下的单个总体参数的置信区间估计以及两个总体参数之差(或之比)的置信区间估计方法；理解并掌握样本容量的影响因素与确定公式之间的关系。

通过本章的学习，应达到以下学习目标：

(1) 理解点估计的优良准则；理解点估计与区间估计的关系；

(2) 掌握不同前提条件下的总体均值置信区间的估计方法；

(3) 掌握总体比例置信区间的大样本估计方法；

(4) 掌握正态总体方差置信区间的估计方法；

(5) 掌握两个总体均值之差置信区间的估计方法；

(6) 掌握两个总体比例之差置信区间的大样本估计方法；

(7) 了解两个正态总体方差比置信区间的估计方法；

(8) 理解样本容量的影响因素及影响方向；

(9) 掌握简单随机抽样条件下样本容量的确定公式；

(10) 熟悉 Excel 中参数估计的实现；

(11) 课程思政：小概率事件原理的生活思考。

二、知识梳理

(一) 主要内容

(1) 参数估计是指对分布的参数进行估计的问题，是利用样本信息来推断总体特征值。参数估计有点估计和区间估计两种方法。区间估计是参数估计的常用形式。从区间估计的角度来说，参数估计属于概率估计，通常会存在一定的抽样误差，这是一种随机误差，是可以事前计算并加以控制的。

(2) 点估计是用合适的统计量的值作为对应未知参数的估计值。点估计的理论方法有矩估计法、顺序统计量法、最小二乘法、最大似然法等。实践中常见的单个总体参数的点估计类型有：用某一样本均值的值直接作为总体均值 μ 的点估计；用某一样本比例的值直接作为总体比例 π 的点估计；用某一样本方差的值直接作为总体方差 σ^2 的点估计。点估计量的优良准则有无偏性、有效性和一致性。但是，某点估计值是由特定样本的信息计算出来的一个特定的数值，它不能表明估计的可靠程度。

(3) 置信区间估计(简称区间估计)是在点估计的基础上，给出未知参数的一个取值区间，并以一定的概率将未知参数的真值包括在此区间内。区间估计中，抽样允许误差 Δ 和置信水平 $(1-\alpha)$ 分别说明了区间估计的精度和可靠程度，二者互相矛盾，此消彼长。抽样允许误差 Δ 越小，估计精度越高，估计可靠程度越低；反之亦然。置信水平 $(1-\alpha)$ 越高，估计可靠程度越高，但是，越宽的区间其抽样允许误差越大，而估计精度越低；反之亦然。在实际的区间估计应用中，有的情况下人们更注重估计精度的高低，而另外一些时候则更注重估计可靠程度，从而区间估计表现为两种不同的做法。

(4) 对总体均值进行区间估计时，需要考虑三个条件：①用于构造估计量的样本是大样本 $(n \geqslant 30)$ 还是小样本 $(n < 30)$；②总体是否服从正态分布；③总体方差是否已知。但不管哪种情况，总体均值的置信区间都是由样本均值加减抽样允许误差得到的。

(5) 对总体比例进行区间估计是在大样本条件下进行的。大样本的条件是 $np \geqslant 10$ 和 $n(1-p) \geqslant 10$。此时，总体比例的置信区间都是由样本比例加减抽样允许误差得到的。

(6) 对总体方差进行区间估计是在总体服从正态分布的前提下进行的。其置信区间不再是由点估计值±估计误差来得到。

(7) 两个总体均值之差置信区间的估计要区分以下不同情形来进行：①两个独立大样本下的估计；②两个独立小样本下的估计(要根据两个总体方差是否已知及相互关系做进一步的分类)；③两个匹配样本下的估计。每种情形下的置信区间都是由样本均值之差加减抽样允许误差得到的。

(8) 两个总体比例之差置信区间的估计是在大样本条件下进行的。大样本的条件是 $n_1 p_1 \geqslant 10$ 和 $n_1(1-p_1) \geqslant 10, n_2 p_2 \geqslant 10$ 和 $n_2(1-p_2) \geqslant 10$。其置信区间都是由样本之差加减抽样允许误差得到的。

(9) 两个总体方差比置信区间的估计是在两个总体均服从正态分布的条件下进行的。其置信区间不再是由样本方差比加减抽样允许误差来得到。

(10) 确定样本容量时需要考虑的因素主要有：①总体的方差 σ^2 或 $\pi(1-\pi)$。总体方差越大，就应多抽些个体。②抽样允许误差 Δ。Δ 越小，对抽样精度要求越高，应多抽些个体。③置信水平 $(1-\alpha)$。$(1-\alpha)$ 要求越高，就应多抽些个体。④抽样技术。在其他条件相同的情况下，分层抽样比简单随机抽样需要的样本容量要小；整群抽样比简单随机抽样需要的样本容量要大，而在一定条件下的等距抽样与简单随机抽样要求的样本容量差异不大。⑤抽样方法。通常采用重置抽样比不重置抽样需要的样本容量要大。

(二) 主要公式(表 8.1～表 8.5)

表 8.1　总体均值 μ 在不同已知条件下的置信区间(置信水平 $(1-\alpha)$)

样本容量	总体分布	σ^2 是否已知	置信区间
大样本 $(n \geqslant 30)$	正态总体或非正态总体	σ^2 已知	$[\overline{x} \pm \Delta_{\overline{x}}] = \left[\overline{x} \pm Z_{\alpha/2} \dfrac{\sigma}{\sqrt{n}}\right]$
		σ^2 未知	$[\overline{x} \pm \Delta_{\overline{x}}] = \left[\overline{x} \pm Z_{\alpha/2} \dfrac{s}{\sqrt{n}}\right]$
小样本 $(n < 30)$	正态总体	σ^2 已知	$[\overline{x} \pm \Delta_{\overline{x}}] = \left[\overline{x} \pm Z_{\alpha/2} \dfrac{\sigma}{\sqrt{n}}\right]$
		σ^2 未知	$[\overline{x} \pm \Delta_{\overline{x}}] = \left[\overline{x} \pm t_{\alpha/2}(n-1) \dfrac{s}{\sqrt{n}}\right]$

表 8.2　两个总体均值之差在不同已知条件下的置信区间(置信水平 $(1-\alpha)$)

待估参数	样本容量	两个总体方差	置信区间
两个总体均值之差 $(\mu_1 - \mu_2)$	两个独立随机大样本	都已知	$[(\overline{x}_1 - \overline{x}_2) \pm \Delta_{(\overline{x}_1 - \overline{x}_2)}] = \left[(\overline{x}_1 - \overline{x}_2) \pm Z_{\alpha/2}\sqrt{\dfrac{\sigma_1^2}{n_1} + \dfrac{\sigma_2^2}{n_2}}\right]$
		都未知	$[(\overline{x}_1 - \overline{x}_2) \pm \Delta_{(\overline{x}_1 - \overline{x}_2)}] = \left[(\overline{x}_1 - \overline{x}_2) \pm Z_{\alpha/2}\sqrt{\dfrac{s_1^2}{n_1} + \dfrac{s_2^2}{n_2}}\right]$
	两个正态分布总体,两个独立随机小样本	都已知	$[(\overline{x}_1 - \overline{x}_2) \pm \Delta_{(\overline{x}_1 - \overline{x}_2)}] = \left[(\overline{x}_1 - \overline{x}_2) \pm Z_{\alpha/2}\sqrt{\dfrac{\sigma_1^2}{n_1} + \dfrac{\sigma_2^2}{n_2}}\right]$
		未知但相等	$[(\overline{x}_1 - \overline{x}_2) \pm \Delta_{(\overline{x}_1 - \overline{x}_2)}] = \left[(\overline{x}_1 - \overline{x}_2) \pm t_{\alpha/2}(n_1 + n_2 - 2)\sqrt{s_p^2\left(\dfrac{1}{n_1} + \dfrac{1}{n_2}\right)}\right]$
		未知且不相等	$[(\overline{x}_1 - \overline{x}_2) \pm \Delta_{(\overline{x}_1 - \overline{x}_2)}] = \left[(\overline{x}_1 - \overline{x}_2) \pm t_{\alpha/2}(v)\sqrt{\dfrac{s_1^2}{n_1} + \dfrac{s_2^2}{n_2}}\right]$ $v = \dfrac{(s_1^2/n_1 + s_2^2/n_2)^2}{\dfrac{(s_1^2/n_1)^2}{n_1 - 1} + \dfrac{(s_2^2/n_2)^2}{n_2 - 1}}$
	匹配大样本	总体均值差值的方差已知	$[\overline{d} \pm \Delta_{\overline{d}}] = \left[\overline{d} \pm Z_{\alpha/2} \dfrac{\sigma_d}{\sqrt{n}}\right],\ \ \overline{d} = \dfrac{\sum_{i=1}^{n} d_i}{n}$
	匹配小样本,匹配差值服从正态分布	总体均值差值的方差未知	$[\overline{d} \pm \Delta_{\overline{d}}] = \left[\overline{d} \pm t_{\alpha/2}(n-1) \dfrac{s_d}{\sqrt{n}}\right],\ \ s_d = \sqrt{\dfrac{\sum_{i=1}^{n}(d_i - \overline{d})^2}{n-1}}$

表 8.3　总体比例、总体方差的置信区间(置信水平 $(1-\alpha)$)

待估参数	条件	置信区间
总体比例 π	$np \geqslant 10$,　$n(1-p) \geqslant 10$	$[p \pm \Delta_p] = \left[p \pm Z_{\alpha/2}\sqrt{\dfrac{p(1-p)}{n}}\right]$
总体方差 σ^2	正态总体	$\sigma^2 \in \left[\dfrac{(n-1)s^2}{\chi_{\alpha/2}^2(n-1)}, \dfrac{(n-1)s^2}{\chi_{1-\alpha/2}^2(n-1)}\right]$

表 8.4 两个总体比例之差、两个总体方差之比的置信区间(置信水平$(1-\alpha)$)

待估参数	条件	置信区间
两个总体比例之差 $(\pi_1-\pi_2)$	两个二项分布总体 两个独立大样本	$[(p_1-p_2)\pm\Delta_{(p_1-p_2)}]=\left[(p_1-p_2)\pm Z_{\alpha/2}\sqrt{\dfrac{\pi_1(1-\pi_1)}{n_1}+\dfrac{\pi_2(1-\pi_2)}{n_2}}\right]$
两个正态总体方差比 σ_1^2/σ_2^2	两个正态总体	$\dfrac{\sigma_1^2}{\sigma_2^2}\in\left[\dfrac{s_1^2/s_2^2}{F_{\alpha/2}(n_1-1,n_2-1)},\dfrac{s_1^2/s_2^2}{F_{1-\alpha/2}(n_1-1,n_2-1)}\right]$

表 8.5 简单随机抽样条件下样本容量的确定公式

待估参数	抽样方法	置信区间
正态总体均值 μ	重置抽样	$n=\dfrac{Z_{\alpha/2}^2\sigma^2}{\Delta_{\bar{x}}^2}$
	不重置抽样	$n=\dfrac{NZ_{\alpha/2}^2\sigma^2}{(N-1)\Delta_{\bar{x}}^2+Z_{\alpha/2}^2\sigma^2}$
总体比例 π	重置抽样	$n=\dfrac{Z_{\alpha/2}^2\pi(1-\pi)}{\Delta_p^2}$
	不重置抽样	$n=\dfrac{NZ_{\alpha/2}^2\pi(1-\pi)}{(N-1)\Delta_p^2+Z_{\alpha/2}^2\pi(1-\pi)}$

注：总体方差 σ^2 未知时，需要预先估计；总体比例 π 未知时，通常取 $\pi(1-\pi)=0.25$。

三、知 识 拓 展

(一) 样本方差 s^2 是总体方差 σ^2 的无偏估计的证明

在总体方差的估计中，通常用样本方差 s^2 来估计总体方差 σ^2，s^2 公式中离差平方和所除以的不是样本容量 n，而是 $n-1$。这是因为，只有这种形式的样本方差才是 σ^2 的无偏估计。

证明
$$E(s^2)=E\left[\frac{\sum(x_i-\bar{x})^2}{n-1}\right]$$
$$=\frac{1}{n-1}E\left\{\sum[(x_i-\mu)-(\bar{x}-\mu)]^2\right\}$$
$$=\frac{1}{n-1}E\left\{\sum[(x_i-\mu)^2-n(\bar{x}-\mu)^2]\right\}$$
$$=\frac{1}{n-1}\left[\sum E(x_i-\mu)^2-nE(\bar{x}-\mu)^2\right]$$
$$=\frac{1}{n-1}\left(n\sigma^2-n\frac{\sigma^2}{n}\right)=\sigma^2$$

说明 $s^2=\dfrac{\sum(x_i-\bar{x})^2}{n-1}$ 是总体方差 σ^2 的无偏估计。

(二) 著名抽样专家威廉·戈塞特

威廉·戈塞特(1876~1937)提出了著名的"学生 t 分布"。1906 年，戈塞特在卡尔·皮尔逊的生物统计实验室从事研究期间，他发现如果是小样本，平均数的分布并不遵循正态曲线。1908 年，戈塞特以"学生"的笔名在《生物计量学》杂志上发表了论文《平均数的概率误差》，文中提出了一种统计量的抽样分布——"学生 t 分布"，并利用分布族引入了小样本估计。t 统计量不仅成为数理统计学常用的工具，而且也是统计量精确分布理论中一系列主要结果的开端，特别是在多元正态总体抽样分布方面具有重要意义。

四、案 例 分 析

(一) 本科毕业生薪酬的参数估计

很多测评机构在比较各个高校的实力或比较不同高校培养的大学生受社会欢迎的程度时，不仅使用到就业率等指标，还经常用大学毕业生的薪酬高低来衡量。要反映一个学校所培养学生的薪酬水平通常应采用该校全部学生薪酬的平均水平、薪酬达到一定水平的毕业生比重等统计指标来衡量。但要对毕业生进行全面调查既不太可能又不必要，为此可进行抽样调查，即随机抽取一定数量的大学毕业生构成样本，通过对样本调查所获取的数据来估计或推断总体的平均水平或某一比重等数量特征。

某高校对本校应届毕业生且在当地就业的 36 名学生进行了一次抽样调查，得到"工作第一个月的薪酬"调查数据(单位：元)为

2800	3000	3150	2200	2300	2400	3500	3800	2750	3200	3400	3300	2950
3000	5500	2700	2500	2600	3100	2760	2800	4200	3300	3500	2800	2850
2800	2600	2350	3180	3050	3700	3100	3200	3220	3200

要求：

(1) 以 95%的置信水平对该校在当地就业的全体应届毕业生第一个月的平均薪酬水平进行区间估计；

(2) 分别以 90%和 99.73%的置信水平再进行上述估计，并且观察它们都发生什么样的变化；

(3) 以 95%的置信水平对在当地就业第一个月薪酬在 3000 元及以上的应届毕业生比例进行区间估计。

【案例分析】

(1) 根据案例数据，计算可得

$$\bar{x} = \frac{\sum x}{n} = \frac{110760}{36} = 3076.67 (元)$$

$$s = \sqrt{\frac{\sum (x-\bar{x})^2}{n-1}} = \sqrt{\frac{12571800}{35}} = 599.33 (元)$$

$$\sigma_{\bar{x}} = \frac{s}{\sqrt{n}} = \frac{599.33}{\sqrt{36}} = 99.89 (元)$$

95%置信水平下的置信区间为

$$[\bar{x}-z_{\alpha/2}\sigma_{\bar{x}},\bar{x}+z_{\alpha/2}\sigma_{\bar{x}}]=[3076.67-1.96\times99.89,3076.67+1.96\times99.89]=[2880.89,3272.45](元)$$

95%置信水平下，该校在当地就业的全体应届毕业生第一个月的平均薪酬的置信区间为[2880.89，3272.45]元。

(2) 90%置信水平下的置信区间为

$$[\bar{x}-z_{\alpha/2}\sigma_{\bar{x}},\bar{x}+z_{\alpha/2}\sigma_{\bar{x}}]=[3076.67-1.645\times99.89,3076.67+1.645\times99.89]=[2912.35,3240.99](元)$$

99.73%置信水平下的置信区间为

$$[\bar{x}-z_{\alpha/2}\sigma_{\bar{x}},\bar{x}+z_{\alpha/2}\sigma_{\bar{x}}]=[3076.67-3\times99.89,3076.67+3\times99.89]=[2777,3376.34](元)$$

根据上述计算结果可知，随着置信水平的增加，置信区间变宽，这也验证了可靠程度与精度之间的矛盾关系，即在其他条件不变的情况下，提高可靠程度，则精度降低。

(3) 样本比例为

$$p=\frac{n_1}{n}=\frac{20}{36}=55.56\%$$

$$\sigma_p=\sqrt{\frac{p(1-p)}{n}}=\sqrt{\frac{55.56\%\times44.44\%}{36}}=8.28\%$$

置信区间为

$$[p-z_{\alpha/2}\sigma_p,p+z_{\alpha/2}\sigma_p]=[55.56\%-1.96\times8.28\%,55.56\%+1.96\times8.28\%]=[39.33\%,71.79\%]$$

95%置信水平下，该校当年在本地就业的全体应届毕业生第一个月的薪酬在 3000 元及以上的比例置信区间为[39.33%，71.79%]。

(二) 教学方法的效果研究

一种空军电子学引导性教程利用一种个人化教学系统，每位学生观看讲座录像带，然后给以程式化的教材。每位学生独立地钻研教材直至其完成训练并通过考试。有些学生能够相对较快地完成程式化教材，而另一些学生花在教材上的时间较长并且需要另外的时间来完成课程。在整个集体共同进行其他方面的训练之前，进行得较快的学生要等待较慢的学生完成引导性教程。一种建议的替代系统涉及使用计算机辅助教学。在这种方法中，所有的学生观看相同的讲座录像带，然后每位学生分别被指派到一台计算机终端接受进一步训练。在教程自我训练部分的整个过程中，由计算机指导学生独立工作。

为对建议的和当前的教学方法进行比较，一个由 122 名学生组成的班级被随机地指派采用这两种方法之一。一组 61 名学生使用当前程式化教材，另一组 61 名学生使用建议的计算机辅助方法。每位学生用在学习上的时间(小时)被记录在表 8.6 和表 8.7 中。

表 8.6　当前训练方法完成教程的时间

76	76	77	74	76	74	74	77	72	78	73
78	75	80	79	72	69	79	72	70	70	81
76	78	72	82	72	73	71	70	77	78	73
79	82	65	77	79	73	76	81	69	75	75
77	79	76	78	76	76	73	77	84	74	74
69	79	66	70	74	72					

表 8.7　建议的计算机辅助方法完成教程的时间

74	75	77	78	74	80	73	73	78	76	76
74	77	69	76	75	72	75	72	76	72	77
73	77	69	77	75	76	74	77	75	78	72
77	78	78	76	75	76	76	75	76	80	77
76	75	73	77	77	77	79	75	75	72	82
76	76	74	72	78	71					

要求：

(1) 以 95%的置信水平对两种训练方法完成教程时间总体均值之差进行区间估计；

(2) 以 95%的置信水平对两种训练方法总体方差之比进行区间估计。

【案例分析】

(1) $\bar{x}=75.07$，$s_x^2=16.59$，$n_1=61$；$\bar{y}=75.43$，$s_y^2=6.28$，$n_2=61$。

$(\mu_1-\mu_2)$ 在 95%置信水平下的置信区间为

$$\left[(\bar{x}-\bar{y})-Z_{\alpha/2}\sqrt{\frac{s_x^2}{n_1}+\frac{s_y^2}{n_2}}, (\bar{x}-\bar{y})+Z_{\alpha/2}\sqrt{\frac{s_x^2}{n_1}+\frac{s_y^2}{n_2}}\right]$$

$$=\left[(75.07-75.43)-1.96\times\sqrt{\frac{16.59}{61}+\frac{6.28}{61}}, (75.07-75.43)+1.96\times\sqrt{\frac{16.59}{61}+\frac{6.28}{61}}\right]$$

$$=[-0.36-1.20,-0.36+1.20]=[-1.56,0.84](小时)$$

95%置信水平下，两种训练方法完成教程时间总体均值之差的置信区间为[-1.56,0.84]小时。

(2) $s_x^2=16.59$，$n_1=61$；$s_y^2=6.28$，$n_2=61$。

$$F_{0.025}(60,60)=\frac{1}{F_{0.975}(60,60)}=\frac{1}{0.60}=1.67,\quad F_{0.975}(60,60)=0.60$$

两个总体方差比 σ_1^2/σ_2^2 的 95%的置信区间为

$$\left[\frac{16.59/6.28}{F_{\alpha/2}(n_1-1,n_2-1)},\frac{16.59/6.28}{F_{1-\alpha/2}(n_1-1,n_2-1)}\right]=[1.58,4.40](小时)$$

95%置信水平下，两种训练方法完成教程时间总体方差之比的置信区间为[1.58,4.40]小时。

(三) 高血压治疗效果的研究

某项研究对 10 名高血压患者进行心理治疗。表 8.8 中给出了每人在治疗前后的血压数量，试对治疗前后血压之差的 95%置信水平的置信区间进行估计。

表 8.8　心理治疗前后高血压患者血压数据表

患者序号	起始血压/mmHg	疗后血压/mmHg
1	141	142
2	169	165
3	158	150
4	180	176
5	147	143
6	160	157
7	175	170
8	163	157
9	148	143
10	163	162

【案例分析】

由样本数据计算得到

$$\bar{d} = \frac{39}{10} = 3.9 (\text{mmHg}), \quad s_d = \sqrt{\frac{\sum_{i=1}^{n}(d_i - \bar{d})^2}{n-1}} = \sqrt{\frac{56.9}{10-1}} = 2.51 (\text{mmHg})$$

$$t_{\alpha/2}(n-1) = t_{0.025}(10-1) = 2.262$$

95%置信水平下，治疗前后血压之差 $\mu_d = \mu_1 - \mu_2$ 的置信区间为

$$\left[\bar{d} - t_{\alpha/2}(n-1)\frac{s_d}{\sqrt{n}}, \bar{d} + t_{\alpha/2}(n-1)\frac{s_d}{\sqrt{n}} \right]$$

$$= \left[3.9 - 2.262 \times \frac{2.51}{\sqrt{10}}, 3.9 + 2.262 \times \frac{2.51}{\sqrt{10}} \right]$$

$$= [3.9 - 1.80, 3.9 + 1.80] = [2.10, 5.70](\text{mmHg})$$

95%置信水平下，治疗前后血压之差 $\mu_d = \mu_1 - \mu_2$ 的置信区间为[2.10, 5.70]mmHg。

(四) 样本容量确定

要进行抽样推断，就要先获取样本数据。为此首先就必须在调查方案中设计好样本容量的大小，即必须明确应从总体中抽取多少个体进行调查。抽样推断的理论告诉我们，如果样本容量太小，抽样误差太大，就不能满足推断精度的要求；如果样本容量过大，虽然足以满足推断精度要求，但调查的代价(包括人力、财力、物力和时间的花费)很大，造成浪费，甚至使调查变得无法实施或得不偿失。所以，科学地确定合适的样本容量是抽样调查中很重要的一个环节。

某市一家消费研究机构为了了解该市居民对近期消费品市场的反应，准备进行一次抽样调查，调查对象为 18 岁以上的本市居民，调查内容包括居民对近期消费品价格、质量的满意度和预期、个人的月消费支出水平，以及居民对有关部门的市场监管工作是否满意等。在待估计的多项总体指标中，最关注的是全市居民的月平均消费支出以及居民对市场监管的不满意率，因此规定了这两个指标的估计精度：要求在 95%的置信水平下，月平均消费支出的允许误差不超过 2%，不满意率的允许误差不超过 5 个百分点。

由其他渠道初步估计：居民平均月消费支出大约为 1740 元，标准差为 185 元。此前关于居民对有关部门的市场监管工作是否满意没有进行过权威的调查，有人估计不满意率很可能为 20%。

(1) 根据月平均消费支出的允许误差要求计算出必要的样本容量。

(2) 根据不满意率的允许误差要求，分下列两种情况计算出必要的样本容量：一种情况为总体不满意率按 20%来估计；另一种情况为没有关于总体不满意率的可靠的参考信息，应该以最保险、可靠的原则进行估计。

(3) 为了满足月平均消费支出和不满意率的允许误差要求，应该共用一个调查样本还是分别抽取各自的调查样本？如果可以共用一个调查样本，那么必要的样本容量应该取得多大？为什么？

【案例分析】

(1) 因为总体单位数缺失，所以只能采用重置抽样条件确定样本容量：

$$n = \frac{z^2 \sigma^2}{\Delta_{\bar{x}}^2} = \frac{1.96^2 \times 185^2}{(1740 \times 2\%)^2} = 109(\text{人})$$

应抽选 109 人进行调查。

(2) 第一种情况

$$n = \frac{z^2 \sigma_p^2}{\Delta_p^2} = \frac{1.96^2 \times 20\% \times 80\%}{(5\%)^2} = 246(\text{人})$$

第二种情况，当 $p = 1 - p = 0.5$ 时，比例的最大方差 $\sigma_p^2 = 0.25$，

$$n = \frac{z^2 \sigma_p^2}{\Delta_p^2} = \frac{1.96^2 \times 0.25}{(5\%)^2} = 385(\text{人})$$

(3) 调查内容包括多个变量时，样本容量应采用大的，根据月平均消费支出确定的样本容量为 109 人，根据不满意率确定的样本容量为 246 人与 385 人，为了保险起见，样本容量应为 385 人。

(五) 置信水平的理解

用从正态分布 $N(15,4)$ 中随机模拟的方法产生样本容量为 10 的样本，来理解置信水平的含义。

【案例分析】

按照随机模拟的方法从 $N(15,4)$ 中模拟出样本容量为 10 的一个样本为 14.85,13.01,13.50, 14.93,16.97,13.80,17.95,13.37,16.29,12.38，由该样本可以算得

$$\bar{x} = 14.7050, \quad s = 1.8432$$

从而得到 μ 的 90% 置信水平下的一个置信区间为

$$\left[14.7050 - 1.645 \times \frac{1.8432}{\sqrt{10}}, \ 14.7050 + 1.645 \times \frac{1.8432}{\sqrt{10}} \right] = [13.7462, 15.6638]$$

该区间包含 μ 的真值 15。现重复这样的方法 100 次，可以得到 100 个样本，也就得到 100 个区间，这 100 个区间见图 8.1。

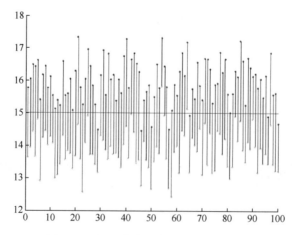

图 8.1 μ 的置信水平为 90% 的置信区间

由图 8.1 可知，这 100 个区间中有 91 个包含参数真值 15，另外 9 个不包含参数真值。

如果置信水平为 50%，我们也可以给出 100 个这样的区间，见图 8.2。可以看出，这 100 个区间中有 50 个包含参数真值 15，另外 50 个不包含参数真值。

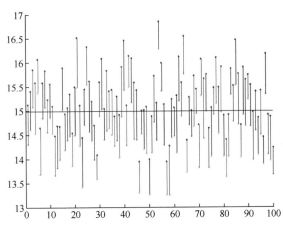

图 8.2　μ 的置信水平为 50% 的置信区间

五、知识点练习

(一) 填空题

1. 统计估计分为_____估计和_____估计两种类型，其中，当总体分布形态已知时，仅需对总体分布的未知参数进行的估计为_____。

2. 参数估计属于_____，所估计的结果跟总体参数真值通常会存在一定的误差，如果样本是随机的，则这种统计误差是一种_____，这种误差可以_____。

3. 点估计就是直接用_____的某个取值作为参数的估计值。在重置抽样条件下，点估计的均值可望等于_____，但由于样本是随机的，点估计无法给出估计值与参数真值接近的程度，即无法说明估计的_____。

4. 区间估计是在_____的基础上，加减一个_____得到参数的一个区间范围，并能够给出参数在此区间内取值的_____一种参数估计方法。

5. 如果将构造置信区间的步骤重置多次，置信区间中包含参数真值的次数所占的比例称为_____，它反映了估计区间包含总体真值_____的大小，一般用_____表示。

6. 在区间估计中，允许误差说明了区间估计的_____，允许误差越小，置信区间越窄，估计的_____。置信水平则说明了区间估计的_____，置信水平越高，说明所构造的置信区间包含总体参数的_____。置信水平越高，在其他条件不变的情况下，需要比较_____的允许误差，因此会_____区间估计的精度。

7. 假定 $\hat{\theta}_1$，$\hat{\theta}_2$ 为参数 θ 的两个无偏估计量，其抽样分布的方差分别用 $D(\hat{\theta}_1)$ 和 $D(\hat{\theta}_2)$ 表示，如果_____，则称 $\hat{\theta}_1$ 是比 $\hat{\theta}_2$ 更有效的一个估计量。

8. p 为样本比例，大样本条件下总体比例 π 在 $(1-\alpha)$ 置信水平下的置信区间的表达式为_____。

9. 样本容量与置信水平成_____，与总体方差成_____，与允许误差的平方成_____。

10. 在简单随机重置抽样条件下，如果其他条件保持不变，仅将允许误差缩小 $\frac{1}{2}$，则样本容量将_____；若将允许误差扩大一倍，则样本容量将_____。

11. 如果两个样本是从两个总体中独立抽取的，即一个样本中的个体与另一个样本中的个体相互独立，则称为_____。若两个样本为独立大样本($n_1 \geqslant 30$ 和 $n_2 \geqslant 30$)时，两个样本均值之差$(\bar{x}_1 - \bar{x}_2)$近似服从期望值为_____、方差为_____的正态分布。

12. 两样本为从服从正态分布的总体中随机抽取的独立小样本，若σ_1^2 和 σ_2^2 未知但相等，则$(\bar{x}_1 - \bar{x}_2)$经标准化后服从自由度为_____的_____分布。

13. 估计总体方差时，需要用_____分布来构造σ^2的置信区间。

14. 构造两总体(两正态分布总体，两个独立随机小样本)均值之差的置信区间时，需要考虑_____和_____。

(二) 单选题

1. 参数估计的前提条件是(　　)。
A. 总体分布未知　　　　　　　　　　B. 总体分布已知
C. 总体分布必须为正态分布　　　　　D. 与总体情况没有关系

2. 设参数为θ，所选择的估计量为$\hat{\theta}$，如果$E(\hat{\theta}) = \theta$，则称$\hat{\theta}$为(　　)。
A. 一致性估计量　　　　　　　　　　B. 有效性估计量
C. 无偏性估计量　　　　　　　　　　D. 可靠性估计量

3. 如果θ的两个估计量$\hat{\theta}_1$和$\hat{\theta}_2$中，$\hat{\theta}_1$比$\hat{\theta}_2$更有效，以下说法正确的是(　　)。
A. $E(\hat{\theta}_1) = \theta$，$E(\hat{\theta}_2) \neq \theta$　　　　B. $E(\hat{\theta}_1) \neq \theta$，$E(\hat{\theta}_2) = \theta$
C. $D(\hat{\theta}_1) > D(\hat{\theta}_2)$　　　　　　　　　D. $D(\hat{\theta}_1) < D(\hat{\theta}_2)$

4. 随着样本容量的增大，统计量与未知的参数之差的绝对值小于任意小的正数的可能性趋于必然性，称为抽样推断的(　　)。
A. 无偏性　　　　B. 有效性　　　　C. 一致性　　　　D. 稳健性

5. 样本均值的标准误差就是(　　)。
A. 样本标准差　　　　　　　　　　　B. 样本方差
C. 样本均值的标准差　　　　　　　　D. 样本均值的方差

6. 标准误差反映了参数与统计量之间的(　　)。
A. 可能允许误差　　B. 平均误差程度　　C. 估计误差　　D. 实际误差

7. 从 2000 名学生中按不重置抽样方法抽取了 100 名进行调查，其中有女生 45 名，则女生比例的标准误差是(　　)。
A. 0.24%　　　　B. 4.85%　　　　C. 4.97%　　　　D. 以上都不对

8. 假定 10 亿人口大国和 100 万人口小国的居民年龄离散程度相同，现在各自用重置抽样方法抽取本国的 1%人口，则抽样误差(　　)。
A. 两者相等　　B. 前者大于后者　　C. 前者小于后者　D. 不能确定

9. 反映统计量与参数之间误差可能范围的指标是(　　)。
A. 允许误差　　　　B. 标准误差　　　　C. 置信水平　　　　D. 分位数

10. 若总体均值 $\mu = 50$，在一次抽样推断中得到样本均值为 48。则以下说法正确的是（　）。

A. 允许误差为 2　　　B. 标准误差为 2　　　C. 估计误差为 2　D. 以上都不对

11. 允许误差和标准误差之间的关系是（　）。

A. 前者一定小于后者　　　　　　　　B. 前者一定大于后者

C. 前者一定等于后者　　　　　　　　D. 前者既可以大于后者，也可以小于后者

12. 从 1，2，3，4，5 这五个数构成的总体中不重置地随机抽取两个数作为样本，则对于所有可能样本的样本均值，以下说法正确的是（　）。

A. 样本均值的抽样误差最大值是 2　　　B. 样本均值为 3 的概率是 25%

C. 样本均值为 3 的概率是 40%　　　　　D. 以上都不对

13. 在一定的标准误差条件下（　）。

A. 扩大允许误差，可以提高推断的可靠程度

B. 扩大允许误差，可以降低推断的可靠程度

C. 扩大允许误差，可以提高推断的精度

D. 缩小允许误差，可以降低推断的精度

14. 区间估计的基本原理，就是要解决（　）之间的关系。

A. 标准误差与样本容量　　　　　　　B. 标准误差与允许误差

C. 允许误差与置信水平　　　　　　　D. 置信水平与分位数

15. 下列关于置信区间的说法正确的是（　）。

A. 置信区间是固定的

B. 置信区间是随机的，会因样本的不同而不同

C. 每一个特定的置信区间都有一定的概率包含参数

D. 置信水平为 95%的置信区间可以理解为所构造的这一置信区间包含总体参数的概率为 95%

16. 给定分布条件下，置信水平与分位数之间的关系说法不正确的是（　）。

A. 置信水平与分位数存在一一对应关系

B. 可以根据给定的置信水平求出分位数

C. 可以根据给定的分位数求出置信水平

D. 置信水平与分位数之间有时候可以相互计算，有时候不能相互计算

17. 对于对称分布而言，下面对分位数与置信水平或显著性水平之间的关系理解正确的是（　）。

A. 分位数右边的面积等于置信水平

B. 分位数右边的面积等于显著性水平

C. 分位数左边的面积等于显著性水平

D. 分位数右边的面积等于显著性水平的一半

18. 大样本情况下，如果总体方差未知，总体均值在 $(1-\alpha)$ 置信水平下的置信区间可表示为（　）。

A. $\bar{x} \pm z_{\alpha} \dfrac{s}{\sqrt{n}}$　　　　　　　　　　　　B. $\bar{x} \pm z_{\alpha/2} \dfrac{s}{\sqrt{n}}$

C. $\bar{x} \pm t_{\alpha/2}(n-1)\dfrac{s}{\sqrt{n}}$　　　　　　　　　　D. $\bar{x} \pm t_{\alpha}(n-1)\dfrac{s}{\sqrt{n}}$

19. 总体方差 σ^2 在 $(1-\alpha)$ 置信水平下的置信区间可表示为(　　)。

A. $\dfrac{(n-1)s^2}{\chi^2_{1-\alpha/2}(n-1)} \leqslant \sigma^2 \leqslant \dfrac{(n-1)s^2}{\chi^2_{\alpha/2}(n-1)}$　　　　　　B. $\dfrac{ns^2}{\chi^2_{\alpha/2}(n-1)} \leqslant \sigma^2 \leqslant \dfrac{ns^2}{\chi^2_{1-\alpha/2}(n-1)}$

C. $\dfrac{(n-1)s^2}{\chi^2_{\alpha/2}(n-1)} \leqslant \sigma^2 \leqslant \dfrac{(n-1)s^2}{\chi^2_{1-\alpha/2}(n-1)}$　　　　　　D. $\dfrac{(n-1)s^2}{\chi^2_{\alpha}(n-1)} \leqslant \sigma^2 \leqslant \dfrac{(n-1)s^2}{\chi^2_{1-\alpha}(n-1)}$

20. 两个独立大样本总体方差已知条件下,总体均值 $(\mu_1 - \mu_2)$ 在 $(1-\alpha)$ 置信水平下的置信区间可表示为(　　)。

A. $(\bar{x}_1 - \bar{x}_2) \pm z_{\alpha}\sqrt{\dfrac{\sigma_1^2}{n_1} + \dfrac{\sigma_2^2}{n_2}}$　　　　　　B. $(\bar{x}_1 - \bar{x}_2) \pm z_{\alpha/2}\sqrt{\dfrac{s_1^2}{n_1} + \dfrac{s_2^2}{n_2}}$

C. $(\bar{x}_1 - \bar{x}_2) \pm t_{\alpha/2}\sqrt{\dfrac{\sigma_1^2}{n_1} + \dfrac{\sigma_2^2}{n_2}}$　　　　　　D. $(\bar{x}_1 - \bar{x}_2) \pm z_{\alpha/2}\sqrt{\dfrac{\sigma_1^2}{n_1} + \dfrac{\sigma_2^2}{n_2}}$

21. 为了检验两个总体的方差是否相等,所使用的变量抽样分布是(　　)。

A. F 分布　　　　　　B. Z 分布　　　　　　C. t 分布　　　　　　D. χ^2 分布

22. 配对小样本的均值 $\bar{d}$ 的抽样分布是(　　)。

A. Z 分布　　　　　　　　　　　　B. 自由度为 n 的 t 分布

C. 自由度为 $(n-1)$ 的 t 分布　　　　　　D. 自由度为 $(n-1)$ 的 χ^2 分布

23. 在其他条件相同的情况下,重置抽样与不重置抽样所需要的样本容量之间的关系是(　　)。

A. 重置抽样大于不重置抽样　　　　　　B. 重置抽样小于不重置抽样

C. 重置抽样等于不重置抽样　　　　　　D. 两者之间的关系不是固定的

24. 计算必要样本容量时,若总体方差未知,应当从几个可供选择的样本方差中挑选出数值(　　)。

A. 最小的　　　　　　B. 任意的　　　　　　C. 最大的　　　　　　D. 适中的

25. 95% 置信水平的区间估计中 95% 的置信水平是指(　　)。

A. 总体参数落在一个特定的样本所构造的区间内的概率为 95%

B. 总体参数落在一个特定的样本所构造的区间内的概率为 5%

C. 在用同样方法构造的总体参数的多个区间中,包含总体参数的区间比例为 95%

D. 在用同样方法构造的总体参数的多个区间中,包含总体参数的区间比例为 5%

26. 设总体 $x \sim N(u, \sigma^2)$,σ^2 未知,若样本容量 n 和置信水平 $1-\alpha$ 均不变,则对于不同的样本观测值,总体均值 u 的置信区间的长度(　　)。

A. 变长　　　　　　B. 变短　　　　　　C. 不能确定　　　　　　D. 不变

(三) 多选题

1. 以下有关参数估计的说法正确的是(　　)。

A. 参数估计就是根据统计量的信息对总体未知参数所做的估计

B. 参数估计是一种概率估计

C. 估计的结果跟参数真值总会存在一定的误差

D. 估计误差具有固定的取值

E. 因为参数的真值未知，我们无法得到估计误差的任何信息

2. 对参数进行区间估计，需要具备以下(　　　)等要素。

A. 点估计值　　　　　　　B. 总体方差　　　　　　　C. 允许误差

D. 样本容量　　　　　　　E. 参数在该区间内取值的概率

3. 允许误差与以下哪些因素有关(　　　)。

A. 置信水平　　　　　　　B. 样本容量　　　　　　　C. 总体或样本标准差

D. 抽样方法　　　　　　　E. 分位数

4. 优良估计量的标准有(　　　)。

A. 无偏性　　　　　　　　B. 有效性　　　　　　　　C. 可比性

D. 可靠性　　　　　　　　E. 一致性

5. 进行区间估计时，置信区间的构造因为以下哪些因素的影响需要进行分别讨论
(　　　)。

A. 总体是否为正态分布　　B. 总体方差是否已知　　　C. 抽样方法不同

D. 样本是大样本还是小样本　E. 点估计值不同

6. 在不考虑费用的前提下，影响样本容量大小的因素主要有(　　　)。

A. 总体方差　　　　　　　B. 允许误差　　　　　　　C. 置信水平

D. 抽样方法　　　　　　　E. 抽样技术

7. 以下关于区间估计说法正确的是(　　　)。

A. 置信区间的宽度反映了区间估计的精度，置信区间越宽精度越高

B. 置信水平反映了区间估计的可靠程度，置信水平越高可靠程度越高

C. 在其他条件一定的情况下，精度与可靠程度是一对矛盾

D. 在其他条件一定的情况下，允许误差与置信水平可以相互推算

E. 置信水平可以理解为一个固定的置信区间包含总体参数真值的概率

8. 构造总体均值的置信区间时，根据已知条件的不同，可以采用(　　　)。

A. Z 检验统计量　　　　　B. t 检验统计量　　　　　C. F 检验统计量

D. χ^2 检验统计量　　　　E. 上述四种均可

9. 使用来自正态总体的同一组样本估计总体均值时，如果我们将置信水平从95%调整为
99%，则(　　　)。

A. $z_{\alpha/2}$ 将增大　　　　　B. $z_{\alpha/2}$ 将减小　　　　　C. 样本均值保持不变

D. 置信区间宽度减小　　　E. 置信区间宽度增加

10. 一盒中装有大量的红色、蓝色的弹子，但比例未知。现随机摸出 100 颗弹子，发现 53
颗是红的，盒子中红弹子的百分比估计为 53%，标准差为 5%，下列陈述正确的有(　　　)。

A. 53%是盒中红弹子比例的点估计

B. 5%度量了抽样误差的可能大小

C. 94.45%的置信水平下，盒子中红弹子百分比的置信区间为[43%，63%]

D. 盒子中红弹子百分数的近似 95%置信区间为从 43%到 63%

E. 94.45%的置信水平下，样本中红弹子百分比的置信区间为[43%，63%]

(四) 简答题

1. 简述点估计量的优良标准。

2. 什么是允许误差？什么是置信区间？什么是置信水平？分别说明允许误差与置信水平的作用以及二者之间的关系。

3. 简述区间估计的基本原理。

4. 什么是置信区间的置信水平？以 95% 的置信水平构造的置信区间为例，说明怎样理解 95% 的含义。

5. 影响样本容量的因素有哪些？

(五) 计算题

1. 为考察某地区高中学生身高分布状况，简单随机抽取 200 人，测得平均身高 167 厘米，标准差 $\sigma = 1.47$ 厘米，要求：在 95.45% 的置信水平下，给出总体平均身高的置信区间。

2. 某厂家生产的口服液容量服从正态分布，长期以来其标准差稳定在 $\sigma = 0.85$ 毫升，现抽取一个样本容量为 25 的样本，测定其容量，计算得样本均值为 $\bar{x} = 22.5$ 毫升，求该批口服液容量 95% 置信水平下的置信区间。

3. 设轮胎的寿命服从正态分布，为估计某种轮胎的平均寿命，现随机地抽取 36 只轮胎试用，测得它们的寿命(单位：万千米)如下：

4.68	4.85	4.32	4.85	4.61	5.02	3.92	4.82	4.36
5.03	5.81	4.78	5.20	4.60	4.58	4.72	4.38	4.70
4.16	4.98	5.23	3.67	4.43	4.69	4.56	4.75	4.20
4.38	4.90	5.16	3.59	5.01	4.62	4.10	4.91	4.39

求该种轮胎 95.45% 置信水平下的置信区间。

4. 某工厂欲制定工作定额，估计所需平均操作时间，从全厂从事该项作业的工人中随机抽选 8 人，其操作时间分别为 4.2，5.1，7.9，3.8，5.3，4.6，5.1，4.1(单位：分钟)。如果工人工作的时间服从正态分布，试以 95% 的置信水平估计该项作业平均所需时间的置信区间。($z_{\alpha/2} = 1.96, t_{\alpha/2}(7) = 2.365, t_{\alpha/2}(8) = 2.306$)

5. 假定睡眠时间为正态分布，某公司从其员工中随机抽取 20 名调查其周睡眠时间，获得资料为 50，40，48，54，50，47，56，51，30，38，42，45，43，47，50，48，48，47，48，54(单位：小时)，试以 95% 的置信水平对该公司所有员工平均每周睡眠时间进行区间估计。

6. 为研究某高校本科生的考研率，随机调查了 120 名本科生，其中参加考研的有 36 名。试以 95% 的置信水平估计该校学生的考研率置信区间。

7. 某互联网用户 20 万人，随机采访 200 户，得到数据如下表所示。

每周上网时间/小时	户数
11	22
12	25
13	56
15	50
18	30
20	17
合计	200

要求：

(1) 以 68.27%的置信水平估计该地区互联网用户平均每周上网时间；

(2) 以 68.27%的置信水平对该地区互联网用户每周上网"15 小时及以上"的户数做区间估计。

8. 在某储蓄所中按定期储蓄存款账号或账户进行抽样调查，得到资料如下表所示。

存款额/万元	户数/户
1 以下	40
1～2	60
2～3	75
3～4	85
4 以上	90

要求：以 95%的置信水平估计该储蓄所所有定期储户平均存款额的置信区间。

9. 设某电子元件的寿命服从正态分布 $N(\mu,\sigma^2)$，抽样检查 10 个元件，得样本均值 $\bar{x}=1200$ 小时，样本标准差 $s=14$ 小时。要求：

(1) 该电子元件平均寿命置信水平为 99%的置信区间；

(2) 用样本均值估计总体均值，允许误差不大于 10 小时的置信水平。

10. 某外贸公司出口一种茶叶，规定每包规格不低于 150 克，现用不重置抽样方法从中随机抽取 1%进行检验，抽检结果如下表所示。

每包重量/克	包数
149 以下	10
149～150	20
150～151	50
151 以上	20
合计	100

要求：

(1) 如果允许误差为 $\Delta_{\bar{x}}=0.2$ 克，估计该批茶叶每包平均重量的置信区间及其置信水平；

(2) 茶叶包装合格率的允许误差不超过 6%，估计包装合格率的置信区间及其置信水平；

(3) 以 95.45%的置信水平，估计该批茶叶每包平均重量的置信区间；

(4) 以 95.45%的置信水平，估计该批茶叶的包装合格率的置信区间。

11. 考察某单位成年男性的胆固醇水平，现抽取了样本容量为 25 的一个样本，并测得样本标准差为 $s=12$。假定胆固醇水平 $X \sim N(\mu,\sigma^2)$，求 σ 的 90%置信水平下的置信区间。

12. 为了解灯泡使用时数均值 μ 及标准差 σ，测量了 10 个灯泡，得 $\bar{x}=1650$ 小时，$s=20$ 小时。如果已知灯泡使用时间服从正态分布，求 μ 和 σ 的 95%的置信区间。

13. 有两种方法可用于制造某种以抗拉强度为重要特征的产品。根据以往的资料得知，第一种方法生产出的产品其抗拉强度的标准差 $\sigma_1=8$ 千克，第二种方法的标准差 $\sigma_2=10$ 千克。从两种方法生产的产品中各抽取一个随机样本，样本容量分别为 $n_1=32$，$n_2=40$，测得 $\bar{x}_1=50$ 千克，$\bar{x}_2=44$ 千克。试以 95%的置信水平求这两种方法生产的产品平均抗拉强度之差 $\mu_1-\mu_2$ 的置信区间。

14. 为比较两个小麦品种的产量，选择 18 块条件相似的试验田，采用相同的耕作方法作试验，结果播种甲品种的 8 块试验田的亩产量和播种乙品种的 10 块试验田的亩产量(单位：千克/亩，1 亩 ≈ 666.67 平方米)分别为

甲品种：628　583　510　554　612　523　530　615

乙品种：535　433　398　470　567　480　498　560　503　426

假定小麦亩产量均服从正态分布，试以 95%的置信水平求这两个品种平均亩产量差的置信区间。

15. 为了调查某减肥俱乐部的训练效果，调查人员随机抽取了 10 名参加者，得到他们的体重(单位：千克)记录如下：

训练前： 94.5　101.0　110.0　103.5　97.0　88.5　96.5　101.0　104.0　116.5

训练后： 85.0　89.5　101.5　96.0　86.0　80.5　87.0　93.5　93.0　102.0

试构建减肥前后体重之差 $\mu_d = \mu_1 - \mu_2$ 的 95%的置信区间。

16. 为了了解城市居民与农村居民对银行加息看法的不同，分别对 200 名城市居民与农村居民进行抽样调查，城市居民中有 134 人赞成银行加息，农村居民中有 84 人赞成银行加息。在 95%的置信水平下对城市居民与农村居民加息赞成的比例之差进行区间估计。

17. 某车间有两台自动机床加工一类零件，假设该零件直径服从正态分布。现在从两个班次的产品中分别检查了 5 个和 6 个零件，得其直径数据(单位：厘米)如下。

甲班： 5.06　　5.08　　5.03　　5.00　　5.07

乙班： 4.98　　5.03　　4.97　　4.99　　5.02　　4.95

试求 95%置信水平下两班加工零件直径的方差比 $\dfrac{\sigma_{甲}^2}{\sigma_{乙}^2}$ 的置信区间。

18. 已知某种材料的抗压强度 $x \sim N(\mu, \sigma^2)$，现随机地抽取 10 个试件进行抗压试验，测得数据如下： 482，493，457，471，510，446，435，418，394，469(单位：千克)。要求：

(1) 求 95%置信水平下平均抗压强度 μ 的置信区间；

(2) 若已知 $\sigma = 30$ 千克，求 95%置信水平下平均抗压强度 μ 的置信区间；

(3) 求 95%置信水平下 σ 的置信区间。

19. 对某型号电子元件 10000 只进行耐用性能检查。根据以往抽样测定，求得耐用时数的标准差为 600 小时。要求：

(1) 置信水平为 68.27%，元件平均耐用时数的允许误差不超过 150 小时，要抽取多少个元件进行调查；

(2) 根据以往抽样检验知道，元件合格率为 95%，要求在 99.73%的置信水平下，允许误差不超过 4%，试确定重置抽样所需抽取的元件数目是多少？ 如果其他条件均保持不变，采取不重置抽样应抽取多少元件做检查？

20. 某公司雇用 3000 名推销员，为了发放外出补贴，需要顾及推销员每年的平均乘车里程，从过去的经验可知，通常每位推销员乘车里程的标准差为 4000 千米。随机选取 16 名推销员，得到他们的年平均乘车里程为 12000 千米。要求：

(1) 计算总体均值 u 的估计量；

(2) 95%置信水平下总体均值 u 的置信区间；

(3) 公司经理们认为均值介于 11000 千米到 13000 千米之间，计算该估计的置信水平；

(4) 如果在(3)的估计中要求 95%的置信水平，计算所需的样本容量。

第八章知识点练习参考答案

第九章 假设检验和方差分析

一、学习目标

本章主要介绍如何利用样本信息对总体参数所做的假设是否成立做出判断的一种统计推断方法，即假设检验。重点是单个总体均值、比例和样本的检验，两个总体均值之差、比例之差和方差比的检验，以及两个以上总体均值之间差异是否显著的检验(方差分析)。难点是如何理解假设检验的思想，如何提出合理的假设以及如何建立合适的检验统计量。

通过本章的学习，应达到如下目标：

(1) 理解假设检验的基本原理。

(2) 掌握假设检验的基本概念和基本步骤。

(3) 理解显著性水平、临界值和拒绝域的关系。

(4) 理解利用统计量进行检验和利用 P 值进行检验的不同。

(5) 掌握一个总体均值、一个总体比例、一个总体方差的检验。

(6) 掌握两个总体均值之差、两个总体比例之差、两个总体方差之比的检验。

(7) 掌握多个总体均值检验的方差分析方法。

(8) 熟悉 Excel 中假设检验的实现。

(9) 课程思政：关于小概率事件原理的生活思考。

二、知识梳理

(一) 主要内容

1. 假设检验的基本问题

(1) 假设检验的概念。

假设就是对总体参数或总体分布形式所提出的陈述。假设检验就是在对总体参数或总体分布形式提出假设的基础上，利用样本信息来判断假设是否成立的一种统计方法。前者称为参数假设检验，而后者称为非参数检验。

(2) 假设检验的基本形式：

$$H_0: \theta = \theta_0; \quad H_1: \theta \neq \theta_0 \rightarrow 双侧检验$$

$$H_0: \theta \leqslant \theta_0; \quad H_1: \theta > \theta_0 \rightarrow 右侧检验$$

$$H_0: \theta \geqslant \theta_0; \quad H_1: \theta < \theta_0 \rightarrow 左侧检验$$

其中，原假设也称零假设是研究者想收集证据予以反对的假设，用 H_0 表示。原假设表达的含义是指总体参数没有变化，因而表现为总体参数等于某个数值，用"="表示，"="也就总是出现在原假设上。

备择假设是研究者想收集证据予以支持的假设，用 H_1 表示，它是与原假设完全对立的假设，因此也被称为对立假设。备择假设表达的含义是总体参数发生了变化，因此，陈述时用"≠"或">"或"<"表现。

(3) 第Ⅰ类错误、第Ⅱ类错误与显著性水平(表 9.1)。

表 9.1　第Ⅰ类错误、第Ⅱ类错误

决策	实际情况	
	H_0 为真	H_0 不真
拒绝 H_0	弃真错误(第Ⅰ类错误) (概率为 α)	正确决策
不拒绝 H_0	正确决策	取伪错误(第Ⅱ类错误) (概率为 β)

两类错误发生的概率之间存在如下关系：在样本量不变的情况下，要减小 α 就会使 β 增大，而要增大 α 就会使 β 减小。要使两类错误概率都减小只有增大样本容量。

假设检验是依据小概率原理进行推断，事先确定的用于假设检验的小概率，称为显著性水平，用 α 表示。最为常见的情况是 α 取 0.05，亦可根据情况取更大或更小的值，常见的还有 0.01 和 0.10。

(4) 假设检验的检验规则。

① 临界值规则。

根据显著性水平 α 的值，以及检验统计量的概率分布可获得相应的临界值。通常称由 α 值确定的小区域为拒绝域，如果计算出的检验统计量的值在拒绝域取值，就拒绝原假设，意味着原假设不成立；如果计算出的检验统计量的值在非拒绝域取值，就不拒绝原假设，意味着没有充足的理由拒绝原假设。

② P 值规则。

所谓 P 值，也称为观察到的显著性水平，它是指在原假设为真的情况下，检验统计量的值比观测到的值更大或更小的概率，它的计算与检验统计量的分布、检验统计值、检验类型等因素有关，通常由计算机统计软件给出。

用 P 值进行检验的规则：如果 $P < \alpha$，则拒绝 H_0；如果 $P > \alpha$，则不拒绝 H_0。

(5) 假设检验的基本步骤。

第一步：提出假设，包括原假设和备择假设。

第二步：构造合适的检验统计量及其分布。

第三步：对于给定的显著性水平，确定拒绝域和临界值。

第四步：根据样本数据计算检验统计量的数值并做出决策。

2. 单个总体参数的假设检验

(1) 单个总体均值的检验。

在对单个总体均值进行假设检验时，采用的检验统计量取决于所抽取的样本是大样本 ($n \geqslant 30$)还是小样本 ($n < 30$)，以及总体是否服从正态分布、总体方差 σ^2 是否已知等几种情况。

设总体均值为 μ，μ_0 为其假设值，检验单个总体均值的假设陈述为

$$\text{双侧检验：} \quad H_0 : \mu = \mu_0; \quad H_1 : \mu \neq \mu_0$$

$$\text{左侧检验：} \quad H_0 : \mu \geqslant \mu_0; \quad H_1 : \mu < \mu_0$$

$$\text{右侧检验：} \quad H_0 : \mu \leqslant \mu_0; \quad H_1 : \mu > \mu_0$$

具体假设检验过程请详见表 9.2。

(2) 单个总体比例的检验。

设 π 为总体比例，π_0 为其假设值，检验单个总体比例的假设陈述为

$$\text{双侧检验：} \quad H_0 : \pi = \pi_0; \quad H_1 : \pi \neq \pi_0$$

$$\text{左侧检验：} \quad H_0 : \pi \geqslant \pi_0; \quad H_1 : \pi < \pi_0$$

$$\text{右侧检验：} \quad H_0 : \pi \leqslant \pi_0; \quad H_1 : \pi > \pi_0$$

具体假设检验过程请详见表 9.3。

(3) 单个总体方差的检验。

设 σ^2 为总体参数，σ_0^2 为其假设值，检验单个正态总体方差的假设陈述为

$$\text{双侧检验：} \quad H_0 : \sigma^2 = \sigma_0^2; \quad H_1 : \sigma^2 \neq \sigma_0^2$$

$$\text{左侧检验：} \quad H_0 : \sigma^2 \geqslant \sigma_0^2; \quad H_1 : \sigma^2 < \sigma_0^2$$

$$\text{右侧检验：} \quad H_0 : \sigma^2 \leqslant \sigma_0^2; \quad H_1 : \sigma^2 > \sigma_0^2$$

具体假设检验过程请详见表 9.4。

3. 两个总体参数的假设检验

(1) 两个总体均值之差的检验。

在对两个总体均值之差进行假设检验时，采用的检验统计量取决于所抽取的样本是大样本 ($n \geqslant 30$) 还是小样本 ($n < 30$)，两个样本是否匹配，以及两个总体是否服从正态分布、两个总体方差是否已知相等等几种情况。具体假设检验过程请详见表 9.5。

(2) 两个总体比例之差的检验。

在对两个总体比例之差进行假设检验时，主要分为检验两个总体比例之差是否相等和两个总体比例之差是否为某个常数两种情况。具体假设检验过程请详见表 9.6。

(3) 两个总体方差比的检验。

在对两个总体方差比进行假设检验时，要求两个总体必须服从正态分布。具体假设检验过程请详见表 9.7。

4. 单因素方差分析

(1) 方差分析的概念。

方差分析就是通过检验多个总体均值是否相等来判断分类型自变量对数值型因变量是否有显著影响的统计方法。

(2) 方差分析的基本假定。

① 每个水平下总体均服从正态分布；

② 每个总体的方差都相同；

③ 各水平下的观测值相互独立。

(3) 方差分析的方法——总离差平方和分解。

方差分析认为导致样本各观测值发生变化的因素有两类：第一类是控制因素取不同水平所产生的影响，称为系统误差；第二类是随机因素所产生的影响，称为随机误差，主要是指试验过程中的抽样误差。如果控制因素的不同水平对观测变量产生了显著影响，那么，它和随机因素共同作用必然使得观测值有显著变动；反之，如果因素的不同水平没有对观测变量产生显著影响，那么，观测值的变动就不明显，其变动可以归结为随机因素影响造成的。方差分析方法就是从对全部数据的总离差平方和分解，追溯到指定来源的部分离差平方和。

离差分解的过程是：在可比较的数组中，把样本各观测值间总的离差，按其来源分解为组间误差和组内误差。组间误差指控制因素的不同水平下各组观测值之间的误差，既包含控制因素的影响，也包含随机因素的影响。组内误差指控制因素的同一水平下样本观测值之间的误差，仅包含随机因素的影响。

(4) 单因素方差分析过程。

第一步：提出假设。假设因素 A 有 m 个水平，各水平下的随机变量均服从正态分布 $N(\mu_j,\sigma_j^2)$（$j=1,2,\cdots,m$），且具有相同的方差 $\sigma_1^2=\sigma_2^2=\cdots=\sigma_m^2$。检验因素的 m 个水平的均值是否相等，需要提出如下形式的假设：

H_0：$\mu_1=\mu_2=\cdots=\mu_m$　　　（自变量对因变量没有显著影响）

H_1：$\mu_1,\mu_2,\cdots,\mu_m$不全相等　（自变量对因变量有显著影响）

第二步：检验统计量。

$$F=\frac{\mathrm{MSA}}{\mathrm{MSE}}=\frac{\mathrm{SSA}/(m-1)}{\mathrm{SSE}/(n-m)}\sim F(m-1,n-m)$$

第三步：检验规则。根据给定的显著性水平 α，在 F 分布表中查到相应的临界值 $F_\alpha(m-1,n-m)$。

第四步：做出决策。若 $F>F_\alpha(m-1,n-m)$，则拒绝原假设 H_0，表明均值之间的差异是显著的，所检验的因素对观测变量有显著影响；若 $F<F_\alpha(m-1,n-m)$，则不拒绝原假设 H_0，表明所检验的因素对观测变量没有显著影响。

(二) 主要公式(表 9.2～表 9.8)

表 9.2　单个总体均值的检验

条件	H_0,H_1	检验统计量及其分布	拒绝 H_0 区域
正态总体 σ^2 已知	$H_0:\mu=\mu_0$ $H_1:\mu\neq\mu_0$	$z=\dfrac{\bar{x}-\mu_0}{\sigma/\sqrt{n}}\sim N(0,1)$	$\|Z\|>Z_{\alpha/2}$
	$H_0:\mu\geqslant\mu_0$ $H_1:\mu<\mu_0$		$Z<-Z_\alpha$
	$H_0:\mu\leqslant\mu_0$ $H_1:\mu>\mu_0$		$Z>Z_\alpha$

续表

条件	H_0, H_1	检验统计量及其分布	拒绝 H_0 区域
正态总体 σ^2 未知($n<30$)	$H_0: \mu = \mu_0$ $H_1: \mu \neq \mu_0$	$t = \dfrac{\bar{x} - \mu_0}{s / \sqrt{n}} \sim t(n-1)$	$|t| > t_{\alpha/2}$
	$H_0: \mu \geqslant \mu_0$ $H_1: \mu < \mu_0$		$t < -t_\alpha$
	$H_0: \mu \leqslant \mu_0$ $H_1: \mu > \mu_0$		$t > t_\alpha$
大样本 ($n > 30$) σ^2 已知或未知	$H_0: \mu = \mu_0$ $H_1: \mu \neq \mu_0$	σ^2 已知: $Z = \dfrac{\bar{x} - \mu_0}{\sigma / \sqrt{n}} \sim N(0,1)$ σ^2 未知: $Z = \dfrac{\bar{x} - \mu_0}{s / \sqrt{n}} \sim N(0,1)$	$|Z| > Z_{\alpha/2}$
	$H_0: \mu \geqslant \mu_0$ $H_1: \mu < \mu_0$		$Z < -Z_\alpha$
	$H_0: \mu \leqslant \mu_0$ $H_1: \mu > \mu_0$		$Z > Z_\alpha$

表 9.3　单个总体比例的检验

条件	H_0, H_1	检验统计量及其分布	拒绝 H_0 区域
大样本 $np \geqslant 10$ $n(1-p) \geqslant 10$	$H_0: \pi = \pi_0$ $H_1: \pi \neq \pi_0$	$Z = \dfrac{p - \pi_0}{\sqrt{\dfrac{\pi_0(1-\pi_0)}{n}}} \sim N(0,1)$	$|Z| > Z_{\alpha/2}$
	$H_0: \pi \geqslant \pi_0$ $H_1: \pi < \pi_0$		$Z < -Z_\alpha$
	$H_0: \pi \leqslant \pi_0$ $H_1: \pi > \pi_0$		$Z > Z_\alpha$

表 9.4　单个总体方差的检验

条件	H_0, H_1	检验统计量及其分布	拒绝 H_0 区域
正态总体 μ 未知	$H_0: \sigma^2 = \sigma_0^2$ $H_1: \sigma^2 \neq \sigma_0^2$	$\chi^2 = \dfrac{(n-1)s^2}{\sigma_0^2} \sim \chi^2(n-1)$	$\chi^2 > \chi_{\alpha/2}^2(n-1)$ $\chi^2 > \chi_{1-\alpha/2}^2(n-1)$
	$H_0: \sigma^2 \geqslant \sigma_0^2$ $H_1: \sigma^2 < \sigma_0^2$		$\chi^2 < \chi_{1-\alpha}^2(n-1)$
	$H_0: \sigma^2 \leqslant \sigma_0^2$ $H_1: \sigma^2 > \sigma_0^2$		$\chi^2 > \chi_\alpha^2(n-1)$

表 9.5　两个总体均值之差的检验

条件	H_0, H_1	检验统计量及其分布	拒绝 H_0 区域
两个正态总体， 方差都已知	$H_0: \mu_1 - \mu_2 = 0$ $H_1: \mu_1 - \mu_2 \neq 0$	$Z = \dfrac{(\bar{x}_1 - \bar{x}_2) - (\mu_1 - \mu_2)}{\sqrt{\sigma_1^2/n_1 + \sigma_2^2/n_2}} \sim N(0,1)$	$|Z| > Z_{\alpha/2}$
	$H_0: \mu_1 - \mu_2 \geqslant 0$ $H_1: \mu_1 - \mu_2 < 0$		$Z < -Z_\alpha$
	$H_0: \mu_1 - \mu_2 \leqslant 0$ $H_1: \mu_1 - \mu_2 > 0$		$Z > Z_\alpha$

条件	H_0,H_1	检验统计量及其分布	拒绝 H_0 区域
两个正态总体，小样本，方差未知但相等	$H_0:\mu_1-\mu_2=0$ $H_1:\mu_1-\mu_2\neq0$	$t=\dfrac{(\overline{x}_1-\overline{x}_2)-(\mu_1-\mu_2)}{s_p\sqrt{1/n_1+1/n_2}}\underset{\mu_1-\mu_2=0}{\sim}t(n_1+n_2-2)$ $s_p^2=\dfrac{(n_1-1)s_1^2+(n_2-1)s_2^2}{n_1+n_2-2}$	$\lvert t\rvert>t_{\alpha/2}$
	$H_0:\mu_1-\mu_2\geqslant0$ $H_1:\mu_1-\mu_2<0$		$t<-t_\alpha$
	$H_0:\mu_1-\mu_2\leqslant0$ $H_1:\mu_1-\mu_2>0$		$t>t_\alpha$
两个正态总体，小样本，方差未知但不相等	$H_0:\mu_1-\mu_2=0$ $H_1:\mu_1-\mu_2\neq0$	$t=\dfrac{(\overline{x}_1-\overline{x}_2)-(\mu_1-\mu_2)}{\sqrt{s_1^2/n_1+s_2^2/n_2}}\underset{\mu_1-\mu_2=0}{\sim}t(v)$ $v=\dfrac{\left(s_1^2/n_1+s_2^2/n_2\right)^2}{\dfrac{\left(s_1^2/n_1\right)^2}{n_1-1}+\dfrac{\left(s_2^2/n_2\right)^2}{n_2-1}}$	$\lvert t\rvert>t_{\alpha/2}$
	$H_0:\mu_1-\mu_2\geqslant0$ $H_1:\mu_1-\mu_2<0$		$t<-t_\alpha$
	$H_0:\mu_1-\mu_2\leqslant0$ $H_1:\mu_1-\mu_2>0$		$t>t_\alpha$
两个正态总体，小样本，方差未知且样本容量一样	$H_0:\mu_1-\mu_2=0$ $H_1:\mu_1-\mu_2\neq0$	$t=\dfrac{\overline{d}-(\mu_1-\mu_2)}{s_d/\sqrt{n}}\underset{\mu_1-\mu_2=0}{\sim}t(n-1)$ $n_1=n_2=n$，$\overline{d}$ 为配对差值的平均数；s_d 为配对差值的标准差	$\lvert t\rvert<t_{\alpha/2}$
	$H_0:\mu_1-\mu_2\geqslant0$ $H_1:\mu_1-\mu_2<0$		$t<-t_\alpha$
	$H_0:\mu_1-\mu_2\leqslant0$ $H_1:\mu_1-\mu_2>0$		$t>t_\alpha$
两个大样本，方差已知或未知	$H_0:\mu_1-\mu_2=0$ $H_1:\mu_1-\mu_2\neq0$	$Z=\dfrac{(\overline{x}_1-\overline{x}_2)-(\mu_1-\mu_2)}{\sqrt{\sigma_1^2/n_1+\sigma_2^2/n_2}}\underset{\mu_1-\mu_2=0}{\sim}N(0,1)$ $Z=\dfrac{(\overline{x}_1-\overline{x}_2)-(\mu_1-\mu_2)}{\sqrt{s_1^2/n_1+s_2^2/n_2}}\underset{\mu_1-\mu_2=0}{\sim}N(0,1)$	$\lvert Z\rvert>Z_{\alpha/2}$
	$H_0:\mu_1-\mu_2\geqslant0$ $H_1:\mu_1-\mu_2<0$		$Z<-Z_\alpha$
	$H_0:\mu_1-\mu_2\leqslant0$ $H_1:\mu_1-\mu_2>0$		$Z>Z_\alpha$

表 9.6　两个总体比例之差的检验

条件	H_0,H_1	检验统计量及其分布	拒绝 H_0 区域
两个大样本 $n_1p_1\geqslant10$ $n_1(1-p_1)\geqslant10$ $n_2p_2\geqslant10$ $n_2(1-p_2)\geqslant10$	$H_0:\pi_1-\pi_2=0$ $H_1:\pi_1-\pi_2\neq0$	$Z=\dfrac{(p_1-p_2)-(\pi_1-\pi_2)}{\sqrt{\dfrac{p(1-p)}{n_1}+\dfrac{p(1-p)}{n_2}}}\underset{\pi_1-\pi_2=0}{\sim}N(0,1)$ $p=\dfrac{x_1+x_2}{n_1+n_2}=\dfrac{n_1p_1+n_2p_2}{n_1+n_2}$	$\lvert Z\rvert>Z_{\alpha/2}$
	$H_0:\pi_1-\pi_2\geqslant0$ $H_1:\pi_1-\pi_2<0$		$Z<-Z_\alpha$
	$H_0:\pi_1-\pi_2\leqslant0$ $H_1:\pi_1-\pi_2>0$		$Z>Z_\alpha$
两个大样本 $n_1p_1\geqslant10$ $n_1(1-p_1)\geqslant10$ $n_2p_2\geqslant10$ $n_2(1-p_2)\geqslant10$	$H_0:\pi_1-\pi_2=d_0$ $H_1:\pi_1-\pi_2\neq d_0$	$Z=\dfrac{(p_1-p_2)-d_0}{\sqrt{\dfrac{p_1(1-p_1)}{n_1}+\dfrac{p_2(1-p_2)}{n_2}}}\underset{\pi_1-\pi_2=d_0}{\sim}N(0,1)$	$\lvert Z\rvert>Z_{\alpha/2}$
	$H_0:\pi_1-\pi_2\geqslant d_0$ $H_1:\pi_1-\pi_2<d_0$		$Z<-Z_\alpha$
	$H_0:\pi_1-\pi_2\leqslant d_0$ $H_1:\pi_1-\pi_2>d_0$		$Z>Z_\alpha$

表 9.7 两个总体方差比的检验

条件	H_0, H_1	检验统计量及其分布	拒绝 H_0 区域
两个正态总体，总体均值未知	$H_0: \sigma_1^2 = \sigma_2^2$ $H_1: \sigma_1^2 \neq \sigma_2^2$	$F = \dfrac{s_1^2}{s_2^2} \overset{\sigma_1^2 = \sigma_2^2}{\sim} F(n_1-1, n_2-1)$	$F > F_{\alpha/2}(n_1-1, n_2-1)$ $F < F_{1-\alpha/2}(n_1-1, n_2-1)$
	$H_0: \sigma_1^2 \geqslant \sigma_2^2$ $H_1: \sigma_1^2 < \sigma_2^2$		$F < F_{1-\alpha}(n_1-1, n_2-1)$
	$H_0: \sigma_1^2 \leqslant \sigma_2^2$ $H_1: \sigma_1^2 > \sigma_2^2$		$F > F_{\alpha}(n_1-1, n_2-1)$

表 9.8 方差分析表

变差来源	离差平方和 SS	自由度 df	均方 MS	检验统计量 F	F 临界值
组间(因素) 组内(误差)	SSA SSE	$m-1$ $n-m$	$\text{MSA} = \text{SSA}/(m-1)$ $\text{MSE} = \text{SSE}/(n-m)$	$F = \text{MSA}/\text{MSE}$	$F > F_{\alpha}$
总和	SST	$n-1$	—		

三、知 识 拓 展

(一) 单个总体比例的检验

在实际问题中，常常需要对某种属性的个体所占的比率大小做出判断，例如一批产品的不合格率是否大于某个比率 π_0？在教材正文中介绍了大样本下总体比例的检验。这里，介绍一下小样本下总体比例的检验方法。先考虑如下的右侧检验问题

$$H_0: \pi \leqslant \pi_0; \quad H_1: \pi > \pi_0$$

这种类型的总体，可抽象为服从两点分布 $X \sim B(1, \pi)$。从中抽取容量为 n 的样本 $(x_1, x_2, \cdots, x_n)$，则检验统计量为

$$T = \sum_{i=1}^{n} x_i \overset{\pi=\pi_0}{\sim} B(n, \pi_0)$$

对于给定的显著性水平 α，检验规则：$W = \{T \geqslant c\}$，

$$P(T \geqslant c \mid \pi = \pi_0) = \sum_{i=c}^{n} \binom{n}{i} \pi_0^i (1-\pi_0)^{n-i} = \alpha$$

一般情况下，对于给定的 α，不一定能正好取到一个整数 c 使上式成立。故取 c 为满足

$$\sum_{i=c}^{n} \binom{n}{i} \pi_0^i (1-\pi_0)^{n-i} \leqslant \alpha$$

的最小整数。

对于另外两个形式的检验方法类似。

左侧检验：$H_0: \pi \geqslant \pi_0$；$H_1: \pi < \pi_0$

对于给定的 α，检验规则：$W = \{T \leqslant c\}$，其中 c 为满足

$$\sum_{i=0}^{c} \binom{n}{i} \pi_0^i (1-\pi_0)^{n-i} \leqslant \alpha$$

的最大整数。

双侧检验：$H_0 : \pi = \pi_0$ ；$H_1 : \pi \neq \pi_0$

对于给定的 α，检验规则：$W = \{T \leqslant c_1 或 T \geqslant c_2\}$，其中 c_1 为满足

$$\sum_{i=0}^{c_1} \binom{n}{i} \pi_0^i (1-\pi_0)^{n-i} \leqslant \alpha$$

的最大整数，c_2 为满足

$$\sum_{i=c_2}^{n} \binom{n}{i} \pi_0^i (1-\pi_0)^{n-i} \leqslant \alpha$$

的最小整数。

例 9.1　某厂生产的产品优质品率一直保持在 40%，近期对该厂生产的该类产品抽检 20 件，其中优质品 7 件，能否认为优质品率仍保持在 40%？（$\alpha = 0.05$）

解　提出的原假设和备择假设为 $H_0 : \pi = 40\%$ ；$H_1 : \pi \neq 40\%$ 。T 表示 20 件产品中的优质品件数，则 $T \overset{\pi=0.4}{\sim} B(20, 0.4)$，拒绝域 $W = \{T \leqslant c_1 或 T \geqslant c_2\}$，其中 c_1 为满足下式的最大正整数

$$\sum_{i=0}^{c_1} \binom{20}{i} 0.4^i 0.6^{n-i} \leqslant 0.025$$

c_2 为满足下式的最小正整数

$$\sum_{i=c_2}^{20} \binom{20}{i} 0.4^i 0.6^{n-i} \leqslant 0.025$$

因

$$P(x \leqslant 3) = 0.016 < 0.025 < P(x \leqslant 4) = 0.051$$
$$P(x \geqslant 11) = 0.0565 > 0.025 > P(x \geqslant 12) = 0.021$$

故检验规则为 $\{T \leqslant 3 或 T \geqslant 12\}$。由于观测值 $3 < T < 12$，故不拒绝原假设。

(二) 关系强度的测量

单因素方差分析结果中给出了自变量的离差平方和 SSA (组间平方和)，它度量了自变量对因变量的影响效应。事实上，只要自变量的离差平方和 SSA 不等于 0，就表明自变量和因变量之间有关系(只是关系是否显著的问题)。当自变量的离差平方和 SSA 比残差平方和 SSE (组内平方和)大，并且大到一定程度时，就意味着两个变量的关系显著，大得越多，表明它们之间的关系就越强。反之就越弱。

现在的关键问题是如何度量他们这种关系的强度。我们可以用自变量的离差平方和 SSA (组间平方和)及残差平方和 SSE (组内平方和)占总离差平方和 SST 的比重大小来度量。其中，我们把自变量的离差平方和 SSA (组间平方和)占总离差平方和 SST 的比重定义为 R^2，即

$$R^2 = \frac{\text{SSA}}{\text{SST}}$$

例 9.2　对于教材例 9.18，依据计算结果可得

$$R^2 = \frac{\text{SSA}}{\text{SST}} = \frac{4212.331}{5326.243} = 0.7909$$

这表明，四种不同的农药对杀虫率的影响效应约占总效应的 79.09%，而残差效应却占不到 21%。也就是说不同农药的杀虫率之间的差异较大。

(三) 方差分析中的多重比较

上例中的结果表明四种不同农药的杀虫率之间是不完全相同的。但究竟哪些农药的杀虫率不相等呢？也就是说，μ_1 与 μ_2；μ_1 与 μ_3；μ_1 与 μ_4；μ_2 与 μ_3；μ_2 与 μ_4；μ_3 与 μ_4 之间究竟是哪两种农药的杀虫率不同呢？还需作进一步的分析。作进一步的分析所使用的方法就是多重比较法。

多重比较法有多种，这里我们就介绍由费希尔提出的最小显著差异(least significant difference，LSD)方法。其具体步骤如下。

第一步：提出假设 $H_0: \mu_i = \mu_j$；$H_1: \mu_i \neq \mu_j$。

第二步：计算检验统计量 $\bar{x}_i - \bar{x}_j$。

第三步：计算 LSD，其计算公式为

$$\text{LSD} = t_{\alpha/2}(n-m)\sqrt{\text{MSE}\left(\frac{1}{n_i} + \frac{1}{n_j}\right)}$$

式中 $t_{\alpha/2}(n-m)$ 为 t 分布的临界值，$n-m$ 为自由度，m 是因素中水平的个数；MSE 为组内均方；n_i 和 n_j 分别是第 i 个样本和第 j 个样本的容量。

第四步：根据显著水平 α 做出统计决策。若 $|\bar{x}_i - \bar{x}_j| \geqslant \text{LSD}$，则拒绝 H_0；若 $|\bar{x}_i - \bar{x}_j| \leqslant \text{LSD}$，则不能拒绝 H_0。

例 9.3 以教材例 9.18 资料为例，对四种不同农药的杀虫率做多重比较 $(\alpha = 0.05)$。

第一步，提出假设 $H_0: \mu_i = \mu_j$；$H_1: \mu_i \neq \mu_j$。

$$\text{假设 1：} H_0: \mu_1 = \mu_2; \qquad H_1: \mu_1 \neq \mu_2$$
$$\text{假设 2：} H_0: \mu_1 = \mu_3; \qquad H_1: \mu_1 \neq \mu_3$$
$$\text{假设 3：} H_0: \mu_1 = \mu_4; \qquad H_1: \mu_1 \neq \mu_4$$
$$\text{假设 4：} H_0: \mu_2 = \mu_3; \qquad H_1: \mu_2 \neq \mu_3$$
$$\text{假设 5：} H_0: \mu_2 = \mu_4; \qquad H_1: \mu_2 \neq \mu_4$$
$$\text{假设 6：} H_0: \mu_3 = \mu_4; \qquad H_1: \mu_3 \neq \mu_4$$

第二步，计算检验统计量：$\bar{x}_i - \bar{x}_j$。

$$\text{检验统计量 1：} |\bar{x}_1 - \bar{x}_2| = |79.32 - 90.25| = 10.93$$
$$\text{检验统计量 2：} |\bar{x}_1 - \bar{x}_3| = |79.32 - 54.76667| = 24.55333$$
$$\text{检验统计量 3：} |\bar{x}_1 - \bar{x}_4| = |79.32 - 54.45| = 24.87$$
$$\text{检验统计量 4：} |\bar{x}_2 - \bar{x}_3| = |90.25 - 54.76667| = 35.48333$$
$$\text{检验统计量 5：} |\bar{x}_2 - \bar{x}_4| = |90.25 - 54.45| = 35.8$$
$$\text{检验统计量 6：} |\bar{x}_3 - \bar{x}_4| = |54.76667 - 54.45| = 0.31667$$

第三步，计算 LSD。

$$\text{LSD}_1 = t_{0.05/2}(18-4)\sqrt{\text{MSE}\left(\frac{1}{n_1}+\frac{1}{n_2}\right)} = 2.144788596 \times \sqrt{79.5651 \times \left(\frac{1}{5}+\frac{1}{4}\right)} = 12.8337$$

$$\text{LSD}_2 = t_{0.05/2}(18-4)\sqrt{\text{MSE}\left(\frac{1}{n_1}+\frac{1}{n_3}\right)} = 2.144788596 \times \sqrt{79.5651 \times \left(\frac{1}{5}+\frac{1}{3}\right)} = 13.9716$$

$$\text{LSD}_3 = t_{0.05/2}(18-4)\sqrt{\text{MSE}\left(\frac{1}{n_1}+\frac{1}{n_4}\right)} = 2.144788596 \times \sqrt{79.5651 \times \left(\frac{1}{5}+\frac{1}{6}\right)} = 11.5846$$

$$\text{LSD}_4 = t_{0.05/2}(18-4)\sqrt{\text{MSE}\left(\frac{1}{n_2}+\frac{1}{n_3}\right)} = 2.144788596 \times \sqrt{79.5651 \times \left(\frac{1}{4}+\frac{1}{3}\right)} = 14.6118$$

$$\text{LSD}_5 = t_{0.05/2}(18-4)\sqrt{\text{MSE}\left(\frac{1}{n_2}+\frac{1}{n_4}\right)} = 2.144788596 \times \sqrt{79.5651 \times \left(\frac{1}{4}+\frac{1}{6}\right)} = 12.3492$$

$$\text{LSD}_6 = t_{0.05/2}(18-4)\sqrt{\text{MSE}\left(\frac{1}{n_3}+\frac{1}{n_4}\right)} = 2.144788596 \times \sqrt{79.5651 \times \left(\frac{1}{3}+\frac{1}{6}\right)} = 13.5279$$

第四步，做出统计决策。

由于 $|\bar{x}_1 - \bar{x}_2| = 10.93 < 12.8337$，所以不能拒绝 H_0。我们认为甲、乙两种农药的杀虫率没有显著差异。

由于 $|\bar{x}_1 - \bar{x}_3| = 24.55333 > 13.9716$，所以拒绝 H_0。我们认为甲、丙两种农药的杀虫率有显著差异。

由于 $|\bar{x}_1 - \bar{x}_4| = 24.87 > 11.5846$，所以拒绝 H_0。我们认为甲、丁两种农药的杀虫率有显著差异。

由于 $|\bar{x}_2 - \bar{x}_3| = 35.48333 > 14.6118$，所以拒绝 H_0。我们认为乙、丙两种农药的杀虫率有显著差异。

由于 $|\bar{x}_2 - \bar{x}_4| = 35.8 > 12.3492$，所以拒绝 H_0。我们认为乙、丁两种农药的杀虫率有显著差异。

由于 $|\bar{x}_3 - \bar{x}_4| = 0.31667 < 13.5279$，所以不能拒绝 H_0。我们认为丙、丁两种农药的杀虫率没有显著差异。

(四) 无交互作用的双因素方差分析

在实际问题的研究中，有时需要考虑两个因素对试验结果的影响。研究工资的高低，我们既想了解学历是否对工资的高低有影响，又想了解不同的就业领域是否对工资有影响，这就需要用两因素的方差分析(double factors ANOVA)方法。

双因素方差分析有两种类型，一种是无交互作用的双因素方差分析，它假定因素 A 与因素 B 之间是相互独立的，不存在相互影响的关系；另一种是有交互影响的双因素方差分析，它假定因素 A 和因素 B 相互结合会产生一种新的效应。　这里只介绍无交互作用的方差分析。

1. 数据结构与假设陈述

双因素方差分析的数据结构如表 9.9 所示。

表 9.9　双因素方差分析的数据结构

因素 B	因素 A				平均值 $\bar{x}_{i.}$
	A_1	A_2	⋯	A_m	
B_1	x_{11}	x_{12}	⋯	x_{1m}	$\bar{x}_{1.}$
B_2	x_{21}	x_{22}	⋯	x_{2m}	$\bar{x}_{2.}$
⋮	⋮	⋮		⋮	⋮
B_k	x_{k1}	x_{k2}	⋯	x_{km}	$\bar{x}_{k.}$
平均值 $\bar{x}_{.j}$	$\bar{x}_{.1}$	$\bar{x}_{.2}$		$\bar{x}_{.m}$	$\bar{\bar{x}}$

表 9.9 中，因素 A 位于列的位置，共有 m 个水平，$\bar{x}_{.j}$ 代表因素 A 的第 j 种水平的样本均值；因素 B 位于行的位置，共有 k 个水平，$\bar{x}_{i.}$ 代表因素 B 的第 i 种水平的样本均值。$\bar{\bar{x}}$ 是总样本均值，样本容量 $n = m \times k$。

每一个观测值 x_{ij} 可以被看作是由因素 A 的 m 个水平和因素 B 的 k 个水平所组成的 $m \times k$ 个总体中抽取的样本容量为 1 的独立随机样本。这 $m \times k$ 个总体中的每一个总体均服从正态分布，且具有相同的方差。这是进行双因素方差分析的基本假定。

由于有两个影响因素，且两者之间无交互作用，所以检验要提出两个假设。

对行因素提出假设：

$$H_0: \mu_1 = \mu_2 = \cdots = \mu_k，即行因素对因变量没有显著影响$$

$$H_1: \mu_1, \mu_2, \cdots, \mu_k 不全相等，即行因素对因变量有显著影响$$

对列因素提出假设：

$$H_0: \mu_1 = \mu_2 = \cdots = \mu_m，即列因素对因变量没有显著影响$$

$$H_1: \mu_1, \mu_2, \cdots, \mu_m 不全相等，即列因素对因变量有显著影响$$

2. 构造检验统计量

与单因素方差分析类似，进行双因素方差分析，需要将总离差平方和 SST 进行分解。二者的区别在于，这里需要将离差平方和分解为三个组成部分，即 SSA，SSB，SSE，以分别反映因素 A、因素 B 的组间差异和随机误差 SSE 的离散状况。

总误差平方和，简记为 SST，是全部样本观测值 $x_{ij}(i = 1, 2, \cdots, k; \ j = 1, 2, \cdots, m)$ 与总的样本平均值 $\bar{x}$ 之间的误差平方和。计算公式为

$$SST = \sum_{j=1}^{m} \sum_{i=1}^{k} (\bar{x}_{ij} - \bar{\bar{x}})^2$$

因素 A 产生的误差平方和，简记为 SSA，是因素 A 各水平均值 $\bar{x}_{.j}$ 与总平均值 $\bar{x}$ 之间的误差平方和。计算公式为

$$SSA = \sum_{i=1}^{k} \sum_{j=1}^{m} (\bar{x}_{.j} - \bar{\bar{x}})^2 = \sum_{j=1}^{m} k(\bar{x}_{.j} - \bar{\bar{x}})^2$$

因素 B 产生的误差平方和，简记为 SSB，是因素 B 各水平平均值 $\overline{x}_{i\cdot}$ 与总平均值 $\overline{\overline{x}}$ 之间的误差平方和。计算公式为

$$\text{SSB} = \sum_{j=1}^{m} \sum_{i=1}^{k} (\overline{x}_{i\cdot} - \overline{\overline{x}})^2 = \sum_{i=1}^{k} m(\overline{x}_{i\cdot} - \overline{\overline{x}})^2$$

随机误差项平方和，是指除因素 A 和因素 B 之外，由剩余因素影响产生的误差平方和，简记为 SSE。计算公式为

$$\text{SSE} = \sum_{i=1}^{k} \sum_{j=1}^{m} (x_{ij} - \overline{x}_{i\cdot} - \overline{x}_{\cdot j} + \overline{\overline{x}})^2$$

上述各平方和之间的关系式为 SST = SSA + SSB。

各个离差平方和对应的自由度分别是

　　　　　　总离差平方和 SST 的自由度 df_T 为 $n-1 = mk-1$

　　　　　　因素 A 产生的误差平方和 SSA 的自由度 df_A 为 $m-1$

　　　　　　因素 B 产生的误差平方和 SSB 的自由度 df_B 为 $k-1$

　　　　　　随机误差项平方和 SSE 的自由度 df_E 为 $(m-1) \times (k-1) = n-m-k+1$

由离差平方和自由度可以算出均方差：

$$\text{对因素 } A \text{ 而言，} \quad \text{MSA} = \frac{\text{SSA}}{m-1}$$

$$\text{对因素 } B \text{ 而言，} \quad \text{MSB} = \frac{\text{SSB}}{k-1}$$

$$\text{对随机误差而言，} \quad \text{MSE} = \frac{\text{SSE}}{n-m-k+1}$$

因此，因素 A 对因变量影响显著性的检验统计量为 $F_A = \dfrac{\text{MSA}}{\text{MSE}} \sim F(k-1, n-m-k-1)$；因素 B 对因变量影响显著性的检验统计量为 $F_B = \dfrac{\text{MSB}}{\text{MSE}} \sim F(m-1, n-m-k-1)$。

因此，列出双因素方差分析表如表 9.10 所示。

表 9.10　双因素方差分析表

误差来源	离差平方和	自由度	均方差	F 值
因素 A	SSA	$m-1$	MSA = SSA / $(m-1)$	$F_A = \text{MSA/MSE}$
因素 B	SSB	$k-1$	MSB = SSB / $(k-1)$	$F_B = \text{MSB/MSE}$
误差	SSE	$n-m-k-1$	MSE = SSE / $(n-m-k-1)$	
合计	SST	$n-1$	—	—

例 9.4　某商品有五种不同的包装方式(因素 A)，在四个不同地区销售(因素 B)。现从每个地区随机抽取一个规模相同的百货商店，得到该商品不同包装方式下的销售资料，如表 9.11。试检验销售地区和包装方式是否对销售量有显著性影响。($\alpha = 0.05$)

表 9.11　某种商品不同地区不同包装的销售资料

销售地区	包装方式					行平均
	A_1	A_2	A_3	A_4	A_5	
B_1	20	12	20	10	14	15.2
B_2	22	10	20	12	6	14.0
B_3	24	14	18	18	10	16.8
B_4	16	4	8	6	18	10.4
列平均	20.5	10	16.5	11.5	12	14.1

(1) 提出假设。

对因素 A

$$H_0:\ \mu_1 = \mu_2 = \mu_3 = \mu_4 = \mu_5 \quad (\text{不同包装方式的销售量之间无差别})$$

$$H_1:\ \mu_1, \mu_2, \mu_3, \mu_4, \mu_5 \text{ 不全相等} \quad (\text{不同包装方式的销售量之间有差别})$$

对因素 B

$$H_0:\ \mu_1 = \mu_2 = \mu_3 = \mu_4 \quad (\text{不同地区的销售量之间无差别})$$

$$H_1:\ \mu_1, \mu_2, \mu_3, \mu_4 \text{ 不全相等} \quad (\text{不同地区的销售量之间有差别})$$

(2) 计算统计量。

首先，计算离差平方和如下

$$\mathrm{SST} = \sum_{j=1}^{m}\sum_{i=1}^{k}(\overline{x}_{ij} - \overline{\overline{x}})^2 = (20-14.1)^2 + \cdots + (18-14.1)^2 = 643.8$$

$$\mathrm{SSA} = \sum_{i=1}^{k}\sum_{j=1}^{m}(\overline{x}_{\cdot j} - \overline{\overline{x}})^2 = \sum_{j=1}^{m}k(\overline{x}_{\cdot j} - \overline{\overline{x}})^2 = 5 \times [(20.5-14.1)^2 + \cdots + (12-14.1)^2] = 298.8$$

$$\mathrm{SSB} = \sum_{j=1}^{m}\sum_{i=1}^{k}(\overline{x}_{i\cdot} - \overline{\overline{x}})^2 = \sum_{i=1}^{k}m(\overline{x}_{i\cdot} - \overline{\overline{x}})^2 = 4 \times [(15.2-14.1)^2 + \cdots + (10.4-14.1)^2] = 111$$

$$\mathrm{SSE} = \mathrm{SST} - \mathrm{SSA} - \mathrm{SSB} = 643.8 - 298.8 - 111 = 234$$

其次，计算均方差如下

$$\mathrm{MSA} = 298.8 / (5-1) = 74.7$$

$$\mathrm{MSB} = 111 / (4-1) = 37$$

$$\mathrm{MSE} = 234 / (20-5-4-1) = 19.5$$

最后，计算 F 统计量

$$F_A = \frac{\mathrm{MSA}}{\mathrm{MSE}} = 74.7 / 19.5 = 3.830769$$

$$F_B = \frac{\mathrm{MSB}}{\mathrm{MSE}} = 37 / 19.5 = 1.897436$$

方差分析表如表 9.12 所示。

表 9.12　方差分析表

误差来源	SS	自由度	均方差	F 值	F 临界值	P 值
因素 A	298.8	4	74.7	3.830769	3.259167	0.031324
因素 B	111	3	37.0	1.897436	3.490295	0.183889
误差	234	12	19.5			
合计	643.8	19	—	—	—	—

(3) 给出检验结论。

给定显著性水平 $\alpha = 0.05$，查 F 分布表，得 $F_\alpha(4,12) = 3.259167$，$F_\alpha(3,12) = 3.490295$。

对于因素 A，因为 $F_A = 3.830769 > F_\alpha(4,12) = 3.259167$，落在拒绝域，所以应拒绝 H_0：$\mu_1 = \mu_2 = \mu_3 = \mu_4$，即认为不同包装方式对销售量有显著影响。

对于因素 B，因为 $F_B = 1.897436 < F_\alpha(3,12) = 3.490295$，没有落在拒绝域，所以不拒绝原假设 H_0：$\mu_1 = \mu_2 = \mu_3 = \mu_4$，即认为不同销售地区对商品销售量没有显著影响。

(4) 关系强度的测量。

上面的方差分析结果显示，不同销售地区对商品销售量没有显著影响，不同包装方式对销售量有显著影响。那么，两个变量(不同销售地区和不同包装方式)合起来与销售量之间的关系强度如何呢？

前面计算出了行 SSA，SSB 及 SST。其中，SSA 度量了不同包装方式对销售量的影响效应，SSB 度量了不同销售地区对销售量的影响效应。SSA，SSB 加在一起度量了不同销售地区和不同包装方式两个自变量对销售量因变量的联合影响效应，联合效应占总效应(即总离差平方和 SST)的比重定义为 R^2，作为衡量关联强度的度量指标。即

$$R^2 = \frac{\text{SSA} + \text{SSB}}{\text{SST}}$$

对于例 9.4，依据表 9.12 计算得

$$R^2 = \frac{\text{SSA} + \text{SSB}}{\text{SST}} = \frac{298.8 + 111}{643.8} = 63.6533\%$$

这表明，不同销售地区和不同包装方式两个自变量对销售量因变量的联合影响效应，占总效应的 63.6533%，而残差效应占到 36.3467%。也就是说不同销售地区和不同包装方式两个自变量对销售量因变量之间有较强的关系 ($R = 0.79783$)。

四、案 例 分 析

(一) 关于"女士品茶"的故事

20 世纪 20 年代后期，在英国剑桥的某个夏日的午后，一群绅士和淑女们在悠闲地品茶，有位女士声称，把茶加到牛奶里和把牛奶加到茶里，两种方法调出来的茶喝起来味道不同。在座的科学精英对此说法嗤之以鼻，这怎么可能？只有一位瘦小的、戴着厚片眼镜的绅士对女士的说法感兴趣，这位先生就是统计学家费希尔。如何检验这位女士的说法，费希尔设计了一个实验：调制好 8 杯奶茶，其中把茶加到牛奶里和把牛奶加到茶里各 4 杯，随机地一一让这位女士进行品尝，判断 8 杯奶茶的冲泡方式，结果这位女士全部辨别出！如何判断该女

士是猜对还是能分辨出把茶加到牛奶里和把牛奶加到茶里的差异？为此，费希尔提出了一种推理方法——假设检验。

【案例分析】

提出假设：

H_0：该女士能辨识出是把茶加到牛奶里还是把牛奶加到茶里

H_1：该女士不能辨识出是把茶加到牛奶里还是把牛奶加到茶里

在原假设成立的条件下，根据古典概率的计算，8 杯奶茶中任意选出 4 杯共有 $C_8^4 = 70$ 种，而 4 杯全部辨识正确的只有 $C_4^4 = 1$ 种，因此女士全部猜测出 8 杯注茶方式的概率为 $\frac{1}{70} \approx 0.014$。即全部猜对是一个小概率事件，在一次试验中几乎不可能发生。现在居然在一次试验中发生了，故拒绝原假设。

上述依据的推断原理——小概率事件原理。

(二) 学历与收入

在如今知识型的社会中，知识能给人们带来很多好处，高收入就是最明显的例证。在我们国家，许多年度薪酬报告表明薪酬的多少与学历的高低有密切的关系。但是"知识贬值""读书无用论""研究生薪酬不如大专生"等报道并不鲜见。为了了解学历对薪酬是否有显著的影响，从某企业人力资源部抽取不同学历的薪酬数据，请见表 9.13。

表 9.13　不同学历与薪酬数据

学历	薪酬数据/万元							
低学历(大专以下)	11.7	11.0	9.7	14.9	14.5	12.7	19.4	20.7
中等学历(本科及大专)	18.7	15.4	13.8	15.9	22.5	25.6	30.4	16.5
高等学历(研究生)	21.6	19.8	32.8	35.2	19.5	26.8	22.4	19.8

【案例分析】

根据问题的提出，我们可以采用单因素方差分析的方法解决。利用统计软件，分析结果见表 9.14。

表 9.14　方差分析

水平	观测数	求和	平均	方差
低学历	8	114.6	14.325	15.53357
中等学历	8	158.8	19.85	33.70571
高等学历	8	197.9	24.7375	38.60268

差异源	SS	df	MS	F	P 值	F 临界值
组间	434.2225	2	217.1113	7.414836	0.003662	3.4668
组内	614.8938	21	29.28065			
总计	1049.116	23	—			

因为 $P=0.003662$ 比较小，所以根据给出的数据资料可以认为收入与学历有一定的关系。从描述统计的结果看，一般来说学历越高，收入也就越高。

五、知识点练习

(一) 填空题

1. 在假设检验中，H_0 是原假设，H_1 是备择假设，则_____是第二类错误。

2. 对总体参数提出某种假设，然后利用样本信息判断是否成立的过程称为_____。

3. 在假设检验中，如果检验结果接受原假设，则说明原假设绝对正确。这种说法是否正确_____。

4. 在假设检验问题中，对同一个总体，用不同的样本，在同一假设下进行检验，则决策结果_____。(请填写"相同"、"不相同"或"不确定")

5. 单个正态总体均值的右侧检验问题中，在总体方差已知的条件下，若显著性水平为 0.05，则检验临界值为_____。

6. 设 $x_1, x_2, \cdots, x_n (n<30)$ 是来自正态总体 $N(\mu, \sigma^2)$ 的简单随机样本。对于显著性水平 α，$H_0: \mu = \mu_0$，如果拒绝域为 $[t_\alpha(n-1), +\infty)$，则备择假设 H_1:_____；如果拒绝域为 $[t_{\alpha/2}(n-1), +\infty) \cup (-\infty, -t_{\alpha/2}(n-1)]$，则备择假设 H_1:_____。

7. 设总体 $X \sim N(\mu_1, \sigma_1^2)$，$Y \sim N(\mu_2, \sigma_2^2)$，其中 $\mu_1, \mu_2, \sigma_1^2, \sigma_2^2$ 未知，其中 $(x_1, x_2, \cdots, x_n)$，$(y_1, y_2, \cdots, y_n) (m<30, n<30)$ 是分别来自 X 和 Y 的样本，且相互独立，记 $\bar{X} = \frac{1}{m} \sum_{i=1}^{m} X_i$，$S_x^2 = \frac{1}{m-1} \sum_{i=1}^{m} (X_i - \bar{X})^2$，$\bar{Y} = \frac{1}{n} \sum_{i=1}^{n} Y_i$，$S_Y^2 = \frac{1}{n-1} \sum_{i=1}^{m} (Y_i - \bar{Y})^2$，则在显著性水平 α 下，若检验 $H_0: \sigma_1^2 = \sigma_2^2$；$H_1: \sigma_1^2 \neq \sigma_2^2$，则检验统计量为_____，拒绝域为_____。若在上述检验中接受 $H_0: \sigma_1^2 = \sigma_2^2$，若检验 $H_0: \mu_1 \geq \mu_2$；$H_1: \mu_1 < \mu_2$，则检验统计量为_____，拒绝域为_____。

8. 方差分析实际上是检验同方差的多个正态总体_____是否相等的一种统计方法。

9. 在单因素方差分析中，因素 A 有 4 个水平，每个水平下各重复 3 次试验，现求得每个水平下试验结果的样本标准差分别为 1.5，2，1.6 和 1.4，则组内平方和等于_____。

10. 在单因素方差分析中，因素 A 有 3 个水平，每个水平下各重复 4 次试验，现求得组间平方和为 260，总的平方和为 305，则检验统计量 F 等于_____。

(二) 单选题

1. 在假设检验中，记 H_0 为原假设，则( )为犯第一类错误。

A. H_0 为真，不拒绝 H_0　　　　　　B. H_0 为真，拒绝 H_0

C. H_0 为假，不拒绝 H_0　　　　　　D. H_0 为假，拒绝 H_0

2. 在假设检验中，由于样本的随机性，若没有拒绝实际上不成立的 H_0 假设，则( )。

A. 犯第一类错误　　　　　　　　　　B. 犯第二类错误

C. 推断正确　　　　　　　　　　　　D. 两类错误都有

3. 在假设检验中，等号一般放在(　　)。

A. 原假设　　　　　　　　　　　　　B. 备择假设

C. 原假设和备择假设都可以　　　　　D. 原假设和备择假设都不可以

4. 假设检验做出判断的基本依据(　　)。

A. 中心极限定理　　B. 大数定律　　C. 小概率原理　　D. 正态分布的可加性

5. 在假设检验中，若增大样本容量，其他条件不变，则犯两类错误的概率(　　)。

A. 都减小　　　　B. 都增大　　　　C. 一个增大一个减小　D. 都不变

6. 在假设检验中，若抽取样本不变，显著性水平由 0.01 增加到 0.05，则犯第二类错误的概率(　　)。

A. 增大　　　　　B. 减小　　　　　C. 不变　　　　　D. 无法确定

7. 按设计标准，某自动食品包装机所包装食品的平均每袋重量应为 1000 克。若要检验该机实际运行状况是否符合设计标准，应该采用(　　)。

A. 左侧检验　　　　　　　　　　　　B. 右侧检验

C. 左侧检验或右侧检验　　　　　　　D. 双侧检验

8. 设 $(x_1, x_2, \cdots, x_n)$ 是来自总体 $X \sim N(\mu, \sigma^2)$ 的样本观测值，μ 未知，在显著性水平 $\alpha = 0.05$ 下检验 $H_0 : \sigma^2 = \sigma_0^2$，应采用(　　)检验。

A. F 检验　　　　B. Z 检验　　　　C. t 检验　　　　D. χ^2 检验

9. 设 $(x_1, x_2, \cdots, x_n)$ 是来自总体 $X \sim N(\mu, \sigma^2)$ 的样本观测值，σ^2 已知，在显著性水平 $\alpha = 0.05$ 下拒绝 $H_0 : \mu = \mu_0$，若 $\alpha = 0.01$，则下列正确的是(　　)。

A. 必拒绝 H_0　　　　　　　　　　B. 必不拒绝 H_0

C. 犯第二类错误的概率变小　　　　　D. 可能拒绝 H_0，也可能不拒绝 H_0

10. 设 $(x_1, x_2, \cdots, x_n)$ 是来自总体 $X \sim N(\mu, \sigma^2)$ 的样本观测值，σ^2 已知，在显著性水平 $\alpha = 0.05$ 下不拒绝 $H_0 : \mu = \mu_0$，若 $\alpha = 0.01$，则下列正确的是(　　)。

A. 必拒绝 H_0　　　　　　　　　　B. 必不拒绝 H_0

C. 犯第二类错误的概率变小　　　　　D. 可能拒绝 H_0，也可能不拒绝 H_0

11. 自动包装机装出茶品的重量服从正态分布，其中方差 σ^2 未知，工作正常时平均重量为 500。抽取容量为 25 的简单随机样本，测得平均重量为 $\bar{x}$，方差为 s^2，则在显著性水平 0.05 下，检验工作是否正常，则取检验统计量及其分布(　　)。

A. $Z = \dfrac{\bar{x} - 500}{\sigma / \sqrt{25}} \sim N(0,1)$　　　　　B. $Z = \dfrac{\bar{x} - 500}{s / \sqrt{25}} \sim N(0,1)$

C. $t = \dfrac{\bar{x} - 500}{s / \sqrt{25}} \sim t(24)$　　　　　D. $t = \dfrac{\bar{x} - 500}{s / \sqrt{25}} \sim t(25)$

12. 从一批零件中抽取 80 件测量直径，测得平均直径为 5.8 厘米，标准差为 1.5 厘米，想验证这批零件的直径是否服从标准直径 6 厘米，则在显著性水平 α 下，拒绝域为(　　)。

A. $|Z| > Z_{\alpha/2}$　　　B. $|t| > t_{\alpha/2}(80)$　　　C. $|t| > t_{\alpha/2}(79)$　　　D. $t > t_\alpha(79)$

13. 某研究机构估计某市居民家庭的私家车拥有率 30%。现随机抽查了 200 个家庭，其中 80 个家庭拥有私家车，则在显著性水平 0.05 下，检验的结论(　　)。

A. 拒绝 H_0　　　　　　　　　　　B. 不拒绝 H_0

C. 犯第二类错误的概率等于 0.05　　　　D. 可能拒绝 H_0，也可能不拒绝 H_0

14. 某机床厂从两台机床加工的同样零件中分别抽取两个独立的样本，为检验两台机床加工的精度是否相同，则提出假设(　　)。

A. $H_0: \mu_1 = \mu_2$; $H_1: \mu_1 \neq \mu_2$　　　　B. $H_0: \mu_1 \leqslant \mu_2$; $H_1: \mu_1 > \mu_2$

C. $H_0: \sigma_1^2 = \sigma_2^2$; $H_1: \sigma_1^2 \neq \sigma_2^2$　　　　D. $H_0: \sigma_1^2 \leqslant \sigma_2^2$; $H_1: \sigma_1^2 > \sigma_2^2$

15. 在单因素方差分析中，常用的检验方法是(　　)。

A. F 检验法　　　　B. Z 检验法　　　　C. t 检验法　　　　D. χ^2 检验法

16. 在方差分析中，(　　)反映的是每个水平内样本数据与其组平均值的差异。

A. 总离差平方和　　　　　　　　　　B. 组内离差平方和

C. 组间离差平方和　　　　　　　　　D. 因素离差平方和

17. 在方差分析中，(　　)反映的是不同水平平均值与总平均值的差异。

A. 总离差平方和　　　　　　　　　　B. 组内离差平方和

C. 组间离差平方和　　　　　　　　　D. 残差平方和

18. 在单因素方差分析中，因素 A 有 4 个不同的水平，每个水平下各做 5, 6, 7, 8 次重复试验，则组内离差平方和的自由度为(　　)。

A. 3　　　　　　B. 25　　　　　　C. 26　　　　　　D. 22

19. 在单因素方差分析中，因素 A 有 4 个不同的水平，每个水平下各做 5, 6, 7, 8 次重复试验，则组间离差平方和的自由度为(　　)。

A. 3　　　　　　B. 25　　　　　　C. 26　　　　　　D. 22

20. 在单因素方差分析中，因素 A 有 4 个不同的水平，每个水平下各做 5, 6, 7, 8 次重复试验，则 F 检验统计量的自由度为(　　)。

A. (22, 3)　　　　B. (3, 22)　　　　C. (23, 3)　　　　D. (3, 23)

(三) 多选题

1. 有关原假设的描述正确的是(　　)。

A. 研究者想收集证据予以反对的假设　　B. 研究者想收集证据予以支持的假设

C. 原假设和备择假设是互不相容的　　　D. 把不含等号的假设作为原假设

E. 把含有等号的假设作为原假设

2. 显著性水平 α 与拒绝域的关系(　　)。

A. α 减小，拒绝域增大　　　　　　B. α 减小，拒绝域减小

C. α 增大，拒绝域减小　　　　　　D. α 增大，拒绝域增大

E. α 增大或减小，拒绝域不变

3. 下面有关 P 值的说法正确的是(　　)。

A. P 值指的是利用样本观测值计算出拒绝原假设的最小概率值

B. 若显著性水平 $\alpha \geqslant P$，则应拒绝原假设

C. 若显著性水平 $\alpha \geqslant P$，则应不拒绝原假设

D. 若显著性水平 $\alpha < P$，则应拒绝原假设

E. 若显著性水平 $\alpha < P$，则应不拒绝原假设

4. 在假设检验中，关于两类错误说法正确的是(　　)。

A. 若检验结论是拒绝原假设，则可能犯第一类错误

B. 若检验结论是不拒绝原假设，则可能犯第一类错误

C. 若检验结论是拒绝原假设，则可能犯第二类错误

D. 若检验结论是不拒绝原假设，则可能犯第二类错误

E. 在同一问题中，犯两类错误的概率之和为 1

5. 下列情况下，可用 Z 检验的有(　　　　)。

A. 单个正态总体均值的检验，其中总体方差已知

B. 单个正态总体均值的检验，其中总体方差未知且小样本

C. 单个正态总体均值的检验，其中总体方差未知且大样本

D. 大样本下，单个总体均值的检验，其中方差已知

E. 大样本下，单个总体均值的检验，其中方差未知

6. 对于两个总体均值差的检验，下列说法正确的是(　　　　)。

A. 两个总体之间的样本要相互独立

B. 无论方差是否已知，大样本的条件下都可以用 Z 检验

C. 两个正态总体，小样本且方差未知时应用 t 检验

D. 使用 t 检验时，检验统计量的自由度是两个样本容量之和

E. 使用 t 检验时，检验统计量的自由度是两个样本容量之和减去 2

7. 方差分析的基本假定(　　　　)。

A. 每个总体服从正态分布　　　　　　　B. 每个总体的均值相等

C. 每个总体的均值可以不相等　　　　　D. 每个总体的方差相同

E. 各水平下样本数据相互独立

8. 在方差分析中，(　　　　)反映的是每个水平内样本数据与其组平均值的差异。

A. 总离差平方和　　　　　　　　　　　B. 组内离差平方和

C. 组间离差平方和　　　　　　　　　　D. 因素离差平方和

E. 残差平方和

9. 在方差分析中，(　　　　)反映的是不同水平平均值与总平均值的差异。

A. 总离差平方和　　　　　　　　　　　B. 组内离差平方和

C. 组间离差平方和　　　　　　　　　　D. 因素离差平方和

E. 残差平方和

10. 在单因素方差分析中，组间离差平方和的大小反映(　　　　)。

A. 全部观测值的离散程度

B. 每个水平下样本观测值的离散程度

C. 因素在不同水平下引起的数据的差异程度

D. 样本均值间的差异程度

E. 不同水平平均值与总平均值的差异程度

(四) 简答题

1. 假设检验的基本步骤？

2. 什么是假设检验的两类错误及两类错误概率大小之间的关系？

3. 如何提出合适的原假设和备择假设？

4. 假设检验依据的基本原理是什么？怎么理解？

5. 方差分析的基本假定有哪些?

6. 说明单因素方差分析中 SST，SSE 和 SSA 的含义及三者的关系。

(五) 计算题

1. 某制造商声称生产的某装置的平均工作温度稳定在 95℃。今从中抽取 40 台该装置计算得平均工作温度为 98℃，标准差 5℃。试问在显著性水平 0.05 下，该制造商的说法是否正确?

2. 设某次考试的学生成绩服从正态分布，从中随机地抽取 25 位考生的成绩，算得平均成绩为 66.5 分，标准差为 15 分，问在显著性水平 0.05 下，是否可认为这次考试全体考生的平均成绩为 70 分?

3. 用包装机包装某品牌洗衣粉，在机器工作正常情况下，每袋的重量为 1000 克，标准差不超过 15 克。某天为检验机器工作是否正常，随机抽取 10 袋进行检验，测得其重量(单位：克)为

　　　1020　　1030　　968　　994　　1014　　998　　976　　982　　950　　1048

假定每袋洗衣粉的重量服从正态分布。问这天机器工作是否正常?　$(\alpha = 0.05)$

4. 某厂对其生产的产品进行质量检验，规定次品率不超过 1% 才能出厂。现从一批产品中随机抽取 500 件，发现 2 件次品。问在显著性水平 0.05 下，这批产品能否出厂?

5. 设两个班级举行一次考试，各有 80 名学生，从每班独立地各抽取 50 名学生计算得第一个班级平均成绩为 74 分，标准差为 8 分，第二个班级的平均成绩为 78 分，标准差为 7 分。试问在显著性水平 0.05 下，两个班级的成绩是否有显著的差异?

6. 一药厂生产一种治疗某种疾病的新药，生产商希望服用新药后至开始起作用的时间平均间隔比旧药至少缩短一半，为验证这一想法，各自从两总体中抽取 $(x_1, x_2, \cdots, x_m)$，$(y_1, y_2, \cdots, y_n)$ 两个独立的样本，设时间间隔均服从正态分布，且方差分别为已知值 σ_1^2, σ_2^2，提出假设 $H_0: \mu_1 \leqslant 2\mu_2$；$H_1: \mu_1 > 2\mu_2$。试根据所学的假设检验知识，对上述检验问题提出检验统计量与检验规则(或拒绝域)。

7. 某大学共有 2000 名四年级的大学生，其中男生 1200 名，女生 800 名。某教师认为女生通过英语六级考试的比例不低于男生。为证实自己的想法，他随机抽取 40 名男生和 60 名女生，通过考试的分别为 15 名和 25 名。试在显著性水平 0.05 下，检验这位老师的看法是否正确。

8. 将 10 只小兔分成两组，分别用 A 与 B 两种饲料喂养，2 个月后测得其体重(单位：千克)分别为

　　　　　　A 饲料：1.56　　　1.48　　　1.27　　　1.38　　　1.42

　　　　　　B 饲料：1.49　　　1.56　　　1.64　　　1.55　　　1.34

假设小兔体重服从正态分布，试问在显著性水平 0.05 下，两种饲料喂出的小兔的重量是否一样?

9. 在单因素方差分析中，因素 A 有四个水平，每个水平各做三次重复试验，请完成下列方差分析表，并在显著性水平 $\alpha = 0.05$ 下对因素 A 是否显著做出检验。

来源	平方和	自由度	均方	统计量	临界值
因素 A	(　　)	(　　)	(　　)	(　　)	(　　)
误差 E	2.5	(　　)	(　　)		
总和 T	6.8	(　　)	—		

10. 某粮食加工厂为验证四种储存方法对粮食含水率有无影响，现取一批粮食分组后分别用四种不同的方法储存，经过一段时间后测得含水率如下表。

储存方法	含水率					
I	6.2	6.1	6.0	6.3	6.1	5.9
II	6.3	6.5	6.7	6.6	7.1	6.4
III	6.8	7.1	6.6	6.8	6.9	6.6
IV	5.4	6.4	6.2	6.3	6.0	5.9

假定各种方法储存的粮食含水率服从正态分布，并且方差相等，试在显著性水平 $\alpha = 0.05$ 下检验这四种储存方法对含水率有无显著差异？

第九章知识点练习参考答案

第十章　相关分析与线性回归分析

一、学　习　目　标

本章主要介绍数值变量之间数量关系的分析方法。相关分析与回归分析是处理变量之间相互关系的一种重要的统计方法。该方法广泛应用于教育学、经济学、社会学、医学和生物学等许多领域。

通过本章的学习，应达到如下目标：

(1) 理解有关概念，包括相关关系与函数关系、相关分析和回归分析、相关系数、回归系数、判定系数(也称可决系数)、估计标准误差等。

(2) 掌握相关关系的类别、方向和程度的判定方法；对于显著的一元线性相关，用最小二乘法拟合线性回归方程并解释回归系数的含义；初步检验回归方程的代表性(判定系数、估计标准误差)并进行点预测。

(3) 熟悉相关系数的计算和建立线性回归方程的方法(最小二乘法)。

(4) 能够熟练使用 Excel 的相关和回归分析功能并对输出结果进行正确解读。

(5) 课程思政：科技兴国。

本章重点与难点在于相关分析和回归分析关系的理解，相关系数的含义和计算，一元线性回归方程的拟合(最小二乘法)以及回归显著性检验。

二、知　识　梳　理

(一) 主要内容

1. 相关关系的含义

变量间的关系一般来说可以分为确定性关系和非确定性关系两种。确定性关系是指能够用确定的函数关系式来表达的变量之间的关系，即函数关系。变量间存在的、不确定性的数量依存关系，称为相关关系。

2. 相关关系的种类

相关关系可以从多个角度分为不同类型。根据所研究变量的数量分为单相关、复相关和偏相关；按相关关系的表现形式分为线性相关和非线性相关；根据变量之间的相关方向分为正相关和负相关；根据变量之间的相关程度分为完全相关、完全不相关和不完全相关三类。

3. 相关分析的主要内容

相关分析是根据实际观察的数据资料，对两个或两个以上变量之间的关系密切程度进行分析的一种统计方法。其主要内容包括：①确定变量之间有无关系存在，以及相关关系呈现的形态；②确定变量之间相关关系的密切程度；③样本所反映的变量之间的关系能否代表总体变量之间的关系。

为解决这些问题，在进行相关分析时，对总体主要有以下两个假定：①变量之间是线性关系；②变量都是随机变量。

4. 回归分析的主要内容

回归分析是确定具有相关关系的变量间的数学表达式并进行统计推断的一种统计方法。回归分析侧重于考察变量间的数量关系，并通过一定的数学表达式将这种关系描述出来，进而确定一个或几个变量(自变量)的变化对另一个特定变量(因变量)的影响程度。

5. 回归分析的分类

根据所处理的自变量的数量，可将其划分为一元回归和多元回归分析。根据所建立的回归方程的形式，可将其划分为线性回归分析和非线性回归分析。线性回归分析是回归分析最基本的内容，而一元线性回归分析又是线性回归的基础。

6. 相关图表

相关表是根据变量的样本资料整理编制的、反映变量间相关关系的统计表。将自变量的取值按照从小到大的顺序并配合因变量的取值一一对应排列起来的统计表。对于两个变量 x 和 y，通过观察或试验可以得到若干组数据，记为 (x_i, y_i) $(i=1,2,\cdots,n)$。用坐标的横轴代表变量 x，纵轴代表变量 y，每组数据 (x_i, y_i) 在坐标系中用一个点表示，n 组数据在坐标系中形成 n 个点，称为散点，由坐标及其散点形成的二维数据图称为相关图或散点图。

7. 简单线性相关系数

若是根据两个变量的总体全部数据计算的，称为总体相关系数，记为 ρ。若是根据样本数据计算的则称为样本相关系数，用 r 表示。

若用 x，y 表示两个相互关联的变量，两者总体相关系数的计算公式为

$$\rho = \frac{\sigma_{xy}}{\sigma_x \sigma_y}$$

设 (x_i, y_i) $(i=1,2,\cdots,n)$ 是来自总体 (x,y) 的样本，样本相关系数的计算公式为

$$r = \frac{s_{xy}}{s_x s_y} = \frac{n\sum xy - \sum x \sum y}{\sqrt{n\sum x^2 - \left(\sum x\right)^2}\sqrt{n\sum y^2 - \left(\sum y\right)^2}}$$

8. 回归模型概述

回归分析中，被预测或被解释的变量称为因变量，用 y 表示。用来预测或解释因变量的变量称为自变量，用 x 表示。描述因变量 y 如何依赖于自变量 x 和误差项的方程称为回归模型。若 x 与 y 有因果关系，则称 $y = f(x) + \varepsilon$ 为回归模型，ε 为随机项。

按照对回归分析不同的分类方法，可以将回归模型划分为多种类型：根据自变量的个数，可将其划分为一元回归分析模型和多元回归分析模型；根据所建立的回归方程的形式，可将其划分为线性回归分析模型和非线性回归分析模型。

9. 一元线性回归模型的估计

一元线性回归方程的图示是一条直线，因此也称为直线回归方程。其中 β_0 是回归直线的截距，即当 $x=0$ 时 y 的期望值；β_1 是直线的斜率，这里称为回归系数，它表示当 x 每变动一个单位时，y 的平均变动值。由于一元线性回归方程中的总体参数 β_0 和 β_1 是未知的，一般用样本统计量 $\hat{\beta}_0$ 和 $\hat{\beta}_1$ 代替回归方程中的未知参数，可以得到估计的一元线性回归方程，其形式为

$$\hat{y} = \hat{\beta}_0 + \hat{\beta}_1 x$$

式中，$\hat{y}$ 是 $E(y)$ 的估计值；$\hat{\beta}_0$ 是估计的截距；$\hat{\beta}_1$ 是估计的直线斜率。

通过使因变量的观测值 y_i 与估计值 $\hat{y}_i$ 之间的离差平方和达到最小来估计 β_0 和 β_1 的方法，即最小二乘法，即

$$\begin{cases} \hat{\beta}_1 = \dfrac{\sum(x_i - \bar{x})(y_i - \bar{y})}{\sum(x_i - \bar{x})^2} = \dfrac{n\sum xy - \sum x \sum y}{n\sum x^2 - \left(\sum x\right)^2} \\ \hat{\beta}_0 = \bar{y} - \hat{\beta}_1 \bar{x} \end{cases}$$

由上式估计出的 $\hat{\beta}_0$ 和 $\hat{\beta}_1$ 称为最小二乘估计量。

10. 一元线性回归模型的检验

统计学检验主要关心样本回归方程的可靠性，包括拟合优度的评价和显著性检验。

(1) 拟合优度评价。

① 判定系数。

判定系数是对估计的回归方程拟合优度的度量。回归离差平方和的比例称为判定系数，记为 R^2。R^2 的取值范围是[0,1]，R^2 接近 1，表明回归直线与各观测点越接近，回归直线的拟合程度就越好；反之，R^2 接近 0，回归直线的拟合程度就越差。在一元线性回归中，相关系数 r 实际上是判定系数的平方根。相关系数与估计的回归系数 $\hat{\beta}_1$ 的正负号是相同的。

② 估计标准误差。

估计标准误差是度量各实际观测点在回归直线周围的散布状况的一个统计量。它是均方残差(MSE)的平方根，用 s_e 来表示。若各观测点越靠近直线，s_e 越小，回归直线对各观测点的代表性就越好，根据估计的回归方程进行预测也就越准确。若 $s_e = 0$，各观测点全部落在直线上，则此时用自变量来预测因变量时没有任何误差。

(2) 显著性检验。

回归分析中的统计显著性检验主要包括两个方面的内容：一是线性关系的检验；二是回归系数的检验。

① 线性关系检验——F 检验——是检验自变量和因变量之间的线性关系是否显著。

② 回归系数显著性检验——t 检验——是检验自变量对因变量的影响是否显著。在一元线性回归模型 $y = \beta_0 + \beta_1 x + \varepsilon$ 中，若总体回归系数 $\beta_1 = 0$，表明因变量 y 的取值不依赖于自变量 x，两个变量之间没有线性关系。若总体回归系数 $\beta_1 \neq 0$，两个变量之间的线性关系才存在。在一元线性回归分析中，回归系数 t 检验和线性关系的 F 检验的效果是等价的。

11. 利用一元线性回归方程进行预测

回归预测指根据自变量 x 的取值来预测因变量 y 的取值，分为点预测和区间预测两种。

(1) 点预测。

利用估计的回归方程，对于 x 的一个特定值 x_0，求出 y 的一个估计值就是点预测。点预测又分为两种：一是平均值的点预测，二是个别值的点预测。

(2) 区间预测。

区间预测是指利用估计的回归方程，对于 x 的一个特定值 x_0，求出 y 的一个估计值区间。

12. 复相关系数和偏相关系数

(1) 复相关系数。

复相关系数是度量一个因变量与一组自变量(两个或两个以上)之间线性相关程度的指标。复相关系数的平方实际就是多元线性回归方程中用于拟合优度评价的多重判定系数。复相关系数记为 R。复相关系数的取值区间为 $[0, 1]$。$R = 1$，表明因变量 y 与自变量 x 之间存在完全确定的线性关系；$R = 0$，则表明因变量 y 与自变量 x 之间不存在任何线性相关关系。R 越接近于 1，表明变量之间线性相关程度越高。

(2) 偏相关系数。

偏相关系数是在对其他变量进行控制的条件下，衡量多个变量中的某两个变量间关系密切程度的统计量。偏相关系数的取值范围在 -1 到 1 之间，其符号与偏回归系数的符号相同。

(二) 主要公式(表 10.1)

表 10.1 主要公式

知识点	公式
简单线性相关系数	$r = \dfrac{s_{xy}}{s_x s_y} = \dfrac{n\sum xy - \sum x \sum y}{\sqrt{n\sum x^2 - \left(\sum x\right)^2}\sqrt{n\sum y^2 - \left(\sum y\right)^2}}$
等级相关系数	$r_s = 1 - \dfrac{6\sum\limits_{i=1}^{n} d_i^2}{n(n^2-1)}$
一元线性回归模型	$y = \beta_0 + \beta_1 x + \varepsilon$
一元线性回归方程	$E(y) = \beta_0 + \beta_1 x$
估计的一元线性回归方程	$\hat{y} = \hat{\beta}_0 + \hat{\beta}_1 x$
参数最小二乘估计	$\begin{cases} \hat{\beta}_1 = \dfrac{\sum\limits_{i=1}^{n}(x_i - \bar{x})(y_i - \bar{y})}{\sum\limits_{i=1}^{n}(x_i - \bar{x})^2} = \dfrac{n\sum xy - \sum x \sum y}{n\sum x^2 - \left(\sum x\right)^2} \\ \hat{\beta}_0 = \bar{y} - \hat{\beta}_1 \bar{x} \end{cases}$
因变量的离差分解	总离差平方和 $\mathrm{SST} = \sum\limits_{i=1}^{n}(y_i - \bar{y})^2$ 回归平方和 $\mathrm{SSR} = \sum\limits_{i=1}^{n}(\hat{y}_i - \bar{y})^2$ 残差平方和 $\mathrm{SSE} = \sum\limits_{i=1}^{n}(y_i - \hat{y})^2$ 三者之间关系：$\mathrm{SST} = \mathrm{SSR} + \mathrm{SSE}$

续表

知识点	公式
判定系数	$R^2 = \dfrac{\text{SSR}}{\text{SST}} = \dfrac{\sum\limits_{i=1}^{n}(\hat{y}_i - \overline{y})^2}{\sum\limits_{i=1}^{n}(y_i - \overline{y})^2} = 1 - \dfrac{\sum\limits_{i=1}^{n}(y_i - \hat{y})^2}{\sum\limits_{i=1}^{n}(\hat{y}_i - \overline{y})^2} = 1 - \dfrac{\text{SSE}}{\text{SST}}$
估计标准误差	$s_e = \sqrt{\dfrac{\sum(y_i - \hat{y}_i)^2}{n-2}} = \sqrt{\dfrac{\text{SSE}}{n-2}} = \sqrt{\text{MSE}}$
y 平均值的置信区间估计	$\hat{y}_0 \pm t_{\alpha/2}(n-2)s_e \sqrt{\dfrac{1}{n} + \dfrac{(x_0 - \overline{x})^2}{\sum\limits_{i=1}^{n}(x_i - \overline{x})^2}}$
y 个别值的预测区间估计	$\hat{y}_0 \pm t_{\alpha/2}(n-2)s_e \sqrt{1 + \dfrac{1}{n} + \dfrac{(x_0 - \overline{x})^2}{\sum\limits_{i=1}^{n}(x_i - \overline{x})^2}}$

三、知 识 拓 展

(一) 回归分析的起源

著名的英国数学家、生物统计学家卡尔·皮尔逊是数理统计学的创立者之一，同时是旧派理学派和描述统计学派的代表人物，被誉为现代统计学的创立者。

高尔顿于 1889 年出版了《自然遗传》一书，详细介绍了其在遗传相关、回归概念以及技巧方面所做的努力，认真思考了这些成果在研究生命形式过程中的可用性和可以创造的价值。高尔顿的"相关"概念得到皮尔逊的高度关注，皮尔逊认为这是一个比因果性更加广泛的研究范畴。"相关"概念的提出激发了皮尔逊对统计学科的研究热情，在长达 15 年的时间内几乎孑然一身坚持着对统计学科的研究和开拓。他将格雷沙姆讲座同大学学院统计理论的两门课程结合在一起，以图示的方法将来自生物学、物理学和社会科学的统计资料进行处理和展示，并用掷硬币、抽纸牌和观察自然现象的方法来证明概率理论和相关概念。此外，他提出"标准离差"这一术语，并用其替代相对复杂的均方根误差，同时论述了法曲线、斜曲线和复合曲线。在高尔顿、韦尔登等人关于相关、回归统计概念和相关技巧的研究基础之上，皮尔逊创立了现代所使用的极大似然估计法，同时用样本积矩相关系数 r 来表示二元正态分布的相关系数最优值 ρ，这个 r 就是"皮尔逊相关系数"。1901 年，皮尔逊同韦尔登、高尔顿一起创办了《生物统计》杂志，为数理统计学赢得了一席之地，同时极大地推动了数理统计学的发展和完善。

(二) 解释变量的选择

事实上，在进行多元线性回归分析时，首先就需要选择解释变量，即选元。自变量的所有可能子集构成 $2^n - 1$ 个回归方程，对于 $2^n - 1$ 个回归方程都计算出选元的统计量(如 F 统计量、t 统计量、R^2 等)，通过某一个或某几个选元统计量的比较，我们就可选出"最优"的回归方程。当可供选择的自变量不太多时，用上述方法可以求出一切可能的回归方程；然后用既定的选元准则去挑出"最好"的方程，但是当自变量的个数较多时，求出所有可能的回归方程是非常困难的。目前所给出的方法各有优缺点，一般认为选择解释变量标准是：定性分析确定统计关系的基础上看其与因变量相关关系是否显著或其边际贡献的大小。选择解释变量的方法很多，在此我们只介绍目前常用的三种方法：前进法、后退法、逐步回归法。

1. 前进法

前进法的思想是由少到多，每次增加一个自变量，直至没有可引入的变量为止。具体做法是首先对全部 k 个自变量，分别对因变量 y 建立 k 个一元线性回归方程，并分别计算这 k 个一元回归方程的 F 检验值(与 t 统计量等价)，记为 $\{F_1^1, F_2^1, F_3^1, \cdots, F_k^1\}$；选其最大的记为

$$F_j^1 = \max \{F_1^1, F_2^1, F_3^1, \cdots, F_k^1\}$$

给定显著性水平 α，若 $F_j^1 \geq F_\alpha(1, n-2)$，则首先将 x_j 引入方程，为了叙述方便，设 x_j 就是 x_1。

接下来因变量 y 分别与 $(x_1, x_2), (x_1, x_3), \cdots, (x_1, x_k)$，建立 $k-1$ 个二元线性回归方程，对这 $k-1$ 个回归方程中 $x_2, x_3, \cdots, x_k$ 的回归系数进行偏 F 检验(与 t 检验等价)，计算偏 F 值，记为 $F_2^2, F_3^2, \cdots, F_k^2$；选其最大的记为

$$F_j^2 = \max \left\{ F_2^2, F_3^2, \cdots, F_k^2 \right\}$$

若 $F_j^2 \geq F_\alpha(1, n-3)$，则接着将 x_j 引入回归方程。

依上述方法接着做下去。直至所有未被引入方程的自变量的偏 F 值均小于 $F_\alpha(1, n-k-1)$ 时止。这时，得到的回归方程就是最终确定的方程。

2. 后退法

后退法与前进法相反，首先用全部 k 个变量建一个回归方程，然后在这 k 个变量中选择一个最不重要的变量，将它从回归方程中剔除。在回归系数的显著性检验中，用的就是这种思想，把回归系数检验的偏 F 值最小者对应的自变量剔除。设对 k 个回归系数进行 F 检验，记求得的偏 F 值为 $F_1^k, F_2^k, \cdots, F_k^k$，选其最小者记为

$$F_j^k = \min \{F_1^k, F_2^k, \cdots, F_k^k\}$$

给定显著性水平 α，若 $F_j^k \leq F_\alpha(1, n-k-1)$，则首先将 x_j 从回归方程中剔除，为了叙述方便，设 x_j 就是 x_k。接着对剩下的 $k-1$ 个自变量重新建立回归方程，进行回归系数的显著性检验，像上面那样，又有 $F_j^{k-1} \leq F_\alpha(1, n-k-2)$，则剔除 x_j，重新建立 y 关于 $k-2$ 个自变量的回归方程，依此下去，直至回归方程中的变量 F 检验值均大于给定限制性水平下的临界值 F_α，没有可剔除的自变量为止。这时，得到的回归方程就是最终确定的方程。

前进法和后退法显然都有明显的不足。前进法存在这样的问题：不能反映引进新的自变量后原有变量解释能力的变化情况。因为某个自变量开始可能是显著的，但当引入其他自变量后它变得并不显著了，但是也没有机会将其剔除，即一旦引入，就是"终身"的。这种只考虑引入，而没有考虑剔除的做法显然是不全面的。而且，我们在许多例子中会发现可能最先引入的某个自变量，当其他自变量相继引入后，它会变得对因变量 y 很不显著。

后退法的明显不足是，一开始把全部自变量引入回归方程，这样计算量很大。如果有些自变量不太重要，一开始就不引入，就可减少一些计算量。再就是一旦某个自变量被剔除，"一棍子打死"，它再也没有机会重新进入回归方程。

如果我们的问题涉及的自变量 $x_2, x_3, \cdots, x_k$ 是完全独立的,那么前进法与后退法所建的回归方程不会有大的差异(本例两种方法的结果完全相同)。然而,尽管我们对回归方程的基本假设要求自变量之间线性无关,但在实际中很难碰到自变量间真正无关的情况。尤其是在经济问题中,我们所研究的绝大部分问题,自变量间都有一定的相关性。这就会使得随着回归方程中变量的增加和减少,某些自变量对回归方程的解释能力也会发生变化,这是由于自变量相关,它们之间的不同组合,对因变量 y 的影响可能大不一样。

3. 逐步回归法

从前进法和后退法的思想及方法,以及我们看到的它们的不足,人们比较自然地想构造一种方法,吸收前进法和后退法的优点,克服它们的不足,把两者结合起来,这就有了逐步回归的思想。逐步回归的基本思想是"有进有出"。具体做法是将变量一个一个引入,引入变量的条件是其偏 F 统计量或 t 统计量经检验是显著的,即每引入一个自变量后,对已经被选入的变量要进行逐个检验,当原引入的变量由于后面变量的引入而变得不再显著时,要将其剔除。引入一个变量或从回归方程中剔除一个变量,为逐步回归的一步,每一步都要进行偏 F 检验或 t 检验(二者等价),以确保每次引入新的变量之前回归方程中只包含显著的变量。这个过程反复进行,直到既无显著的自变量选入回归方程,也无不显著的自变量从回归方程中剔除为止。这样就保证了最后所得的回归子集是"最优"回归子集。

在逐步回归法中需要注意的是引入和剔除自变量的显著性水平 α 应该有所不同,一般要求引入自变量的显著性水平 α_1 小于剔除自变量的显著性水平 α_2,否则可能产生"死循环"的现象。就是说,当引入自变量的显著性水平 α_1 不小于剔除自变量的显著性水平 α_2 时,如果某个自变量的显著性水平(P 值)在 α_1 和 α_2 之间,那么,这个变量就会被引入、剔除、再引入、再剔除……循环往复,以至无穷。

(三) 多重共线性

当回归模型中使用两个或两个以上的自变量时,这些自变量往往会提供多余的信息;即这些自变量之间彼此相关。在实际经济生活中,变量之间经常存在复杂的相互联系,比如我国改革开放以来,由于各项政策的合理实施,促进了国民经济的迅速发展,农民收入、职工的工资在增加,随之消费、储蓄、投资等出现了共同的增长,这就使许多经济变量之间存在较高的相关关系,在使用这些自变量进行预测时,所提供的信息就是重复的。

1. 多重共线性及其所产生的问题

当回归模型中两个或两个以上的自变量彼此相关时,则称回归模型中存在多重共线性(multicollinearity)。在回归分析中存在多重共线性将会产生以下问题。

(1) 当变量之间高度相关时,可能会使回归分析的结果混乱,甚至会将分析引入歧途。比如因变量与 $k(k \geqslant 2)$ 个自变量之间的回归方程是显著的,但是 k 个回归系数中,只有 1 个通过了检验(其 P 值小于 0.05),而其他 $k-1$ 个回归系数均未通过检验。这种检验结果看起来矛盾,实际上是因为线性关系检验(F 检验)表明回归方程显著时,只说明因变量至少与 k 个自变量中的一个自变量的线性相关关系是显著的,并非意味着同每个自变量之间的关系都显著。事实上,k 个自变量在预测因变量时可能都有贡献,只不过是一些自变量的贡献与另一些自变量的贡献相互重叠了。

(2) 多重共线性可能对参数估计值的正负号产生影响，特别是 β_i 正负号有可能与预期的正负号相反。这种情况就是由自变量之间的相关关系造成的。因为 k 个自变量放在一起产生了多余的信息。因此，当存在多重共线性时，对回归系数的解释将是危险的。

2. 多重共线性的判别

检测多重共线性的方法很多，其中较为简单的办法就是计算模型中的各对自变量之间的相关系数，并对各相关系数进行显著性检验。如果有一个或多个相关系数是显著的，就表示模型中所使用的自变量之间相关，因而存在多重共线性问题。具体来说，如果出现以下情况，那么就暗示存在多重共线性。

(1) 模型中各对自变量之间显著相关。

(2) 当模型的线性关系检验(F 检验)显著时，几乎所有的回归系数的 t 检验却不显著。

(3) 回归系数的正负号与预期相反。

3. 多重共线性问题的处理

一旦检测到模型中存在多重共线性问题，那么有几种可选的方法来解决。具体采用哪种方法取决于多重共线性的严重性和回归分析的最终目的。下面是解决多重共线性问题的一些办法。

(1) 将一个或多个相关的自变量从模型中剔除，使保留的自变量尽可能不相关。

(2) 如果要在模型中保留所有的自变量，就应该要么避免根据 t 统计量对单个参数 β_i 进行检验，可以将相关的两个自变量合成一个新的变量，要么对因变量 y 值的推断(估计或预测)限定在自变量样本值范围内。

四、案 例 分 析

(一) 回流温度对石油液化气收率的影响

为了研究石油液化气收率与回流温度的相关关系，表 10.2 是收集到的回流温度与液化气收率的 20 组数据。要求计算液化气收率与回流温度的相关系数并进行显著性检验。

表 10.2　液化气收率与回流温度数据表

序号	回流温度/℃	液化气收率/%	序号	回流温度/℃	液化气收率/%
1	35	13.1	11	40	12.5
2	42	11.3	12	44	11.1
3	38	12.3	13	39	11.1
4	42	11.1	14	45	11.1
5	36	13.1	15	46	10.8
6	33	13.6	16	44	10.5
7	39	12.2	17	37	12.1
8	43	11.1	18	38	12.5
9	42	11.9	19	43	11.5
10	43	10.4	20	45	10.9

【案例分析】

(1) 计算相关系数

$$r = \frac{n\sum xy - \sum x\sum y}{\sqrt{n\sum x^2 - \left(\sum x\right)^2}\sqrt{n\sum y^2 - \left(\sum y\right)^2}} = -0.89$$

即液化气收率与回流温度之间的相关系数为 −0.89，说明二者之间存在高度负相关关系。

(2) 相关系数的显著性检验。提出假设

$$H_0: \rho = 0; \quad H_1: \rho \neq 0$$

计算检验统计量：

$$t = r\sqrt{\frac{n-2}{1-r^2}} = \frac{-0.89 \times \sqrt{20-2}}{\sqrt{1-0.89^2}} = -8.28$$

给定显著性水平 $\alpha = 0.05$，查表确定临界值 $t_{\alpha/2}(20-2) = 2.101$。

由于 $|t| > t_{0.025}(18)$，所以拒绝原假设，说明液化气收率与回流温度之间的线性关系显著。

(二) 饮水氟含量对中老年人群的骨关节炎患病率的影响

为了研究某地饮水氟含量与中老年人群的骨关节炎患病的关系，对当地 11 个乡镇进行了调查，数据如表 10.3 所示。要求计算患病率对氟含量的回归方程，并计算判定系数及估计标准误差。

表 10.3　饮水氟含量与患病率数据表

序号	氟含量/(mg/L)	患病率/%
1	1.2	7.4
2	2.5	8.9
3	0.75	8.1
4	7.97	2.02
5	2.06	10
6	7.05	30.2
7	5.3	24.1
8	3.52	7.4
9	1.5	10.2
10	0.35	8.8

【案例分析】

(1) 计算回归方程。以 y 表示患病率，x 表示氟含量，设估计的一元线性回归方程为 $\hat{y} = \hat{\beta}_0 + \hat{\beta}_1 x$，

$$\begin{cases} \hat{\beta}_1 = \dfrac{n\sum xy - \sum x\sum y}{n\sum x^2 - \left(\sum x\right)^2} = 1.26 \\ \hat{\beta}_0 = \overline{y} - \hat{\beta}_1\overline{x} = 7.65 \end{cases}$$

故所求的患病率对氟含量的一元线性回归方程为 $\hat{y} = 7.65 + 1.26x$，其中的 1.26 表示饮水中的

氟含量每增加 1mg/L，患病率增加 1.26%。

(2) 计算判定系数。根据计算结果，对因变量 y 的变差进行方差分解如下

$$\text{SST} = \sum(y_i - \overline{y})^2, \quad \text{SSR} = \sum(\hat{y}_i - \overline{y})^2, \quad \text{SSE} = \sum(y_i - \hat{y})^2 = \text{SST} - \text{SSR}$$

$$R^2 = \frac{\text{SSR}}{\text{SST}} = 1 - \frac{\text{SSE}}{\text{SST}} = 0.156$$

判定系数 $R^2 = 0.156$，判定系数接近于 0，回归直线拟合程度很差。

(3) 计算估计标准误差

$$s_e = \sqrt{\frac{\text{SSE}}{n-2}} = 8.35\%$$

(三) 某地区民航客运量的回归分析

为了对某地区民航客运量进行预测，在定性分析的基础上，确定国内生产总值、实际利用外资额、民航航线里程、来华旅游入境人数为自变量，各变量数据如表 10.4 所示。要求：

(1) 建立四元线性回归方程，并进行参数估计；

(2) 对参数估计结果进行显著性检验，并得到最终回归方程；

(3) 当国内生产总值为 $x_1 = 100000$ 亿元，实际利用外资额为 $x_2 = 600$ 亿美元，来华旅游入境人数 $x_4 = 9000$ 万人时，对该地区民航客运量进行预测。

表 10.4 某地区民航客运量及其影响因素数据表

年份	民航客运量 y/万人	国内生产总值 x_1/亿元	实际利用外资额 x_2/亿美元	民航航线里程 x_3/万千米	旅游入境人数 x_4/万人
2000	391	5934.5	19.81	22.91	947.7
2001	554	7171	27.05	26.02	1285.2
2002	747	8964.4	46.47	27.72	1783.3
2003	997	10202.2	72.58	32.43	2281.9
2004	1310	11962.5	84.52	38.91	2690.2
2005	1442	14928.3	102.26	37.38	3169.5
2006	1283	16909.2	100.59	47.19	2450.1
2007	1660	18547.9	102.89	50.68	2746.2
2008	2178	21617.8	115.54	55.91	3335
2009	2886	26638.1	192.023	83.66	3811.5
2010	3383	34634.4	389.6	96.08	4152.7
2011	4038	46759.4	432.13	104.56	4368.4
2012	5117	58478.1	481.37	112.9	4638.7
2013	5555	67884.6	548.04	116.65	5112.8
2014	5630	74462.6	644.08	142.5	5758.8
2015	5755	78345.2	585.57	150.58	6347.8
2016	6094	82067.5	526.59	152.22	7279.6
2017	6722	89442.2	593.56	150.29	8344.4
2018	7524	95933.3	496.72	155.36	8901.3

【案例分析】

(1) 建立模型，进行参数估计。建立四元线性回归方程：$\hat{y} = \hat{\beta}_0 + \hat{\beta}_1 x_1 + \hat{\beta}_2 x_2 + \hat{\beta}_3 x_3 + \hat{\beta}_4 x_4$。

利用 Excel 得到输出结果如表 10.5 所示。

表 10.5　回归分析结果表(Ⅰ)

回归统计	
Multiple R	0.994469
R Square	0.988968
Adjusted R Square	0.985816
标准误差	282.3387
观测值	19

方差分析表					
	df	SS	MS	F	Significance F
回归分析	4	1E+08	25011161	313.7568	1.58E−13
残差	14	1116012	79715.12		
总计	18	1.01E+08			

	Coefficients	标准误差	t Stat	P-value
Intercept	−139.555	232.7273	−0.59965	0.55832
x_1	0.036356	0.014219	2.556806	0.022814
x_2	1.611444	1.468266	1.097515	0.290935
x_3	7.515343	9.55849	0.786248	0.444827
x_4	0.212519	0.142665	1.489633	0.158502

(2) 显著性检验与模型确定。从 F 统计量角度看,四元线性回归模型通过检验(Significance F = 1.57571E−13<0.05)。从 t 检验角度看, 只有国内生产总值 x_1 通过 t 检验(P-value = 0.022814<0.05)。

先剔除 t 统计量最小的民航航线里程 x_3,重新建立三元线性回归模型,三元线性回归模型有关输出结果如表 10.6 所示。

表 10.6　回归分析结果表(Ⅱ)

回归统计	
Multiple R	0.994224
R Square	0.988481
Adjusted R Square	0.986177
标准误差	278.7221
观测值	19

方差分析					
	df	SS	MS	F	Significance F
回归分析	3	99995365	33331788	429.0577	9.32E−15
残差	15	1165290	77686.03		
总计	18	1.01E+08			

	Coefficients	标准误差	t Stat	P-value
Intercept	−54.3332	203.3073	−0.26725	0.792919
x_1	0.038591	0.013754	2.805766	0.013304
x_2	2.427005	1.025848	2.365853	0.03188
x_4	0.265121	0.124392	2.131346	0.04981

从 F 统计量角度看, 三元线性回归模型通过检验(Significance F = 9.32E−15 < 0.05)。从 t 检验角度看, 国内生产总值 x_1、实际利用外资额 x_2 和旅游入境人数 x_4 均通过了显著性检验,

因此最终的回归模型为三元线性回归模型：

$$\hat{y} = -54.3332 + 0.038591x_1 + 2.427005x_2 + 0.265121x_4$$

(3) 对该地区民航客运量进行预测。

① 点预测。将国内生产总值 $x_1 = 100000$ 亿元、实际利用外资额 $x_2 = 600$ 亿美元、旅游入境人数 $x_4 = 9000$ 万人代入上面的三元线性回归模型，计算得到民航客运量为

$$\hat{y}_0 = -54.3332 + 0.038591 \times 100000 + 2.427005 \times 600 + 0.265121 \times 9000 = 7647 (万人)$$

② 区间预测。(a)个别值的区间预测。若给定显著水平 $\alpha = 0.05$，即在 95% 的置信水平下该地区民航客运量个别值的预测区间为 $\left[\hat{y}_0 \pm t_{\alpha/2}(n-m)s_e \sqrt{1 + X_0(X^TX)^{-1}X_0^T} \right]$，其中

$$s_e = \sqrt{\frac{\sum(y_i - \hat{y}_i)^2}{n-m}} = 278.7221, \quad t_{\alpha/2}(n-m) = t_{\alpha/2}(15) = 2.131$$

$$\sqrt{1 + X_0(X^TX)^{-1}X_0^T} = 1.173434, \quad X_0 = (1, 100000, 600, 9000)$$

$(X^TX)^{-1} =$

$$\begin{pmatrix} 0.532062794 & 2.55301E-05 & -0.001208829 & -0.000277906 \\ 2.55301E-05 & 2.4351E-09 & -1.4878E-07 & -1.9329E-08 \\ -0.001208829 & -1.4878E-07 & 1.35464E-05 & 7.84874E-07 \\ -0.000277906 & -1.9329E-08 & 7.84874E-07 & 1.99177E-07 \end{pmatrix}, \quad X_0(X^TX)^{-1}X_0^T = 0.376948$$

得该地区民航客运量个别值的预测区间为[7647±2.131×278.7221×1.173434]，即[6950，8345]万人。

(b) 平均值的区间预测。在 95% 的置信水平下该地区民航客运量均值的预测区间为

$$\left[\hat{y}_0 \pm t_{\alpha/2}(n-m)s_e \sqrt{X_0(X^TX)^{-1}X_0^T} \right]$$

其中

$$s_e = \sqrt{\frac{\sum(y_i - \hat{y}_i)^2}{n-m}} = 278.7221$$

$$t_{\alpha/2}(n-m) = t_{\alpha/2}(15) = 2.131, \quad \sqrt{X_0(X^TX)^{-1}X_0^T} = 0.614$$

得该地区民航客运量均值的预测区间为[7647±2.131×278.7221×0.614]，即[7283，8012]万人。

五、知识点练习

(一) 填空题

1. 函数关系是变量之间一种_____的数量依存关系，相关关系是变量之间的一种_____的数量依存关系。

2. 现象之间的相关关系按相关关系的程度分为_____、_____和_____；按相关关系的形式分为_____和_____；按所研究变量的个数分为_____和_____；按变量之间相关关系的方向分为_____和_____。

3. 两个变量之间有依存关系，若其中一个变量数值的变动完全由另一个变量数值的变动

来确定，则这两个变量之间的关系为_____。

4. 相关分析的方法包括_____、_____和_____。

5. 两个变量之间的线性相关程度越低，则其线性相关系数的数值_____。

6. 相关系数为负表示两变量之间是_____，相关系数为正表示两变量之间是_____。

7. 相关系数绝对值为 1，表示两变量为_____；相关系数为 0，表示两变量之间_____。

8. 常用的等级相关系数有_____等级相关系数和_____等级相关系数等。

9. 回归分析中，将被预测或被解释的变量作为_____，用来解释因变量变化的一个或多个变量作为_____。

10. 描述因变量依赖于自变量和随机项的方程称为_____，描述因变量的期望值依赖于自变量的方程称为_____。

11. 回归参数的估计方法采用_____，通过使因变量的观测值与估计值之间的离差平方和达到_____来估计参数的方法。

12. 回归模型的检验包括_____检验、统计学检验和_____检验，其中统计学检验主要关心样本回归方程的可靠性，包括_____和_____。

13. 样本回归方程与各个观测值的接近程度称为回归直线对样本观测值的_____，判断回归直线拟合优度的最常用指标是_____和_____。

14. 因变量实际观测值与其样本均值的离差平方和称为_____，因变量的回归值与其样本均值的离差平方和称为_____，因变量实际观测值与回归值的离差平方和称为_____。其中，_____占_____的比例通常称为判定系数，判定系数越大，回归方程拟合程度_____。

15. 回归预测是指通过确定自变量 x 的取值来预测因变量 y 的取值，分为_____和_____两种。

(二) 单选题

1. 下列各项中属于函数关系的是(   )。
A. 学习时间与学习成绩　　　　　　B. 圆的面积与半径
C. 家庭收入和家庭消费　　　　　　D. 语文成绩与化学成绩

2. 相关分析是研究(   )。
A. 变量之间的数量关系　　　　　　B. 变量之间的变动关系
C. 变量之间的相关关系　　　　　　D. 变量之间的因果关系

3. 相关系数 r 的取值范围是(   )。
A. $0 \leqslant r \leqslant 1$　　B. $-1 \leqslant r \leqslant +1$　　C. $-1 \leqslant r \leqslant 0$　　D. $-\infty < r < +\infty$

4. 当相关系数 $r = -1$ 时，表明(   )。
A. 现象之间完全无关　　　　　　　B. 相关程度较小
C. 现象之间完全相关　　　　　　　D. 无线性相关关系

5. 相关系数的绝对值为 1 时，表明两个变量间存在着(   )。
A. 正相关关系　　　　　　　　　　B. 负相关关系
C. 完全线性相关关系　　　　　　　D. 不完全线性相关关系

6. 下列相关系数取值错误的是(　　)。

A. −1　　　　　　B. 1.2　　　　　　C. 0　　　　　　D. 0.8

7. 两个变量间的线性相关关系愈不密切，相关系数 r 值就愈接近(　　)。

A. −1　　　　　　B. +1　　　　　　C. 0　　　　　　D. −1 或+1

8. 相关系数的值越接近 +1，表明两个变量间(　　)。

A. 正线性相关关系越弱　　　　　　　　B. 负线性相关关系越弱

C. 正线性相关关系越强　　　　　　　　D. 负线性相关关系越强

9. 进行相关分析，要求相关的两个变量(　　)。

A. 都是随机的　　　　　　　　　　　　B. 都不是随机的

C. 一个是随机的，一个不是随机的　　　D. 随机或不随机都可以

10. 相关图又称(　　)。

A. 折线图　　　　　B. 曲线图　　　　　C. 散点图　　　　D. 散布表

11. 若要证明两变量之间线性相关程度越低，则计算出的相关系数应接近于(　　)。

A. +1　　　　　　B. 0　　　　　　C. 0.5　　　　　D. ±1

12. 寻找一个因变量与一个(或几个)自变量之间关系的数学表达式的统计方法称为(　　)。

A. 一元回归分析　　B. 多元回归分析　　C. 列联分析　　D. 回归分析

13. 根据回归方程 $\hat{y} = \beta_0 + \beta_1 x$，下列说法正确的是(　　)。

A. 只能由变量 x 去预测变量 y

B. 只能由变量 y 去预测变量 x

C. 可以由变量 x 去预测变量 y，也可以由变量 y 去预测变量 x

D. 能否相互预测，取决于变量 x 和变量 y 之间的因果关系

14. 年劳动生产率 x(千元)和工人工资 y(元)之间的回归方程为 $\hat{y} = 10 - 80x$，这意味着年劳动生产率每提高 1 千元，工人工资平均(　　)。

A. 增加 70 元　　B. 减少 70 元　　　C. 增加 80 元　　D. 减少 80 元

15. 相关系数的符号可用来判断现象(　　)。

A. 线性相关还是非线性相关　　　　　　B. 正相关还是负相关

C. 完全相关还是不完全相关　　　　　　D. 单相关还是复相关

16. 下列回归方程错误的是(　　)。

A. $\hat{y} = 0.3 + 8x, r = 0.8$　　　　　　B. $\hat{y} = -0.3 + 8x, r = 0.8$

C. $\hat{y} = 0.3 - 8x, r = -0.8$　　　　　D. $\hat{y} = 0.3 - 8x, r = 0.8$

17. 在回归方程 $\hat{y} = \beta_0 + \beta_1 x$ 中，$\beta_1 > 0$，则 x 与 y 之间的相关系数(　　)。

A. $r = 0$　　　　B. $r = 1$　　　　C. $0 < r < 1$　　　D. $-1 < r < 0$

18. 在回归方程 $\hat{y} = \beta_0 + \beta_1 x$ 中，β_1 表示(　　)。

A. 当 x 增加一个单位时，y 增加的数量

B. 当 y 增加一个单位时，x 增加的数量

C. 当 x 增加一个单位时，y 的平均增加量

D. 当 y 增加一个单位时，x 的平均增加量

19. 估计标准误差是反映(　　)的代表性指标。

A. 平均数　　　　　B. 相关关系　　　　C. 回归方程　　　D. 序时平均数

20. 假设某品牌手机市场需求只与消费者的收入和手机价格有关，则在手机价格不变的情况下，手机的需求与消费者收入的相关关系是(　　)。

　A. 单相关　　　　　B. 复相关　　　　　C. 偏相关　　　　D. 函数关系

21. 估计回归方程参数采用的方法是(　　)。

　A. 移动平均法　　　B. 指数平滑法　　　C. 散点法　　　　D. 最小二乘法

22. 判断现象之间相关关系密切程度的方法是(　　)。

　A. 作定性分析　　　B. 制作相关图　　　C. 计算相关系数　D. 计算回归系数

23. 以下关于相关系数 r 和回归系数 β_1 的说法正确的是(　　)。

　A. 回归系数 β_1 大，则相关系数 r 一定也大

　B. 相关系数 r 和回归系数 β_1 的正负符号一致

　C. $r = \beta_1 \dfrac{\sigma_y}{\sigma_x}$

　D. 相关系数 r 和回归系数 β_1 无任何关系

24. 判定系数是指(　　)。

　A. 误差平方和与总离差平方和之比　　　B. 回归平方和与总离差平方和之比

　C. 回归平方与误差平方和之比　　　　　D. 误差平方和与回归平方和之比

25. 回归分析中各显著性检验的关系正确的是(　　)。

　A. F 检验是针对回归系数的显著性检验

　B. t 检验是针对线性关系的检验

　C. 一元线性回归的 F 检验与 t 检验结果相同

　D. 多元线性回归的 F 检验与 t 检验结果相同

(三) 多选题

1. 相关关系与函数关系的区别有(　　)。

　A. 函数关系反映的是确定性的数量关系

　B. 相关关系表达的是现象间的非确定性的数量关系

　C. 相关关系表现为变量间一一对应的关系

　D. 函数关系反映的是不确定性的数量关系

　E. 相关关系的变量之间的关系不能精确地用函数表示

2. 按照相关关系的表现形式不同，相关关系可分为(　　)。

　A. 非线性相关　B. 单相关　　　C. 正相关　　　D. 负相关　　E. 线性相关

3. 以下描述正确的有(　　)。

　A. 相关分析中两个变量是对等的

　B. 相关分析中两个变量是不对等的

　C. 回归分析中两个变量是对等的

　D. 回归分析中两个变量是不对等的

　E. 互为因果关系的两个变量，可以建立两个回归方程

4. 可用于判断相关关系的方法有(　　)。

　A. 相关表　　　　　　B. 相关图　　　　　　C. 相关系数

　D. 回归方程　　　　　E. 回归系数

5. 从变量之间相互关系的方向，相关关系可分为(　　　)。

A. 正相关　　　　　　　　B. 负相关　　　　　　C. 线性相关

D. 非线性相关　　　　　　E. 不相关和完全相关

6. 关于相关系数，下列说法正确的是(　　　)。

A. 相关系数取值在–1和+1之间

B. 相关系数取值在0和1之间

C. 相关系数表示变异程度

D. 相关系数表示因果关系

E. 相关系数表示线性相关的密切程度

7. 相关系数 r 的数值(　　　)。

A. 可为正值　　　　　　　B. 可为负值　　　　　　C. 可大于1

D. 可等于–1　　　　　　　E. 可等于1

8. 可用来判断现象相关方向的指标有(　　　)。

A. 相关系数　　　　　　　B. 回归系数　　　　　　C. 回归方程的常数项

D. 估计标准误差　　　　　E. 可决系数

9. 单位成本(元)依产量(千件)变化的回归方程为 $\hat{y}=70-2x$ ，这表示(　　　)。

A. 产量为1千件时，单位成本70元

B. 产量为1千件时，单位成本68元

C. 产量每增加1千件时，单位成本平均下降2元

D. 产量每增加1千件时，单位成本平均下降70元

E. 若希望单位成本为60元时，产量应该为5千件

10. 当两个现象完全相关时，下列统计指标值可能为(　　　)。

A. $r=+1$　　　　　　　　B. $r=0$　　　　　　　C. $r=-1$

D. $s_e=0$　　　　　　　　E. $s_e=1$

11. 在线性回归分析中，确定线性回归方程的两个变量必须是(　　　)。

A. 一个自变量，一个因变量　　B. 均为随机变量　　　C. 对等关系

D. 因变量随机变量　　　　　　E. 不对等关系

12. 关于相关系数与回归系数的关系，下列说法正确的是(　　　)。

A. 回归系数为负则相关系数为正

B. 回归系数为负则相关系数为负

C. 回归系数为正则相关系数为负

D. 回归系数为正则相关系数为正

E. 回归系数等于零则相关系数等于零

13. 估计标准误差的作用表明了(　　　)。

A. 回归方程的代表性

B. s_e 越小， r 越接近1

C. 估计值与实际值的平均误差

D. 当 $s_e=\sigma_e$ 时，估计标准误差达到最小值

E. s_e 的平方等于判定系数 R^2

14. 在线性回归方程 $\hat{y}=\beta_0+\beta_1 x$ 中(　　　)。

A. 必须确定自变量和因变量，即自变量是给定的，因变量是随机的

B. 回归系数既可以是正值，也可以是负值

C. 一个回归方程既可以由自变量推算因变量的估计值，也可以由因变量的值计算自变量的值

D. 两个变量都是随机的

E. 两个变量存在线性相关关系，而且相关程度显著

15. 下列有关回归预测的说法正确的是(　　　　)。

A. 回归预测是指通过确定自变量 x 的取值来预测因变量 y 的取值

B. 回归预测分为点预测和区间预测

C. 区间预测分为平均值的区间预测和个别值的区间预测

D. 平均值的预测区间比个别值的预测区间要宽一些

E. 个别值的预测区间比平均值的预测区间要宽一些

(四) 简答题

1. 相关关系和函数关系的区别是什么?

2. 什么是完全相关和完全不相关?

3. 相关分析与回归分析的主要内容分别是什么?

4. 相关分析与回归分析的区别和联系?

5. 简单线性相关系数的性质有哪些?

6. 随机项 ε 的内容有哪些?

7. 相关系数与判定系数有何关系?

8. 在直线回归方程中，参数 β_0, β_1 的几何意义和经济意义是什么?

9. 什么是复相关系数和偏相关系数，如何对其进行计算?

(五) 计算题

1. 调查 5 位同学统计学的学习时间与成绩分数如下表所示。

每周学习时间/小时	学习成绩/分
6	44
8	64
9	54
12	74
15	94

要求:

(1) 计算学习时数与学习成绩之间的相关系数，并据此说明两者之间的相关关系类型;

(2) 建立线性回归方程;

(3) 计算估计标准误差。

2. 某种产品的产量与单位成本的资料如下表所示。

产量/件	单位成本/(元/件)
200	73
300	72
400	71
300	73

要求：

(1) 计算产量与单位成本的相关系数，并据此说明两者之间的相关关系类型；

(2) 建立线性回归方程，指出产量每增加 1 件时，单位成本平均下降多少元？

3. 某地高校教育经费与高校学生人数的统计资料如下。已知 x 与 y 之间存在一元线性相关关系。

教育经费/万元	在校学生数/万人
317	11
340	17
378	18
400	20
420	23
460	27

要求：

(1) 建立线性回归方程；

(2) 估计教育经费为 600 万元的在校学生数。

4. 某地区 2018～2022 年个人消费支出和收入如下表所示。

年份	个人收入/万元	消费支出/万元
2018	64	56
2019	70	60
2020	77	66
2021	82	75
2022	92	88

要求：

(1) 计算个人收入与消费支出之间的相关系数；

(2) 估计线性回归方程，并解释回归系数的实际意义。

5. 已知 20 个居民家庭的人均月食品支出 y(元)与人均月收入水平 x(元)及相关指标的资料如下。

$$\sum x = 151, \quad \sum y = 42, \quad \sum xy = 446, \quad \sum x^2 = 1636, \quad \sum y^2 = 123$$

要求：

(1) 拟合线性回归方程，并解释回归系数的含义；

(2) 计算人均月食品支出被人均月收入水平的解释程度。

6. 下面是 10 个城市写字楼出租率和每平方米月租金的数据。

地区编号	出租率/%	每平方米月租金/元
1	73.7	102
2	72.9	77
3	78.0	86
4	70.0	73
5	73.3	87
6	71.8	68
7	66.4	70
8	76.7	108
9	74.6	98
10	83.9	110

要求:

(1) 计算出租率与租金的相关系数;

(2) 确定租金对出租率的线性回归方程。

7. 一家公司认为商品在某地区销售额与该地区的人口数和年人均收入有关,下面是五个地区的商品销售额、人口数和年人均收入数据。

地区编号	销售额 y/万元	人口数 x_1/万人	年人均收入 x_2/百元
1	56	20	1.2
2	64	24	1.3
3	72	27	1.5
4	106	34	2.3
5	132	38	2.8

要求:

(1) 建立二元线性回归方程;

(2) 计算估计标准误差,并据此说明回归方程的拟合优度。

8. 销售收入 x 与销售成本 y 之间存在相关关系,现有某公司 6 个月的销售收入和销售成本(单位:万元)资料如下。

$$\sum(x-\bar{x})^2 = 436527, \quad \sum(y-\bar{y})^2 = 276800$$
$$\bar{x} = 647, \quad \bar{y} = 549, \quad \sum(x-\bar{x})(y-\bar{y}) = 345420$$

要求:

(1) 计算销售收入与销售成本之间的相关系数;

(2) 建立销售收入与销售成本之间的线性回归方程并指出回归系数的经济含义。

9. 某汽车生产商欲了解广告费用 x(千元)对销售量 y(辆)的影响,收集了过去 12 年的有关数据。通过软件计算得到如下结果。

方差分析表

变差来源	自由度(df)	平方和(SS)
回归(SSR)	1	( )
残差(SSE)	10	40158.07
总离差(SST)	11	1642866.67

回归系数表

	Coefficients	Std. Error	t Stat	P-value
(Constant)	363.6891	62.45529	5.823191	0.000168
广告费用	1.420211	0.071091	19.97749	2.17E–09

要求：

(1) 填写方差表中的所缺项；

(2) 计算汽车销售量的变差由广告费用变动引起的比例；

(3) 计算销售量与广告费用的相关系数；

(4) 写出回归方程并解释回归系数的实际意义。

10. 三元线性回归分析方差分析表和回归系数表的结果分别如下表所示。

方差分析表

变差来源	平方和(SS)	自由度(df)	均方差(MS)	F 统计量
回归(SSR)	6.88	（　）	（　）	（　）
残差(SSE)	（　）	（　）	（　）	
总离差(SST)	7.48	28	—	—

回归系数表

	Coefficients	Std. Error	t Stat	P-value
(Constant)	4.4694	0.4284	10.4334	0.0000
固定资产投资完成额	0.0068	0.0071	0.9503	0.3511
社会消费品零售总额	0.2289	0.0397	5.7696	0.0000
出口额	0.0105	0.0044	2.3669	0.0260
Dependent Variable: GDP				

要求：

(1) 将方差分析表中的空白处填写完整；

(2) 计算判定系数 R^2 和调整的判定系数 $\bar{R}^2$；

(3) 在 0.05 的显著性水平下判断各自变量对因变量的影响显著性，并说明做法和依据；

(4) 根据以上信息能否得到三元线性回归方程的结果，为什么？

第十章知识点练习参考答案

第十一章　主要经济统计指标

一、学 习 目 标

本章在对统计指标与指标体系综述的基础上，结合经济统计工作实践，主要介绍我国国民经济主要总量指标和分析指标以及部分企业经济统计指标。生产总量指标、收入分配指标、最终使用指标、国民经济主要分析指标体系、企业经济统计产出指标、效益指标等知识点是本章的核心内容。

通过本章的学习，应达到以下目标：

(1) 掌握统计指标与指标体系的含义。

(2) 掌握各种经济统计主要指标的含义。

(3) 理解并掌握各种经济统计指标的计算。

(4) 熟悉各种主要经济统计指标的应用范围与作用。

(5) 初步了解各种经济统计指标的综合运用问题。

(6) 课程思政：经济增长方式的思考。

二、知 识 梳 理

(一) 主要内容

本章第一节主要陈述统计指标与指标体系的相关概念，重点在于统计指标的理解。第二节重点介绍了国民经济主要总量指标的相关内容，包括生产总量指标、收入分配及使用指标、国民财富指标的基本概念及计算方法，然后选择性地介绍了最常见的国民经济分析指标，包括增长率、生产率、消费率与投资率、洛伦兹曲线与基尼系数、恩格尔系数等指标，说明了它们的含义及相应计算方法。第三节就企业经济统计中的相关指标做了梳理，重点在于总产值、企业增加值指标的理解，另外了解企业相关效益指标(总资产贡献率、资产保值增值率、资产负债率、流动资金周转率、成本费用利润率、全员劳动生产率和产品销售率等)的概念即可。本章为读者学习统计学基本理论方法在经济现实的应用提供帮助。本章涉及的主要内容如下。

(1) 统计指标是说明总体特征的数量化概念或范畴。其主要功能在于反映总体的综合数量特征。指标体系是指由若干相互联系的统计指标所构成的整体。其主要功能在于全面反映统计对象的数量特征和数量关系。

(2) 生产是整个社会再生产的基本环节，是国民经济活动的出发点，是社会总供给形成的源泉。因此，国民经济生产总量指标是国民经济统计指标体系的最基本内容之一。主要生产总量指标包括总产出、中间产品与最终产品、增加值和国内生产总值。

总产出指常住单位在一定时期内生产的所有货物和服务的价值，既包括新增值，也包括转移价值，它反映常住单位生产活动的总规模。

所谓中间产品，就是在核算期内生产出来又在本核算期内被消耗掉或被进一步加工使用，构成其他产品生产费用的那部分产品。最终产品，是指在核算期内生产出来并且在本核算期内未被加工或消耗，可供最终使用的那些产品。

增加值是指从总产出中减去中间投入价值后的余额，反映生产单位或部门生产活动的最终成果。

国内生产总值是一个国家或地区的所有常住单位在一定时期内所生产和提供的最终使用的货物和服务的总价值，简写为 GDP。

(3) 国民经济收入分配，简称为国民收入分配，通常是指国民经济生产过程所创造的产品(价值)分配给社会各方面形成的所有收支活动。国民收入分配又可分为收入初次分配和收入再分配。主要包括国民总收入(GNI)和国民净收入、国民可支配总收入和国民可支配净收入。

国民总收入是指在一定时期内，一个国家或地区的国民，在国民经济初次分配中获得的初始收入总和。国民净收入等于国民总收入减去固定资本消耗后的余额。

国民可支配总收入，是指一个国家在一定时期内获得的原始收入的基础上，经过与国外的经常转移收支后可最终用于消费和投资的收入。从国民可支配总收入中扣除固定资本消耗，就是国民可支配净收入。

(4) 根据最终产品的使用去向，最终支出体现为以下三个方面：最终消费支出、资本形成和出口。具体的最终使用指标包括最终消费支出、资本形成总额。

最终消费是指本国常住单位在一定时期内用于最终消费的货物或服务的价值总量；从消费者角度看，消费者为获得这些货物和服务所花费的支出，被称为最终消费支出。最终消费支出包括居民个人消费支出和社会公共消费支出两部分。

资本形成总额是指本国常住单位在核算期内固定资产投资和存货变动价值的总和，它是相对于最终消费的另一个重要的国民经济最终使用总量指标。资本形成总额包括固定资本形成总额和存货变动两个部分。

(5) 总储蓄是指国民可支配总收入减去最终消费后的余额，即各机构部门的现期收入与现期支出的差额。净储蓄是指国民可支配净收入减去最终消费后的余额，或总储蓄扣除固定资本消耗后的余额。

(6) 国民财富是国民经济的存量指标，是指一个国家在特定时点上所拥有的一切财富的总和；国民财富或称为国民财产，包含了一国的非金融资产和金融资产，而非金融资产可分为生产资产与非生产资产。

(7) 经济增长率是指货物或服务的数量，在不同时期对比增长的速度，即国内生产总值的增长速度。经济增长率几乎是一国经济发展中最重要的一个动态指标，是反映一个国家经济是否具有活力的重要指标。根据需要还可以计算年平均经济增长率和人均国内生产总值的年平均增长率。

(8) 生产率是生产进程中投入与产出之比，是反映国民经济生产效益最综合、最基本的指标。根据参加生产的要素不同，可分为劳动生产率、资本生产率和综合要素生产率。

(9) 最终消费率是指一个国家或地区在一定时期内(通常为 1 年)的最终消费占当年 GDP 的比率；资本形成率，通常是指总投资(资本形成总额)占国内生产总值的比率。

(10) 外贸依存度是指一国的货物和服务进出口总值占该国的国内生产总值或国民总收入的比重，是反映一个国家的对外贸易活动对该国经济发展的影响和依赖程度的经济分析指标。

(11) 洛伦兹曲线是一种反映收入分配公平程度的曲线；基尼系数是根据洛伦兹曲线来计

算的测定收入分配差异程度的量化指标。

(12) 恩格尔系数是食品支出占居民全部消费支出的比重。

(13) 企业统计产出指标是对一定时期内企业生产经营成果的概括反映,其数值大小表明企业生产经营成果所达到的规模与水平,同时也是计算企业经济效益指标的基础。

总产值是指一定时期内企业生产或提供的以货币形式表现的全部企业产品的价值总量。其主要作用在于反映企业生产总量。

增加值是指一定时期内企业通过生产活动附加到劳动对象上的价值。其主要作用在于反映本企业在生产过程中对国内生产总值的贡献。

(14) 企业统计效益指标是对企业生产要素利用状况的概括反映,其数值大小表明企业生产要素投入产出比例的高低,是考核企业生产管理业绩的主要依据。

总资产贡献率是反映企业全部资产获利能力的核心指标。资产保值增值率是反映企业净资产变动状况的核心指标。

资产负债率既反映企业经营风险的大小,同时也反映企业利用债权人提供的资金从事经营活动的能力。

流动资金周转率指一定时期内流动资金完成的周转次数,反映投入企业的流动资金的周转速度。

成本费用利润率是指企业投入的生产成本与费用与其所产生的经济效益的比率。全员劳动生产率是反映企业生产效率的核心指标。

产品销售率反映企业产品已实现的销售程度,是分析企业产销衔接情况、研究企业产品满足社会需求状况的指标。

(二) 主要公式(表 11.1)

表 11.1　主要公式

知识点		公式
国民经济总量指标	总产出	总产出 = 中间投入 + 增加值
	国内生产总值 (GDP)	国内生产总值 = $\sum$各部门增加值
		国内生产总值 = 固定资本消耗 + 劳动者报酬 + 生产税净额 + 营业盈余
		国内生产总值 = 最终消费 + 资本形成 + (出口 − 进口)
	国民总收入(GNI)	国民总收入 = 国内生产总值 + (来自国外的要素收入 − 支付国外的要素收入) = 国内生产总值 + 来自国外的净要素收入
	国民可支配总收入	国民可支配总收入 = $\sum$各机构部门可支配总收入 = 国民总收入 + 来自国外的经常转移收支净额
	最终消费支出	最终消费支出= 居民个人消费支出 + 社会公共消费支出
	资本形成	资本形成总额 = 固定资本形成总额 + 存货变动
	总储蓄	总储蓄 = 国民可支配总收入 − 最终消费
国民经济分析指标	经济增长率	经济增长率 = 国民经济发展速度 − 1 (或 100%)
	国民经济发展速度	国民经济发展速度 = 报告期不变价 GDP/基期 GDP

续表

知识点		公式
国民经济分析指标	全社会劳动生产率	全社会劳动生产率 = 一定时期 GDP/同期全社会劳动者平均人数
	资金产值率	资金产值率 = GDP/(固定资金平均净值+流动资金平均占用余额)
	综合要素生产率	综合要素生产率 = GDP/国民经济生产综合投入
	最终消费率	最终消费率 = 最终消费/GDP(或国内支出总额)
	资本形成率	资本形成率 = 资本形成总额/GDP(或国内支出总额)
	外贸依存度	外贸依存度 = 进出口总值/GDP = (进口总值+出口总值)/GDP
	恩格尔系数	恩格尔系数 = 食品支出/消费总支出

三、知 识 拓 展

(一) 国内生产总值(GDP)与国民总收入(GNI)

GDP 与 GNI 都是国民经济总量指标,两者之间存在密切的核算关系。在国民经济核算体系建立初期,各国主要以国民生产总值(GNP)作为国民经济核算的主要指标,但随着经济全球化的发展,资本和劳动等生产要素的国际流动越来越频繁,流动量也越来越大,按"国民"原则计算国民收入,就无法准确衡量一定区域范围的生产总量,所以在 1993 年,联合国统计司正式决定用 GDP 取代 GNP 作为国民经济核算的主要指标,并将 GNP 改称为 GNI,这种做法适应经济发展状态,而且将国民生产总值改为国民总收入在指标的代表意义上更为准确。

(二) 人均国民总收入

每一年,世界银行都要按照世界各经济体的人均国民总收入(GNI)数据,对世界各经济体经济发展水平进行分组,共分为低收入、中等偏下收入、中等偏上收入和高收入四个组。根据 2019 年世界银行经济体收入分组标准,高收入经济体的人均国民总收入为不少于12536美元,较高收入经济体的人均国民总收入为 4046~12535 美元,较低收入经济体的人均国民总收入为 1036~4045 美元,低收入经济体的人均国民总收入为不高于 1036 美元。我国 2019 年人均国民总收入为 10410 美元,属于中等偏上收入水平国家,但是与高收入水平国家相比还存在着较大差距。

(三) 最终消费与居民消费价格指数(CPI)

居民个人消费支出是一个国家最终消费支出的重要组成部分,而 CPI 则是反映居民家庭一般所购买的消费商品和服务价格水平变动情况的经济指标。一般来说,CPI 直接影响一个国家宏观经济调控政策的制定,同时,它也间接影响资本市场的变化。CPI 测量的是随着时间的变化,包括八大类、262 个基本分类的各种商品和服务零售价格的平均变化值。每一个类别都有一个能显示其重要性的权数。这些权数是通过向成千上万的家庭和个人调查他们购买的产品和服务而确定的。权数每两年修正一次,以使它们更符合人们的消费偏好。

四、案例分析

(一) 国民经济核算体系

国民经济的社会再生产过程包括：生产、分配、消费、积累，而积累又构成了下一期生产的基础，这四个过程环环相扣，是一个循环的系统。因此描述国民经济的各个指标也是一个有机联系的整体，彼此之间存在紧密的逻辑关系。由国民经济核算理论：生产是收入分配的起点，收入分配的结果是消费和储蓄的起点，而储蓄则是非金融投资的主要起点，进一步，金融交易则是建立在如何调整由非金融投资引起的资金余缺状况的基础上。若就一个封闭的实体经济而言，可以这样说：生产了多少，就分配了多少，进而也就消费和积累了多少。

其中各个指标的关系是：生产是社会再生产过程的起点，其核算成果就是 GDP(各部门增加值之和)，收入分配过程以增加值为起点，通过收入初次分配和再分配过程，形成可支配收入(各部门可支配收入之和为国民可支配总收入)，可支配收入是在不发生资产负债变化的情况下，可以进行最终消费的最大数额，而可支配收入用于最终消费后的余额就是储蓄。除了生产过程之外，其他过程都可以由资金流量表(实物交易)来体现。表 11.2 为根据 2016 年我国资金流量表(实物交易)整理的各机构部门(国外部门除外)的相关经济指标。

表 11.2　2016 年我国各机构部门相关经济指标

指标名称	非金融企业部门	金融机构部门	政府部门	住户部门
增加值/亿元	439384.6	61121.7	62150.5	180928.6
初次分配总收入/亿元	142007.6	37624.3	107124.8	453842.0
可支配总收入/亿元	118441.7	29616.9	132368.5	459534.7
最终消费/亿元	0	0	106467.0	293443.1
总储蓄/亿元	118441.7	29616.9	25901.5	166091.6

注：(1)资料来源：《中国统计年鉴 2018》；(2)更详细的资金流量数据请参考 2016 年资金流量表(实物交易)，由于篇幅限制，此处不再列出；(3)表中数据由当年价格计算；(4)非金融企业部门和金融机构部门均为企业部门，从宏观经济统计角度，企业部门不是最终消费的行为主体，因此这两个部门最终消费为零。

由表 11.2，我们可以得出下列指标间的数量关系：

GDP = 各机构部门增加值之和 = 439384.6 + 61121.7 + 62150.5 + 180928.6 = 743585.4(亿元)

GNI = 各机构部门初次分配总收入之和 = 142007.6 + 37624.3 + 107124.8 + 453842.0 = 740598.7(亿元)

GDP 与 GNI 之间的差额来自国外的净要素收入。

各部门总储蓄等于各部门可支配总收入减最终消费。

(二) 我国 2013～2017 年支出法 GDP 及消费率与投资率数据

通过《中国统计年鉴 2018》查得我国 2013～2017 年支出法 GDP 及消费率与投资率数据如表 11.3 所示。

表 11.3　2013～2017 年支出法 GDP 及消费率与投资率数据

年份	支出法 GDP/亿元	消费率/%	投资率/%
2013	596963	50.3	47.3
2014	647182	50.7	46.8
2015	699109	51.8	44.7
2016	745632	53.6	44.1
2017	812038	53.6	44.4

根据表 11.3 中相关数据，我们可知，近 5 年以来，我国消费率、投资率都较为稳定，但消费率有微弱增长的趋势，投资率有微弱降低的趋势。可知，我国近几年的经济主要靠消费与投资拉动，且消费的拉动力在逐步增强，投资的拉动力在逐渐减弱。

五、知识点练习

(一) 填空题

1. _____是国民经济活动的出发点，是社会再生产的基本环节。

2. 从实物构成上看，总产出包括_____和_____两个部分。

3. 从价值形态上看，总产出包括_____和_____两部分价值。

4. 最终产品是指供最终使用的产品，理论上讲，最终产品包括用于_____、_____和_____的各种产品。

5. 从收入分配角度，增加值由_____、_____、_____和_____构成。

6. 净增加值是指从增加值中扣除掉_____。

7. 由于计算角度的不同，国内生产总值(GDP)的计算方法有_____、_____和_____。

8. 可支配收入是通过_____和_____两个过程之后得到的指标。

9. 从消费行为主体来看，最终消费可分为_____和_____两部分。

10. 投资率又称资本形成率，通常是指_____占_____的比率。

(二) 单选题

1. 下列不属于国民经济总量指标的是(　　)。

A. 总产出　　　　　B. 国内生产总值　　　C. 经济增长率　　　D. 国民收入

2. 理论上来讲，最终产品不用于(　　)。

A. 最终消费　　　　B. 固定资本形成　　　C. 中间投入　　　　D. 出口

3. 农林牧渔业总产出采用的计算方法为(　　)。

A. 工厂法　　　　　B. 产品法　　　　　　C. 工厂法和产品法　D. 收入替代法

4. 通过收入初次分配和收入再分配过程可以得到的经济指标是(　　)。

A. 劳动者报酬　　　B. 初始收入　　　　　C. 可支配收入　　　D. 国民收入

5. 下列有关国民总收入和国内生产总值的说法正确的是(　　)。

A. 两者没有核算关系　　　　　　　　　　B. 两者都为衡量生产成果的总指标

C. 两者都为衡量国民收入的总指标　　　　D. 两者存在密切核算关系

6. 下列花费不属于居民消费支出的是(　　　)。

A. 购买汽车　　　　　B. 购买住房　　　　　C. 购买手机　　　　　D. 旅游

7. 总储蓄是指国民可支配总收入减去(　　　)之后的值。

A. 居民消费　　　　　B. 政府消费　　　　　C. 最终消费　　　　　D. 资本形成

8. 经济增长率与国民经济发展速度的关系是(　　　)。

A. 无明确关系

B. 经济增长率等于国民经济发展速度减 1

C. 国民经济发展速度等于经济增长率减 1

D. 经济增长率等于国民经济发展速度加 1

9. 以下关于生产率的说法不正确的是(　　　)。

A. 用于反映国民经济生产效益

B. 生产率是生产过程中投入与产出之比

C. 劳动生产率用于反映劳动投入的生产效率

D. 资本生产率用于反映全部要素投入的生产效率

10. 下列有关基尼系数的说法正确的是(　　　)。

A. 反映居民生活水平　　　　　　　　　　B. 反映收入分配差异程度

C. 国际公认警戒线为 0.3　　　　　　　　D. 系数越大，表明收入分配越平均

(三) 多选题

1. 总产出包括(　　　)。

A. 最终产品　　　B. 中间产品　　　C. 中间投入　　　D. 最初投入　　　E. 增加值

2. 下列用于生产过程的产品中属于中间产品的有(　　　)。

A. 原材料　　　B. 辅助材料　　　C. 固定资产　　　D. 燃料　　　E. 厂房

3. 从最终产品的使用去向角度计算 GDP 时，包括(　　　)。

A. 最终消费　　　B. 资本形成　　　C. 净出口　　　D. 劳动者报酬　　　E. 营业盈余

4. 下列关于国民总收入(GNI)的说法正确的有(　　　)。

A. GNI = GDP + 来自国外的净要素收入

B. GNI 是一个收入概念的总指标

C. GNI 是一个增加值概念的总指标

D. GNI 是指一定时期内一个国家或地区的居民的原始收入的总和

E. GNI 与 GDP 之间不存在明显数量关系

5. 下列属于社会公共消费支出的有(　　　)。

A. 义务教育　　　B. 国防支出　　　C. 社区文化中心　　D. 公务员工资　　　E. 税收

6. 以下属于资本形成的有(　　　)。

A. 有形固定资产投资　　　　　　　　　　B. 无形固定资产投资

C. 非生产资产投资　　　　　　　　　　　D. 存货变动

E. 自然矿藏的首次出现

7. 以下关于国民财富的说法正确的有(　　　)。

A. 是一个流量指标

B. 是一个国家在特定时点上所拥有一切财富的总和

C. 包括国民财产和自然资源两部分

D. 是一个存量指标

E. 国民财富指企业部门拥有的所有资产

8. 根据参加生产的要素不同，生产率包括(　　　)。

A. 劳动生产率　　　　　　　　B. 资本生产率

C. 综合要素生产率　　　　　　D. 投资率

E. 消费率

9. 下列有关外贸依存度的说法正确的是(　　　)。

A. 指一国货物和服务进出口总值占该国 GDP 的比重

B. 反映一个国家对外贸易活动对该国经济发展的影响

C. 反映一个国家经济的外向程度

D. 其数值越大，表明一国经济发展对外贸经济的依赖程度越高

E. 其数值越大，表明一国经济发展对外贸经济的依赖程度越低

10. 下列有关恩格尔系数的说法正确的是(　　　)。

A. 用来衡量居民生活水平的高低

B. 数值越小，表明居民生活越富裕

C. 是食品支出占消费总支出的比值

D. 数值越大，表明居民生活越富裕

E. 用来衡量一国收入分配的公平程度

(四) 简答题

1. 叙述 GDP 核算的"三面等值"原则内容以及原理。

2. 简述收入分配的过程以及由此得到的各个收入指标。

3. 什么是转移？叙述其含义及内容。

4. 简述你对国民财富的理解。

5. 简述你对恩格尔系数的理解。

(五) 计算题

1. 某地区共有五家企业，甲企业主要生产甘蔗，乙企业主要生产糖，丙企业主要生产面粉，丁企业主要生产点心。在某一年内，乙企业生产了 40 个单位(万元)的糖，消耗了 10 个单位的甘蔗(为甲企业该年全部生产的甘蔗)，其中 20 个单位的糖提供给丁企业继续投入生产，丙企业生产了 60 个单位的面粉，消耗了 25 个单位的小麦(为戊企业该年全部生产的小麦)，其中有 30 个单位的面粉提供给丁企业继续投入生产，丁企业消耗这些糖和面粉，共生产出 80 个单位的点心，全部投入市场销售，用于最终消费。

根据以上信息，计算该地区该年的总产出、中间投入与 GDP。

2. 某城市一户居民，每月工资收入 10000 元 ，缴纳个人所得税 400 元，社会保障支出 200 元，该家庭某月住房房租支出 600 元，食品支出 1500 元，水电杂费支出 150 元，交通费支出 150 元，购买服装支出 500 元，购买书籍支出 300 元，支付小时工工资 800 元，外出游

玩花费 800 元。

根据以上信息，计算该住户家庭该月的可支配收入、最终消费支出与储蓄。

3. 某生产企业，在某一年内购置机床 2 台，每台价格 15 万元，为行政部门购买纸张等办公耗材花费 6 万元，自建厂房一栋，花费 50 万元。土地租用费 20 万元。 另外该企业该年期初存货 60 万元，期末价值 80 万元。

根据以上信息，计算该企业该年的资本形成。

4. 某国家 2013～2017 年不变价 GDP 分别为 100，105，108，110，113 个价值单位。据此计算该国家 2017 年比 2013 年的经济发展速度、经济增长率，以及 2013～2017 年的年平均经济增长率。

5. 某国家 2017 年 GDP 为 120 个价值单位，其中最终消费为 40 个价值单位，资本形成为 60 个价值单位，出口 30 个价值单位，进口 10 个价值单位，计算该国 2017 年的最终消费率、资本形成率以及外贸依存度，并据此简要分析该经济发展的特点。

第十一章知识点练习参考答案

模 拟 试 题

试 题 (一)

一、填空题(本大题共 5 小题，每小题 2 分，共 10 分)

1. 某企业 2022 年完成利润 100 万元，2022 年计划比 2021 年增长 5%，实际增长 8%，则计划完成程度为_____。

2. 数据的预处理主要包括_____、_____和_____。

3. 从总体比例为 0.9 的总体中，抽取容量为 100 的简单随机样本，则样本比例的抽样分布为_____。

4. 一组数据的最大值与最小值之差称为_____，非众数组的频数占总频数的比重称为_____。

5. 某保险公司推出一种新的理财产品，复利计息，预计 10 年的收益率分别是第 1～3 年 2%，第 4～6 年 4%，第 7～10 年 6%，则预计该理财产品的平均收益率为_____。

二、单选题(本大题共 10 小题，每小题 1 分，共 10 分)

1. 频数分布数列的两个组成要素是(　　)。
   A. 分组和频数　　　　　　　　　B. 频数和频率
   C. 组距和组数　　　　　　　　　D. 组距和频数

2. 用于显示连续型分组数据分布特征的统计图是(　　)。
   A. 条形图　　　　B. 直方图　　　　C. 散点图　　　　D. 环形图

3. 对于具有单峰钟型分布的一组数据来说，若偏态系数为-0.3，则算术均值、中位数和众数之间的数量关系是(　　)。
   A. 算术均值 > 中位数 > 众数　　　B. 中位数 > 算术均值 > 众数
   C. 众数 > 中位数 > 算术均值　　　D. 众数 > 算术均值 > 中位数

4. 小样本情形下，当总体方差 σ^2 未知时，检验总体均值的统计量为(　　)。
   A. $Z = \dfrac{\overline{x} - \mu_0}{\sigma / \sqrt{n}}$　　　　　　B. $t = \dfrac{\overline{x} - \mu_0}{s / \sqrt{n}}$
   C. $t = \dfrac{p - \mu_0}{n}$　　　　　　　D. $Z = \dfrac{\overline{x} - \mu_0}{s / \sqrt{n}}$

5. 已知某企业连续四年某产品产量的增长速度分别为 9.2%，8.6%，7.1%，7.5%，则这四年总的增长速度为(　　)。
   A. 9.2% × 8.6% × 7.1% × 7.5%
   B. 9.2% + 8.6% + 7.1% + 7.5%
   C. 109.2% × 108.6% × 107.1% × 107.5%
   D. (109.2% × 108.6% × 107.1% × 107.5%)−100%

6. 两个变量间的相互相关程度越高，则二者的相关系数值越接近于(　　)。

A. 1　　　　　　　　B. –1　　　　　　　　C. 0　　　　　　　　D. 1 或–1

7. 在回归直线 $\hat{y} = \hat{\beta}_0 + \hat{\beta}_1 x$ 中，$\hat{\beta}_1$ 表示(　　)。

A. 当 x 增加一个单位时，y 增加 $\hat{\beta}_0$ 的数量

B. 当 y 增加一个单位时，x 增加 $\hat{\beta}_1$ 的数量

C. 当 x 增加一个单位时，y 的平均增加量

D. 当 y 增加一个单位时，x 的平均增加量

8. 某公司下属各企业的销售额平均为 536 万元，标准差为 309 万元；而各企业的利润额平均为 33 万元，标准差为 23 万元，则(　　)。

A. 各企业的销售额离散程度大于利润额的离散程度

B. 各企业的销售额离散程度小于利润额的离散程度

C. 各企业的销售额离散程度等于利润额的离散程度

D. 无法判断

9. 拉氏指数方法是指在编制综合指数时，(　　)。

A. 用基期的变量值加权　　　　　　　　B. 用报告期的变量值加权

C. 用固定某一时期的变量值加权　　　　D. 选择有代表性时期的变量值加权

10. 根据各季度商品销售额数据计算的季节指数分别为：一季度 125%，二季度 70%，三季度 100%，四季度 105%。受季节因素影响最大的是(　　)。

A. 一季度　　　　B. 二季度　　　　C. 三季度　　　　D. 四季度

三、多选题(下列每小题备选答案中，有两个或者两个以上符合题意的正确答案。多选、错选、漏选均不得分。本大题共 5 小题，每小题 2 分，共 10 分)

1. 对于存在线性相关关系的变量 y 和 x，建立线性回归方程，其回归系数(　　)。

A. 只能为正　　　　B. 只能为负　　　　C. 可能小于 0

D. 可能为 0　　　　E. 可能为正

2. 描述数据集中趋势的测度方法有(　　)。

A. 均值　　　　　　B. 众数　　　　　　C. 中位数

D. 四分位差　　　　E. 几何平均数

3. 时间序列的构成要素有(　　)。

A. 长期趋势　　　　B. 季节波动　　　　C. 循环波动

D. 不规则波动　　　E. 水平波动

4. 若 z 表示单位产品成本，q 表示产品产量，已计算出 $\sum z_1 q_1 = 120$ 万元，$\sum z_0 q_0 = 80$ 万元，$\sum z_0 q_1 = 100$ 万元，则可进一步计算出(　　)。

A. 成本总指数 120%　　　B. 成本总指数 150%　　　C. 产量总指数 125%

D. 产量总指数 120%　　　E. 总成本指数 150%

5. 评价估计量的优良标准有(　　)。

A. 无偏性　　　　　　B. 有效性　　　　　　C. 一致性

D. 实用性　　　　　　E. 有限性

四、简答题(本大题共 2 小题，共 14 分)

1.(9 分) 数据的分布特征可以从哪几个方面进行测度?其主要测度方法有哪些?

2.(5 分) 常用的统计调查的组织方式有哪些? 请简要说明。

五、计算题(本大题共 4 小题，共 50 分)

1.(15 分) 为检查某批袋装产品的质量，按重置抽样随机抽取 100 袋进行检测，测得结果如下表所示。

每袋重量/克	袋数
800 以下	10
800～900	12
900～1000	55
1000～1100	18
1100 以上	5
合计	100

(1) 请计算该批袋装食品重量的 95% 的置信区间。

(2) 如果重量在 800 克以下为不合格品，请计算不合格率的 95% 的置信区间。

2.(10 分) 某制药厂试制某种安定神经的新药，给 10 个病人试服，结果各病人增加睡眠量如下表所示。

病人号码	1	2	3	4	5	6	7	8	9	10
增加睡眠/小时	0.1	−1.1	−0.2	0.2	0.1	−0.4	1.3	0.8	0.7	1

试问这种新药是否能够增加病人的睡眠时间($\alpha = 0.05$)。

$$t_\alpha(9) = 1.833, \quad t_{\alpha/2}(9) = 2.262, \quad z_\alpha = 1.64, \quad z_{\alpha/2} = 1.96$$

3.(10 分) 已知甲、乙、丙三种商品的有关资料如下表所示。

商品	计量单位	价格/元		销售量	
		基期	报告期	基期	报告期
甲	件	10	9	200	400
乙	斤	4	2	400	800
丙	米	7	8	600	500

要求：

(1) 计算三种商品的总销售额指数和商品销售的总增加额；

(2) 计算三种商品的物价总指数和物价变动对销售额的影响；

(3) 计算三种商品的销售量总指数和销售量变动对销售额的影响；

(4) 建立指标体系并解释结果。

4.(15 分) 某家电销售商欲了解广告费用 x(万元)对销售量 y(台)的影响，收集了 20 家专卖店的有关数据。通过 Excel 回归分析，得到下面的分析结果。

方差分析表

变差来源	df	SS	MS	F	Significance F
回归	( )	( )	( )	( )	0.00001
残差	( )	5324.637			
合计	( )	76250.917	—	—	—

参数估计表

	系数	标准误差	t Stat	P 值
Intercept	76.407	11.843	6.5452	0.00016
X变量	7.662	0.664	11.541	0.00001

(1) 完成上面的方差分析表(将方差分析表完整地写在答题纸上);

(2) 写出估计的回归方程并解释回归系数的实际意义;

(3) 对回归系数进行显著性检验($\alpha = 0.05$);

(4) 计算拟合优度。

六、材料分析题(本大题共 1 小题，6 分)

2022 年 10 月 24 日，国家统计局发布：2022 年前三季度，全国居民人均可支配收入为 27650 元，比上年同期名义增长 5.3%，全国居民人均可支配收入中位数 23277 元，增长 5.1%，中位数是平均数的 84.2%。根据我们学过的知识可知，在不同分布下，众数、中位数及算术均值三者之间存在着差异。

(1) 请大家说明钟型分布的三个类型，并指出不同类型下众数、中位数及算术均值三者之间的大小关系。

(2) 请说明 2022 年前三季度全国居民人均可支配收入数据服从什么分布。

试 题 (二)

一、填空题(本大题共 5 小题，每小题 2 分，共 10 分)

1. 统计学按照方法的功能来分，可以分为_____和_____。

2. 定量数据的分组方法主要有_____和_____两种。

3. 最小二乘估计的基本原理是使_____达到最小。

4. 某保险公司推出一种新的理财产品，复利计息，预计 20 年的收益率分别是第 1~5 年 3%，第 6~10 年 5%，第 11~20 年 10%，则预计该理财产品的平均收益率为_____。

5. 各逐期增长量之和等于最末期的_____。

二、单选题(本大题共 10 小题，每小题 1 分，共 10 分)

1. 温度、时间数据使用的计量尺度是(   )。

A. 定类尺度　　　　　B. 定序尺度　　　　C. 定距尺度　　　　D. 定比尺度

2. 以下属于离散变量的是(   )。

A. 单价   B. 产量   C. 工人数   D. 利税额

3. 两个总体的算术均值不相等，但标准差相等，则(　　)。

A. 算术均值小，其代表性高   B. 算术均值大，其代表性高

C. 两个算术均值代表性相同   D. 无法判断

4. 某机械局下属 3 个企业 2019 年实际产值分别为 400 万元、600 万元、500 万元，计划完成程度分别为 108%，106%，109%，则该局 3 个企业平均计划完成程度为(　　)。

A. $\sqrt[3]{108\% \times 106\% \times 109\%}$ B. $\dfrac{108\% + 106\% + 109\%}{3}$

C. $\dfrac{400 + 600 + 500}{\dfrac{400}{108\%} + \dfrac{600}{106\%} + \dfrac{500}{109\%}}$ D. $\dfrac{400 \times 108\% + 600 \times 106\% + 500 \times 109\%}{400 + 600 + 500}$

5. 某地区连续五年的经济增长速度分别为 9%，7.8%，8.6%，9.4%，8.5%，则该地区经济五年的平均增长速度为(　　)。

A. $\sqrt[5]{1.09 \times 1.078 \times 1.086 \times 1.094 \times 1.085} - 1$

B. $\sqrt[5]{0.09 \times 0.078 \times 0.086 \times 0.094 \times 0.085}$

C. $\sqrt[5]{1.09 \times 1.078 \times 1.086 \times 1.094 \times 1.085}$

D. (9%+7.8%+8.6%+9.4%+8.5%)÷5

6. 如果估计量抽样分布的数学期望等于被估计的总体参数，则称该估计量为(　　)。

A. 一致性估计量   B. 可靠性估计量

C. 有效性估计量   D. 无偏性估计量

7. 假设检验中，若增大样本容量，其他条件不变，则犯两类错误的概率(　　)。

A. 都减小   B. 都增大

C. 一个增大一个减小   D. 都不变

8. 根据样本资料，计算得某产品单位成本 y (百元)与产量 x (万件)之间的回归方程为 $\hat{y} = 920 - 8x$，这意味着(　　)。

A. 产量与单位成本之间是正相关

B. 产量为 1 万件时，单位成本平均为 912 百元

C. 产量为 1 万件时，单位成本为 912 百元

D. 产量每增加 1 万件，单位成本增加 8 元

9. 为了调查某学校学生的购书费用支出，从全校随机抽取 5 个班级的学生进行全面调查，这种调查方法是(　　)。

A. 简单随机抽样   B. 整群抽样

C. 系统抽样   D. 分层抽样

10. 居民收入与储蓄额之间的相关系数可能是(　　)。

A. −0.9247   B. 0.9247   C. −1.5362   D.1.5362

三、多选题(下列每小题备选答案中，有两个或者两个以上符合题意的正确答案。多选、错选、漏选均不得分。本大题共 5 小题，每小题 2 分，共 10 分)

1. 时点序列的各指标值(　　)。

A. 可以连续计量   B. 只能间断计量

C. 沿着时间直接相加没有独立的意义

D. 其大小与时间间隔长短无直接关系

E. 反映现象在某一时刻上的状况

2. 以下调查方法中属于概率抽样方法的是(　　　　)。

A. 简单随机抽样　　　　　　B. 分层抽样　　　　C. 典型抽样

D. 整群抽样　　　　　　　　E. 系统抽样

3. 下列情况下，可采用 Z 统计量的有(　　　　)。

A. 正态总体均值的检验，其中总体方差已知

B. 正态总体均值的检验，其中总体方差未知且小样本

C. 正态总体均值的检验，其中总体方差未知且大样本

D. 大样本下，总体均值的检验，其中总体方差已知

E. 大样本下，总体均值的检验，其中总体方差未知

4. 统计假设检验中使用的假设有原假设和备择假设两种，则下列命题属于原假设的有(　　　　)。

A. $\mu = 80$　　　　　　　　B. $\mu \geqslant 80$　　　　　C. $\mu_1 = \mu_2$

D. $\rho = 0$　　　　　　　　E. $\mu < 80$

5. 以下对简单相关系数 r 的说明正确的是(　　　　)。

A. r 的取值在 +1 和 −1 之间

B. $r = 0$ 时，表明自变量和因变量之间没有任何关系

C. $r = +1$ 时，表明自变量和因变量之间为完全线性正相关

D. $r = -1$ 时，表明自变量和因变量之间为完全线性负相关

E. $|r| = 1$ 时，表明自变量和因变量之间为函数关系

四、简答题(本大题共 2 小题，共 10 分)

1. (5 分) 什么是假设检验？简述假设检验的一般步骤。

2. (5 分) 数据按照计量尺度可以分为哪些类型？每种类型分别有哪些集中趋势的测度方法？

五、计算题(本大题共 4 小题，共 50 分)

1. (10 分) 某公司为了研究职工上班从家里到单位的距离，抽取了 16 个人组成的简单随机样本，它们到单位的平均距离（千米）分别是

　　　　　　10　3　14　8　6　9　12　11　7　5　10　15　9　16　13　2

要求计算职工上班从家里到单位的平均距离的 95% 的置信区间。（ $z_{\alpha/2} = 1.96$ ，$t_{\alpha/2}(15) = 2.131$ ）

2. (10 分) 某工业企业 2022 年第三季度有关资料如下表所示。

月份	6	7	8	9	10
工业增加值/万元	10	12	14	16	17
月初职工人数/人	90	100	110	120	150

要求：

(1) 计算第三季度各个月的劳动生产率；

(2) 计算第三季度平均月劳动生产率；

(3) 计算第三季度工业增加值的平均增长速度。

3. (15分) 某商店 2016～2022 年的销售额资料如下表所示。

年份	2016	2017	2018	2019	2020	2021	2022
销售额/万元	645	650	670	680	685	690	700

要求：根据以上资料，采用最小二乘法配合线性趋势方程，并预测该商店 2023 年和 2024 年的销售额。

4. (15分) 某企业某产品生产情况如下表所示。

产品名称	基期产值/万元	产量增长率/%
甲	40	25
乙	90	−4
丙	70	15
合计	200	—

又知：报告期的总产值为 240 万元。要求计算：

(1) 总指数及产值增减额；

(2) 产品产量总指数及由于产量增长而增(减)的产值；

(3) 产品价格总指数及由于价格波动而增(减)的产值。

六、材料分析题(本大题共 1 小题，10 分)

某地流行病疫情累计报告确诊病例 53 例，其中，最后新增的 53 号病例，为集中隔离 9 天后检测发现，此前已连续进行了 12 次病原检测，结果均为阴性。从实际情况看，总会存在着患病但病原检测为阴性以及未患病但病原检测为阳性这样的错误。即

实际情况 诊断结果	未患病	患病
阴性	正确	错误
阳性	错误	正确

这里，原假设是被检验者未患病。要求：

(1) 请说明假设检验过程中的两类错误，以及犯两类错误的概率；

(2) 请说明患病但病原检测为阴性以及未患病但病原检测为阳性分别属于哪类错误。